AI写作技巧从入门到精通

AI提问生成＋AI职场公文＋AI修改润色＋AI热门模板＋AI应用案例

海川◎编著

化学工业出版社
·北京·

内 容 简 介

全书通过140个实用技巧讲解＋140集教学视频演示＋170多个素材和回复文件＋178页PPT教学课件，通过“提问生成＋职场公文+修改润色＋热门模板+应用案例”5大专项内容，帮助小白快速成为AI写作高手！

本书具体内容包括：16种AI提问技巧、13种指令优化技巧、11种高效提问技巧、7种公文格式规范、8种AI公文写作的方法、7种运用AI润色公文的方法、9种文案修改技巧、7种文案润色方法、11类营销文案指令模板、12类办公文案指令模板、13类自媒体文案指令模板、12类教育学术文案指令模板，以及AI创作短篇小说的全流程、AI创作图书宣传文案全流程等内容。

本书适合以下人群阅读：一是文字工作者；二是人工智能领域的相关从业人员；三是电商商家、新媒体编辑、广告策划、短视频编导、作家和艺术工作者等；四是刚入职的公务员、有公文写作需求的政府工作人员；五是行政岗位、文秘岗位等需要公文写作的职场人员；六是文学、语言、计算机科学与技术等专业的学生。

图书在版编目（CIP）数据

AI写作技巧从入门到精通 ： AI提问生成+AI职场公文+AI修改润色+AI热门模板+AI应用案例 / 海川编著. 北京 ： 化学工业出版社， 2024. 12. -- ISBN 978-7-122-28283-5

Ⅰ. H05-39

中国国家版本馆CIP数据核字第2024WY7298号

责任编辑：吴思璇　李　辰　　封面设计：异一设计
责任校对：李雨晴　　装帧设计：盟诺文化

出版发行：化学工业出版社（北京市东城区青年湖南街13号　邮政编码100011）
印　　装：河北鑫兆源印刷有限公司
710mm×1000mm　1/16　印张$15^3/_4$　字数325千字　2025年1月北京第1版第1次印刷

购书咨询：010-64518888　　售后服务：010-64518899
网　　址：http://www.cip.com.cn
凡购买本书，如有缺损质量问题，本社销售中心负责调换。

定　　价：99.00元

前　言

※内容简介

本书是一本能够帮助初学者快速精通AI文案创作的教程。

书中具体内容主要分为以下5篇。

一是【提问生成篇】，内容包括：

第1章 16种AI提问技巧，快速获得文案

第2章 13种指令优化技巧，获得有效答案

第3章 11种高效提问技巧，让AI生成高质量文案

二是【职场公文篇】，内容包括：

第4章 7种公文格式规范，让AI智能生成标准化文档

第5章 8种AI公文写作的方法，提升写作的质量和效率

第6章 7种运用AI润色公文的方法，优化结构与表达

三是【修改润色篇】，内容包括：

第7章 9种文案修改技巧，让AI智能改写文案

第8章 7种文案润色方法，让AI自动化修饰文本

四是【热门模板篇】，内容包括：

第9章 11类营销文案指令模板，助力事业创收

第10章 12类办公文案指令模板，轻松搞定工作

第11章 13类自媒体文案指令模板，保持稳定更新

第12章 12类教育学术文案指令模板，助力个人成长

五是【应用案例篇】，内容包括：

第13章 AI创作短篇小说全流程：《幻剑奇谋》

第14章 AI创作图书宣传文案全流程：《AI绘画师》

※本书特色

① 90多分钟的视频演示：本书中的软件操作技能实例，全部录制了带语音讲解的视频，重现书中所有实例操作，读者既可以结合书本 学习，也可以独立观看

视频演示，像看电影一样进行学习，让学习更加轻松。

② 120多张图片全程图解：本书采用了120多张图片对AI文案的生成、润色和应用进行了全程式图解，通过这些大量清晰的图片，让实例的内容变得更加通 俗易懂，使读者可以一目了然，快速领会，举一反三，提升文案的创作效率。

③ 140个干货技巧奉献：本书通过全面讲解AI文案创作的方法，包括提问技巧、职场公文、润色方法、热门模板和应用案例，帮助读者从新手入门到精通，让学习更高效。

④ 160多组关键指令奉送：为了方便读者快速掌握提问和使用技巧，特将本书实例中用到的指令进行了整理，统一奉送给读者。读者可以直接使用这些指令，体验AI文案的创作乐趣。

⑤ 170多个素材和回复文件奉献：随书附送的资源中包含本书中用到的素材文件和获得的回复文档。这些素材和回复可供读者自由使用、查看，帮助读者快速提升AI文案生成工具的操作熟练度，顺利完成文案创作。

※版本说明

本书在编写时，是基于Microsoft Office 365、ChatGPT 3.5和文心一言（基于文心大模型3.5，版本为V2.5.2）的界面截的实际操作图片，但书从编辑到出版需要一段时间，在此期间，这些工具的功能和界面可能会有变动，请在阅读时，根据书中的思路，举一反三，进行学习。

还需要注意的是，即使是相同的指令，AI文案生成工具每次生成的回复也会有差别，因此在扫码观看教程时，读者应把更多的精力放在指令的编写和实操步骤上。

※作者及售后

本书由海川编著，参与编写的人员还有李玲，在此表示感谢。

由于作者知识水平有限，书中难免有些疏漏之处，恳请广大读者批评、指正，联系微信：2633228153。

编著者

目 录

【提问生成篇】

【职场公文篇】

【修改润色篇】

【热门模板篇】

【应用案例篇】

【提问生成篇】

第 1 章

16 种 AI 提问技巧，快速获得文案

本章要点：

AI（全称为 Artificial Intelligence，人工智能）文案是由人工智能技术生成的文本，通过强大的 AI 智能技术，可以将用户的想法轻松变成文字内容。本章将介绍 9 种 ChatGPT 和 7 种文心一言的提问与使用技巧，帮助用户熟悉这两种工具。

1.1 9种ChatGPT的提问与使用技巧

ChatGPT是AI文案的主要生成工具之一，用户登录ChatGPT平台后，通过输入相应的指令（又称关键词、提示词）就可以获得所需的文案，从而实现AI自动化生成文案。本节将带领大家掌握9种ChatGPT平台的提问与使用技巧。

001 指令示例的使用

扫码看教学视频

在ChatGPT右侧的回复区中，如果当前的聊天窗口还未产生对话，那么回复区中会提供4个指令示例，用户可以单击其中的一个指令，来体验ChatGPT生成文案的过程和乐趣。需要注意的是，在每一个新的聊天窗口中，ChatGPT提供的指令示例并不相同。下面介绍指令示例的使用方法。

步骤01 登录并进入ChatGPT，自动创建一个新的聊天窗口，单击回复区中的第1个指令示例右侧的Click to send（单击发送）按钮↑，如图1-1所示。

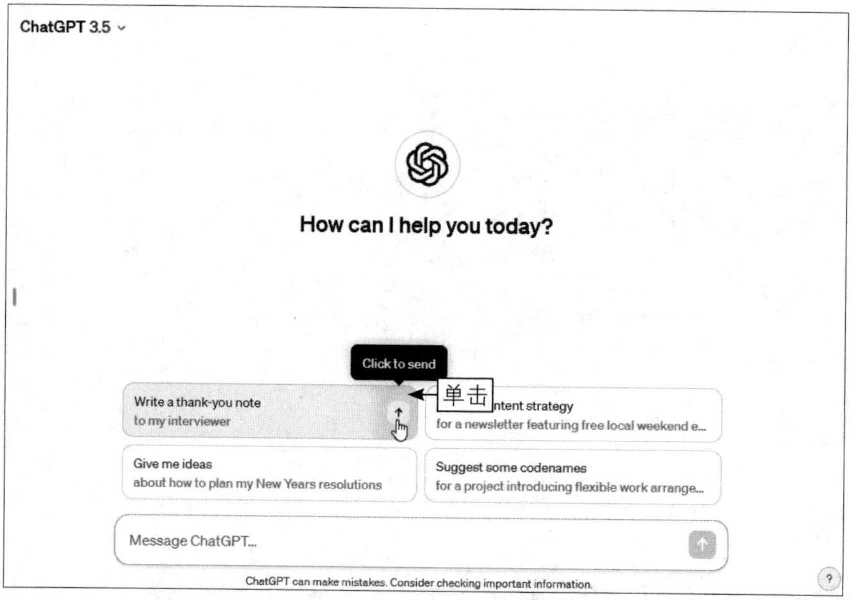

图1-1 单击Click to send按钮

步骤02 执行操作后，即可向ChatGPT发送相应的指令，ChatGPT会根据指令生成相应的文案，如图1-2所示。

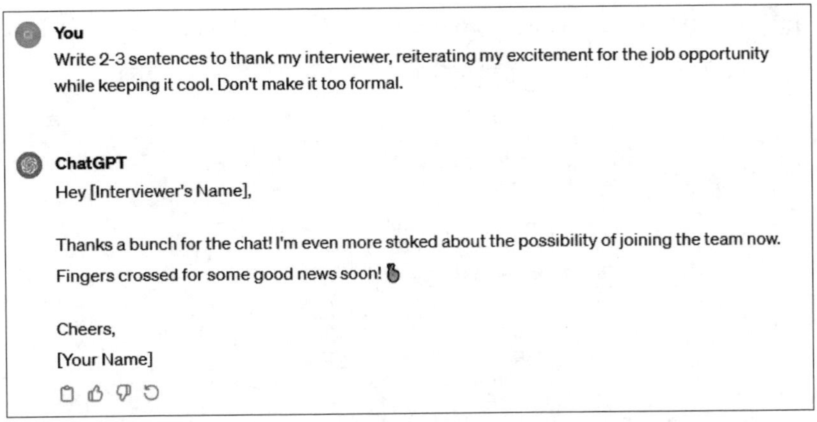

图 1-2　ChatGPT 根据指令生成的文案

步骤 03 由于 ChatGPT 提供的指令示例都是英文，因此生成的文案也是英文，用户可以发送“请翻译成中文”指令，让 ChatGPT 进行翻译，如图 1-3 所示。

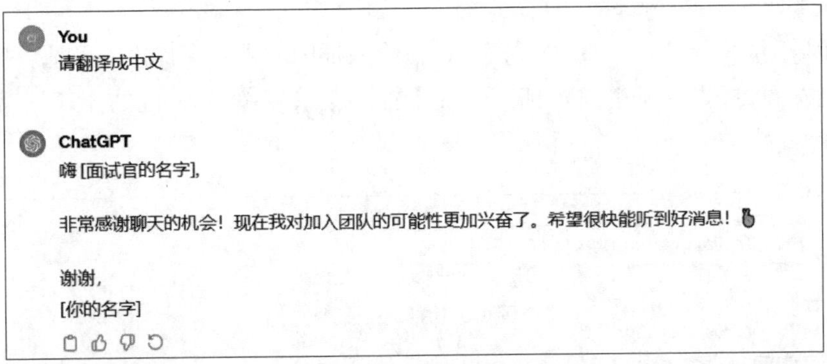

图 1-3　让 ChatGPT 对文案进行翻译

002　指令的输入与发送

扫码看教学视频

除了使用指令示例向ChatGPT提问，用户还可以输入自己的指令，并将其发送给ChatGPT，以获得相应的文案，下面介绍具体的操作方法。

步骤 01 在新的聊天窗口中，单击底部的输入框，输入“请为羊毛围巾产品写一段宣传文案，20 字以内”，如图 1-4 所示。

图 1-4　输入相应指令

步骤 02 单击输入框右侧的 Send message（发送信息）按钮或按【Enter】键，即可将指令发送给 ChatGPT，并获得生成的文案，如图 1-5 所示。

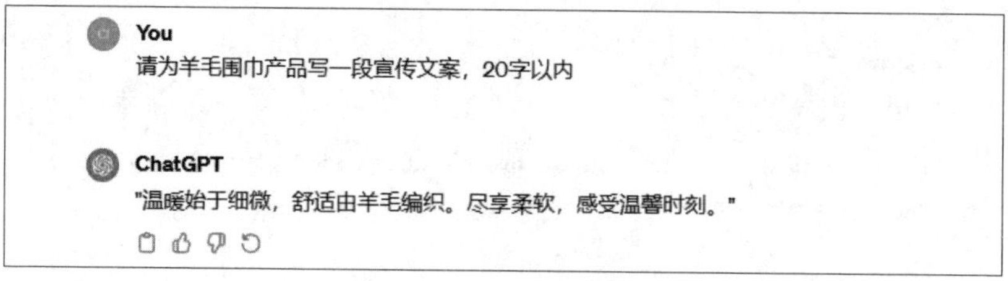

图 1-5　获得 ChatGPT 生成的文案

003　文案生成的中止

扫码看教学视频

用户在ChatGPT中发送指令后，ChatGPT一般都是以逐字输出的方式生成文案，当用户对当前所生成的文案存疑时，可以中止文案的生成，下面介绍具体的操作方法。

步骤 01 打开 ChatGPT 聊天窗口，在输入框中输入“请提供 4 条适合庆祝毕业的朋友圈文案”，如图 1-6 所示，按【Enter】键发送，ChatGPT 即可根据要求生成文案。

图 1-6　输入相应指令

步骤 02 在下方空白输入框的右侧单击按钮，如图 1-7 所示，即可让 ChatGPT 停止生成文案。

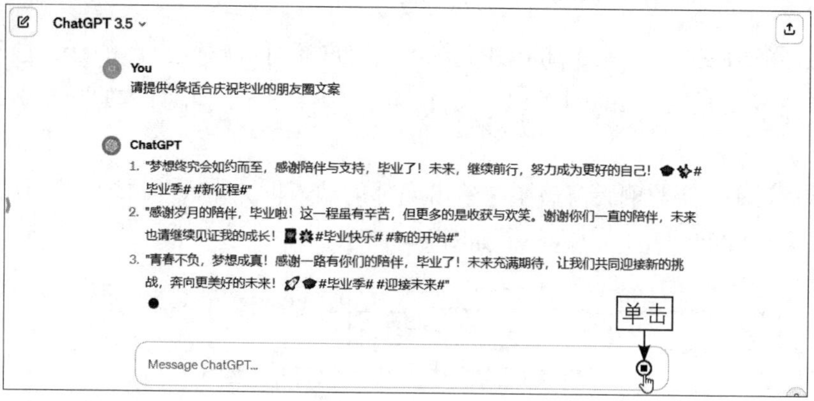

图 1-7　单击相应按钮

004　文案的重新生成

扫码看教学视频

当用户对ChatGPT生成的回复不满意时，可以通过单击↻按钮让它重新生成回复，ChatGPT会响应提示词更换表达方式、改变内容来重新给出回复，具体的操作方法如下。

步骤 01 打开 ChatGPT 聊天窗口，在输入框中输入“写一则主题为极地旅行的广告语，100 字以内”，在 ChatGPT 生成的文案下方，单击↻按钮，如图 1-8 所示，即可重新生成文案。

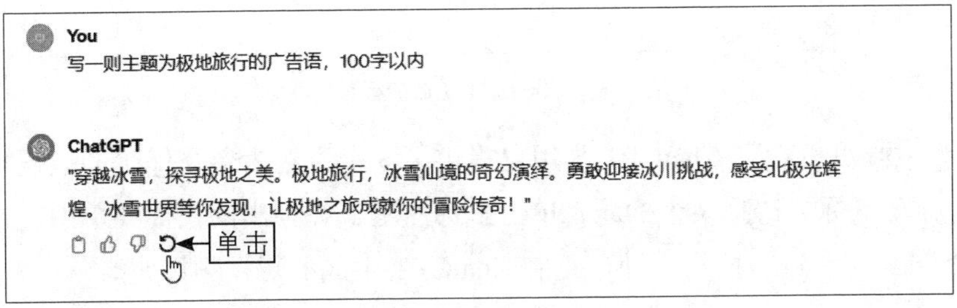

图 1-8　单击相应按钮

步骤 02 重新生成文案后，会出现页码，如图 1-9 所示，每重新生成一次就会新增一页，前面已经生成的回复会被保留下来，单击页码左右两边的箭头可以进入上一页或下一页。

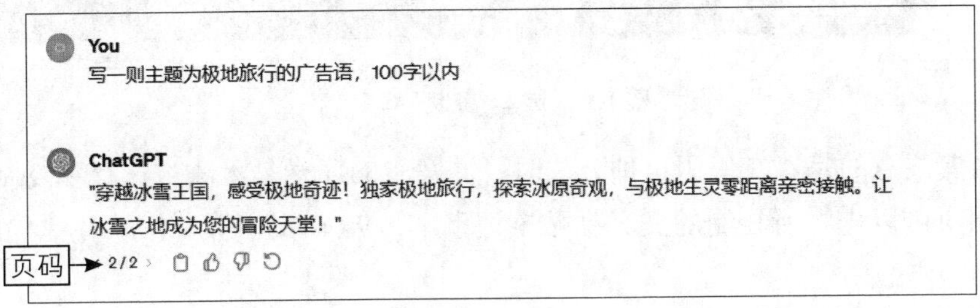

图 1-9　出现页码

005　文案的选择和复制

扫码看教学视频

当用户需要复制ChatGPT生成的文案时，可以通过选择内容的方式将需要的内容复制到Word文档中，具体的操作方法如下。

步骤 01 打开 ChatGPT 聊天窗口，在输入框中输入“请提供 5 个有关冬季保暖的爆款短视频标题”，按【Enter】键发送，ChatGPT 即可给出相关的标题文案，如图 1-10 所示。

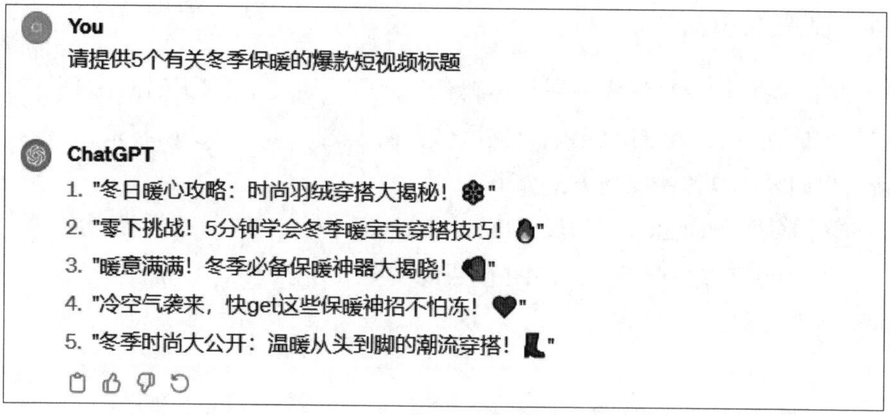

图 1-10　ChatGPT 生成的标题文案

步骤 02 可以看到 ChatGPT 为用户提供了 5 个主题为冬季保暖的短视频标题文案，移动鼠标可选择某个标题，单击鼠标右键，在弹出的快捷菜单中选择“复制”命令，如图 1-11 所示，即可复制 ChatGPT 生成的短视频标题。

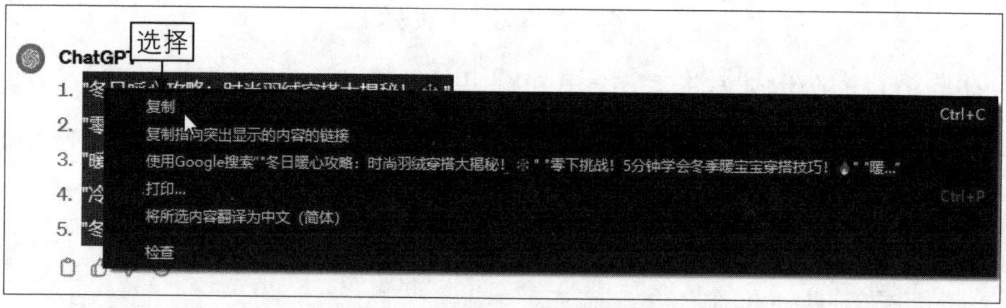

图 1-11　选择“复制”命令

需要注意的是，在使用这种方法时，文案中的序号是无法被选择和复制的，因此用户可以先将所复制的文案粘贴至记事本、Word文档等写作软件中，再自行添加相应的序号。

006　复制按钮的使用

扫码看教学视频

除了通过选择内容的方式复制ChatGPT回复的内容，ChatGPT还自带复制按钮，可以让用户直接复制ChatGPT回复的完整内容，具体的操作方法如下。

步骤 01 打开 ChatGPT 聊天窗口，在输入框中输入“请写一篇有关围巾选购技巧的微博文案，100 字以内”，按【Enter】键发送，ChatGPT 即可给出相关的微博文案，如图 1-12 所示。

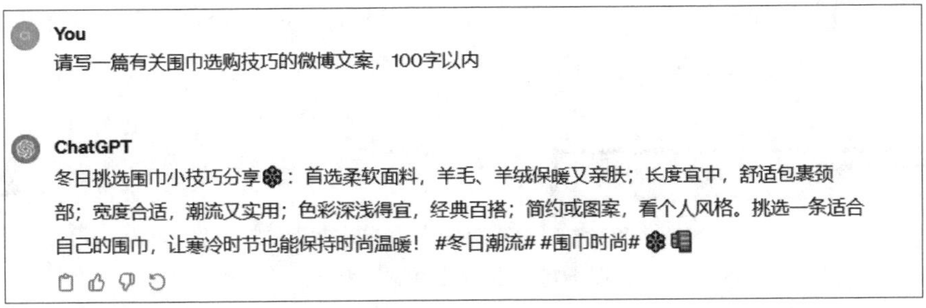

图 1-12　ChatGPT 生成的微博文案

步骤 02 在生成的文案下方单击复制按钮，如图 1-13 所示，即可将 ChatGPT 生成的回复全部进行复制。

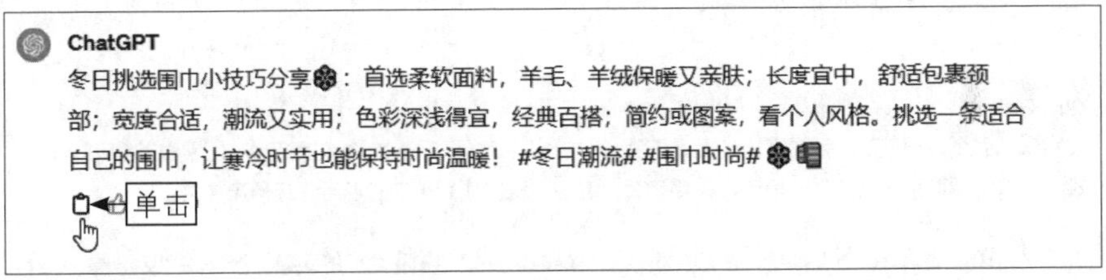

图 1-13　单击复制按钮

007　聊天窗口的新建

扫码看教学视频

在ChatGPT中，当用户想用一个新的主题与ChatGPT开始一段新的对话时，可以保留当前聊天窗口中的对话记录，新建一个聊天窗口，下面介绍具体的操作方法。

步骤 01 在上一例的聊天窗口的左上角，单击 New chat（新建聊天窗口）按钮，如图 1-14 所示。

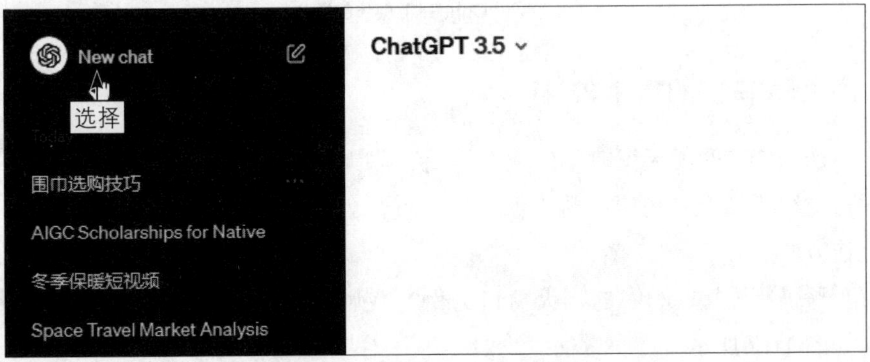

图 1-14　单击 New chat 按钮

步骤 02 执行操作后，即可新建一个聊天窗口，在输入框中输入“请创作一篇歌颂冬雪的散文，200 字以内”，如图 1-15 所示。

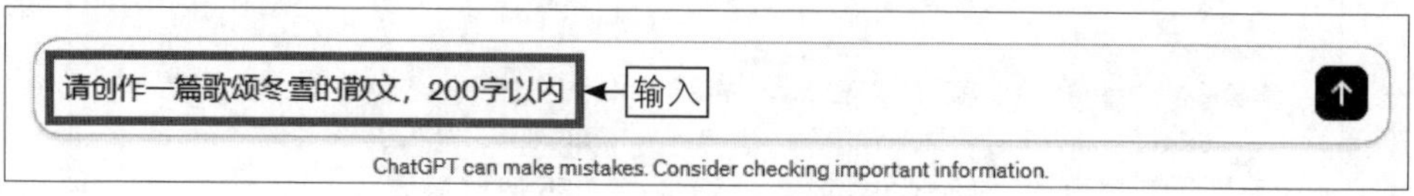

图 1-15　在输入框中输入指令

步骤 03 按【Enter】键，即可在新的聊天窗口中与 ChatGPT 开始对话，ChatGPT 会根据要求创作散文，如图 1-16 所示。

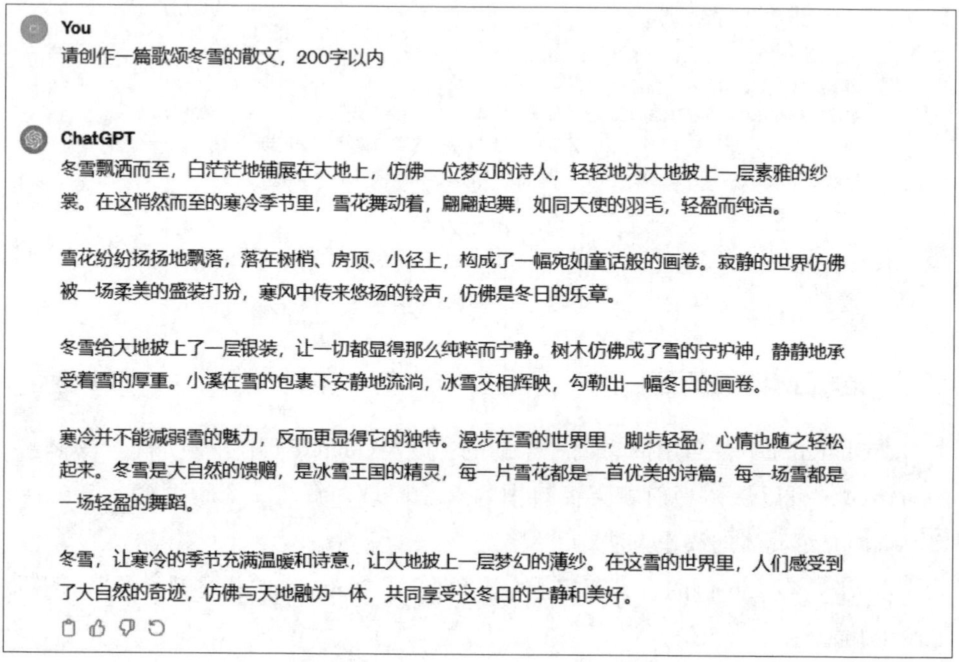

图 1-16　ChatGPT 创作的散文

008　聊天窗口的重命名

扫码看教学视频

在ChatGPT的聊天窗口中生成对话后，聊天窗口会自动命名，如果用户觉得不满意，可以对聊天窗口进行重命名操作，下面介绍具体的操作方法。

步骤 01 以上一例中的聊天窗口为例，在聊天窗口名称的右侧单击按钮，如图 1-17 所示。

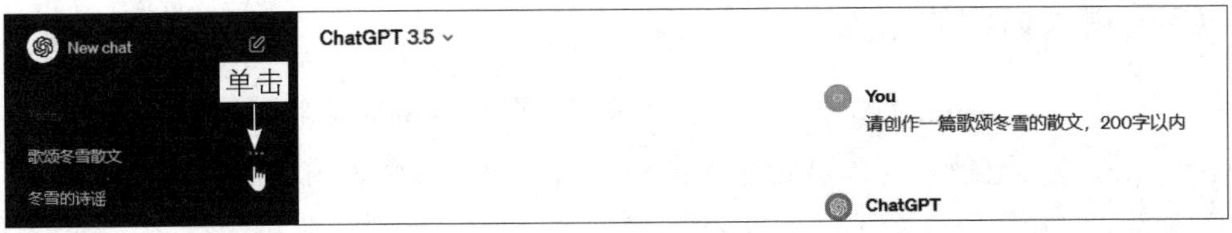

图 1-17　单击相应按钮

步骤 02 执行操作后，在打开的下拉列表框中选择 Rename（重命名）选项，如图 1-18 所示。

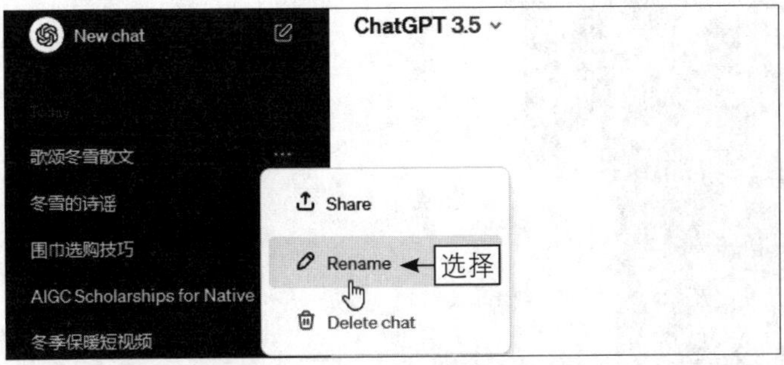

图 1-18　选择 Rename 选项

步骤 03 执行操作后，即可出现名称编辑文本框，在文本框中可以修改名称，如图 1-19 所示。

图 1-19　修改名称

步骤 04 按【Enter】键确认，即可对聊天窗口进行重命名，效果如图 1-20 所示。

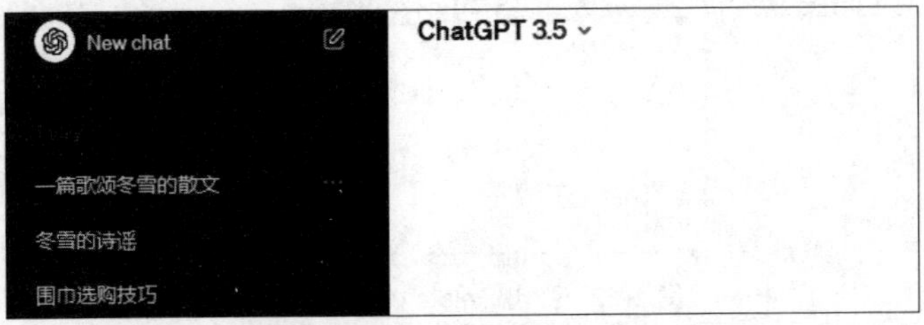

图 1-20　重命名聊天窗口的效果

009　聊天窗口的删除

扫码看教学视频

当用户在ChatGPT聊天窗口中已完成了当前话题的对话后，如果不想保留聊天记录，可以进行删除操作，将ChatGPT聊天窗口删除，具体的操作方法如下。

步骤 01 在聊天窗口名称的右侧单击···按钮，在打开的下拉列表框中选择 Delete chat（删除聊天窗口）选项，如图 1-21 所示。

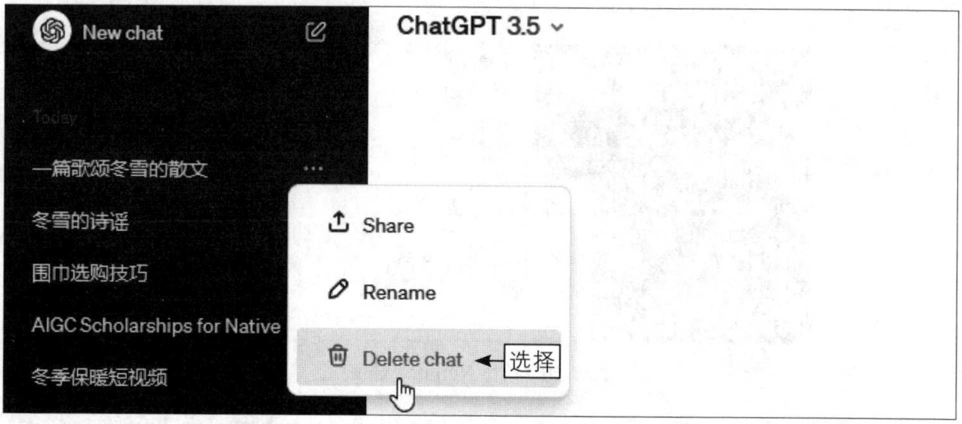

图 1-21　选择 Delete chat 选项

步骤 02 执行操作后，弹出 Delete chat? 对话框，如图 1-22 所示，如果确认删除聊天窗口，则单击 Delete（删除）按钮；如果不想删除聊天窗口，则单击 Cancel（取消）按钮。

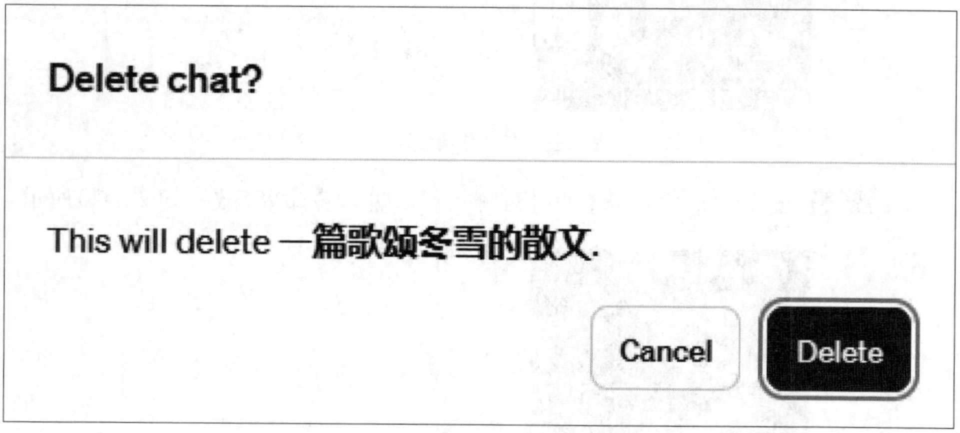

图 1-22　弹出 Delete chat? 对话框

1.2　7 种文心一言的提问和入门技巧

文心一言是百度研发的一款知识增强大语言模型，能够与人对话互动、回答问题、协助创作，高效便捷地帮助人们获取信息、知识和灵感。本节将介绍7种文心一言的提问和入门技巧，帮助大家快速上手文心一言，轻松体验这一先进的人工智能技术。

010　指令模板的使用

用户进入文心一言的主页后，AI会推荐一些指令模板，来引导用户使用，从而更好地体验文心一言的对话功能，具体的操作方法如下。

扫码看教学视频

步骤 01 进入文心一言主页，可以看到 AI 推荐了一些指令模板，选择相应的指令模板，如图 1-23 所示。

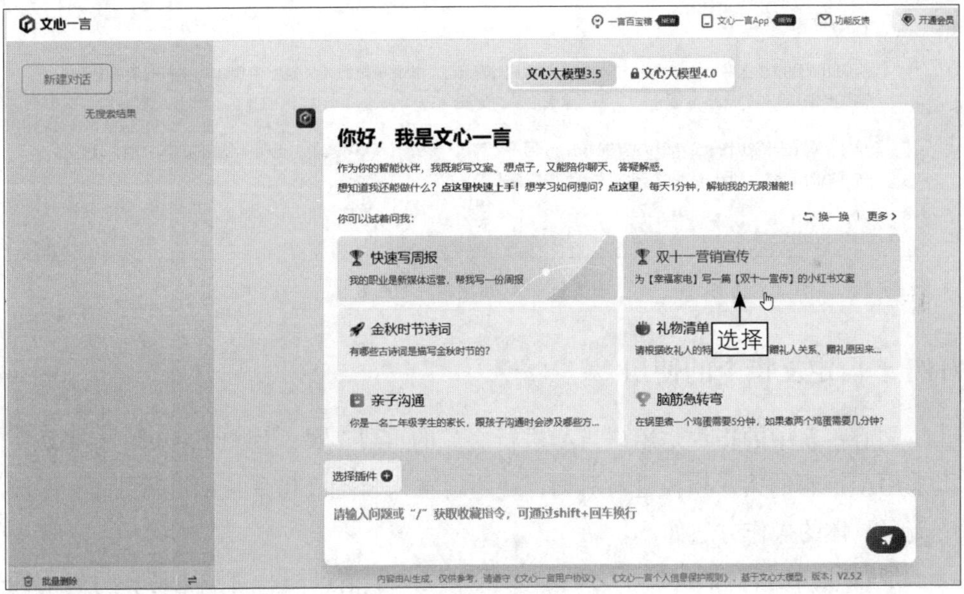

图 1-23　选择相应的指令模板

步骤 02 执行操作后，AI 会针对指令模板的内容给出相应的回复，如图 1-24 所示。

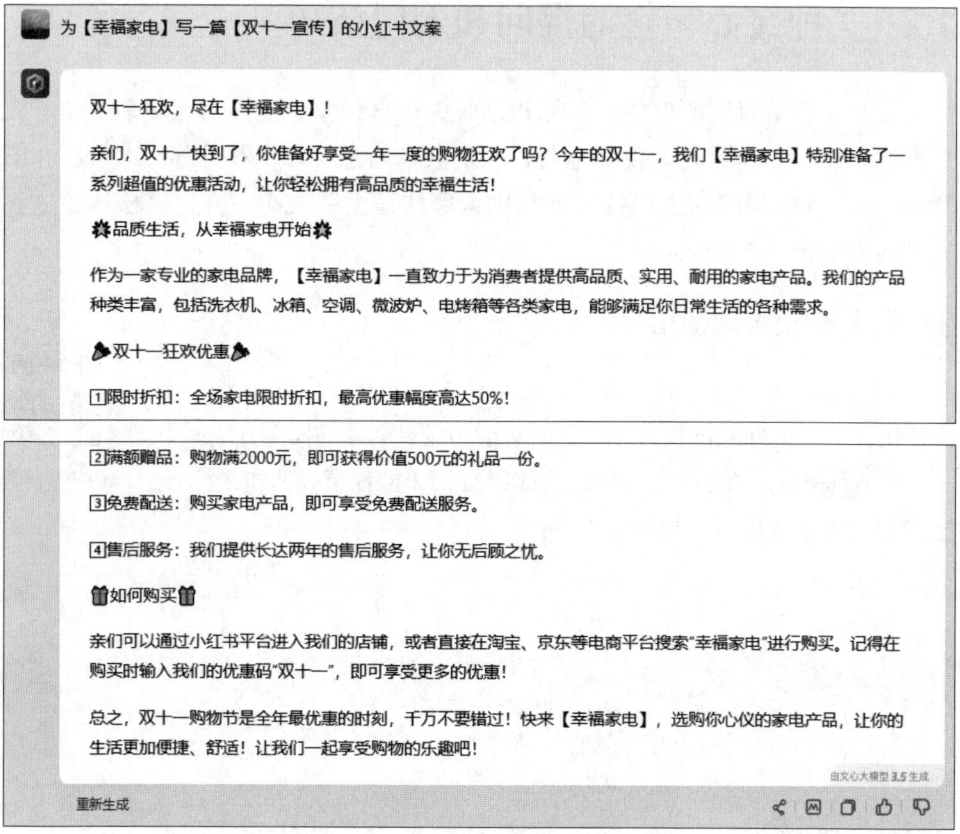

图 1-24　AI 给出相应的回复

011　自定义指令的使用

扫码看教学视频

文心一言中的指令是用户与AI进行交流的重要工具。用户不仅可以采用AI推荐的指令模板进行对话，还可以输入自定义指令与AI进行交流。具体的操作方法如下。

步骤01 在新对话窗口下方的输入框中输入“请撰写一首藏头诗，每句前四个字分别是：悲、欢、离、合。要求藏头内容体现深意和韵味，同时要求押韵、通顺，符合诗歌的写作规范”，如图 1-25 所示。

步骤02 单击输入框右下角的发送按钮，或者按【Enter】键确认，即可获得 AI 生成的藏头诗，如图 1-26 所示。

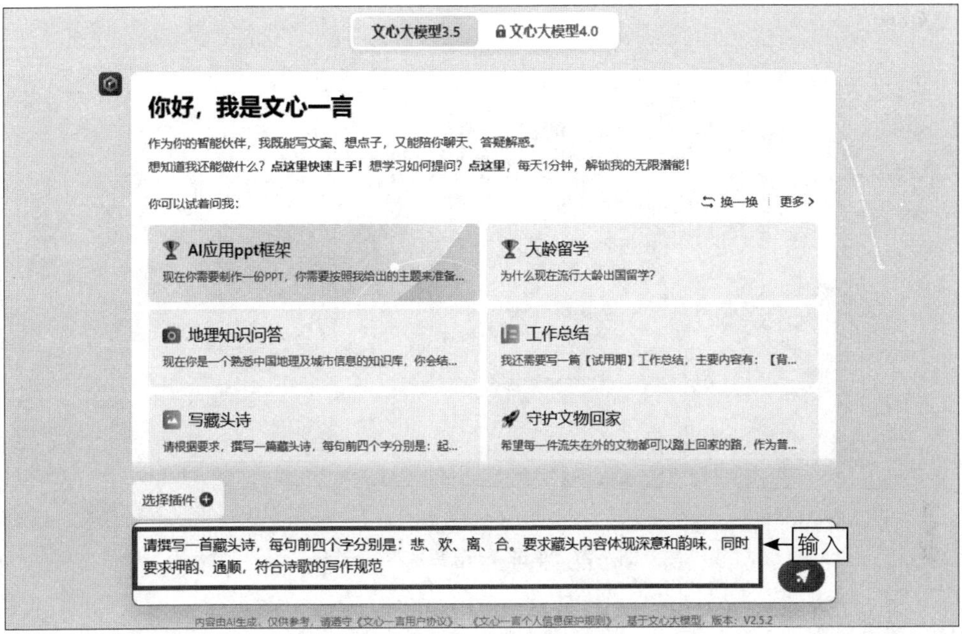

图 1-25　输入相应的提示词

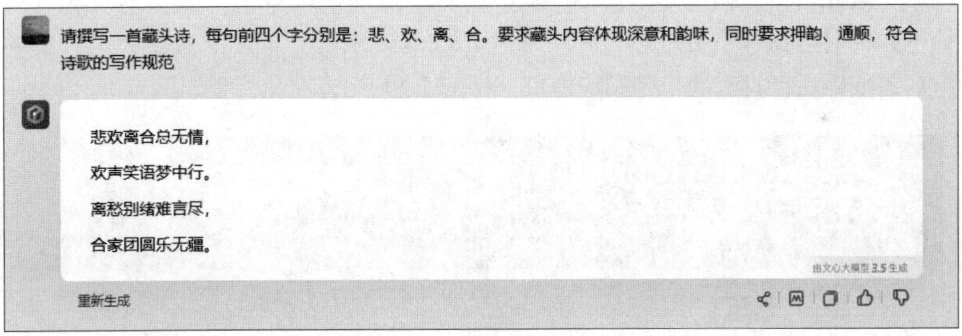

图 1-26　AI 生成的藏头诗

012　指令模板的收藏与调用

扫码看教学视频

用户可以在文心一言的“一言百宝箱”对话框中收藏一些常用的指令模板，这样在需要使用某些指令时，可以直接在输入框中使用/（正斜杠）符号获取指令模板。需要注意的是，“一言百宝箱”对话框中的指令模板会自动更新，因此用户只需掌握收藏与调用指令模板的方法即可。具体的操作方法如下。

步骤 01 在新对话窗口的上方单击“一言百宝箱”按钮，如图 1-27 所示。

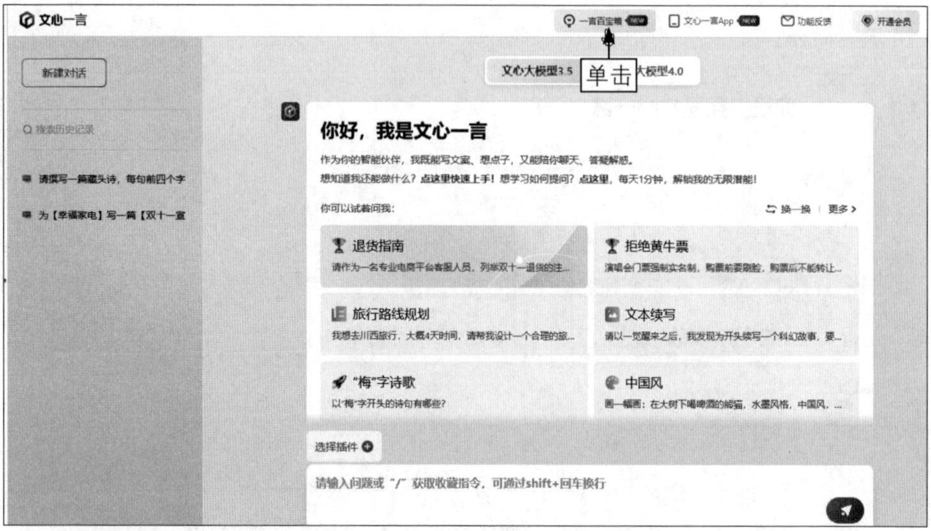

图 1-27　单击"一言百宝箱"按钮

步骤 02 执行操作后，弹出"一言百宝箱"对话框，切换至"场景" | "灵感策划"选项卡，单击相应指令模板中的☆按钮，如图 1-28 所示。

步骤 03 执行操作后，即可将该指令模板进行收藏，关闭"一言百宝箱"对话框，在对话窗口下方的输入框中输入 /（正斜杠符号）符号，在上方打开的下拉列表框中选择收藏的指令模板即可，如图 1-29 所示。

图 1-28　单击相应按钮

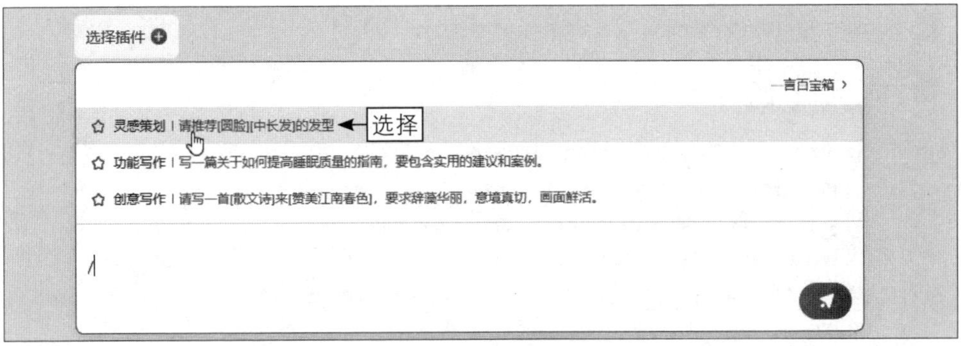

图 1-29　选择收藏的指令模板

步骤 04 执行操作后，即可自动填入所选的指令模板，对中括号中的内容进行适当修改，单击发送按钮，即可获得 AI 的回复，如图 1-30 所示。

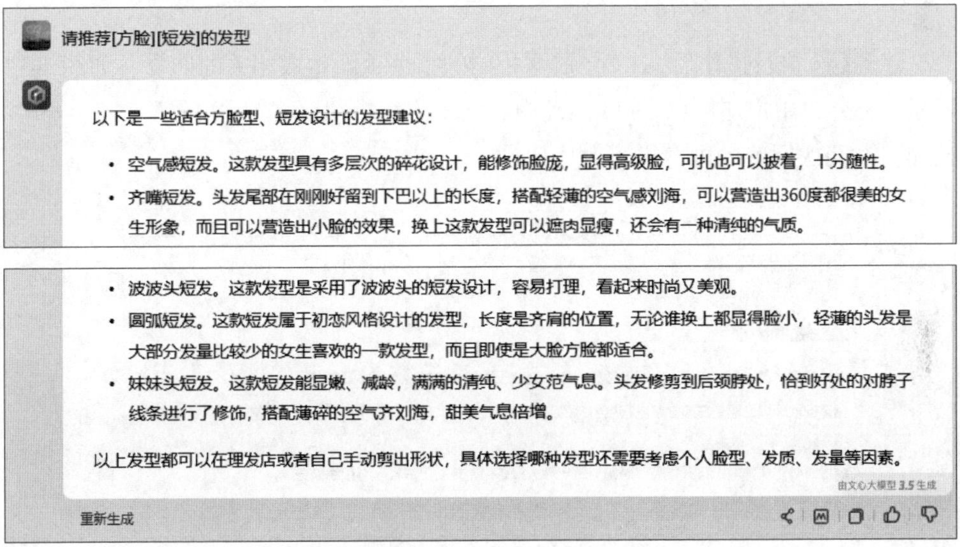

图 1-30　AI 生成的回复

013　文案的重写操作

扫码看教学视频

如果用户对于文心一言生成的文案不太满意，此时可以单击“重新生成”按钮让AI重写，具体的操作方法如下。

步骤 01 在输入框中输入“写一篇关于如何提高睡眠质量的指南，要包含实用的建议，不超过 150 字”，单击发送按钮，即可获得 AI 的回复，单击“重新生成”按钮，如图 1-31 所示。

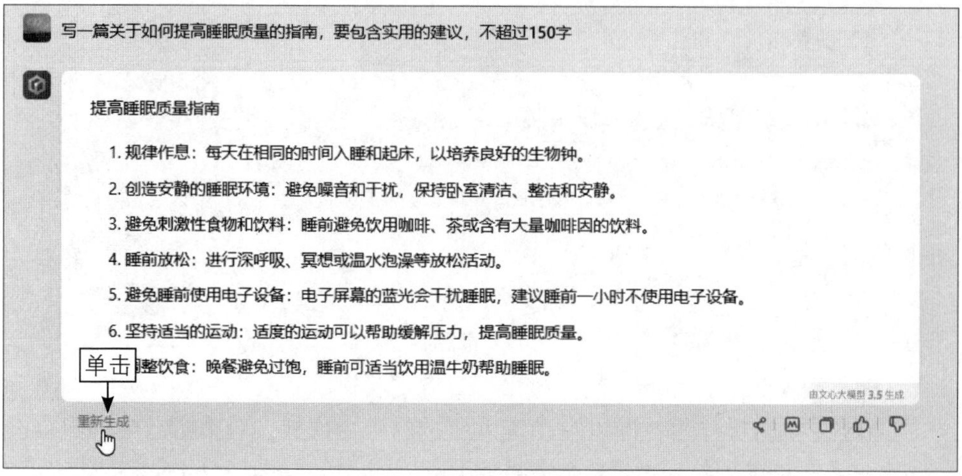

图 1-31　单击“重新生成”按钮

步骤 02 执行操作后，AI 会根据相同的指令重新生成相关的回复，如图 1-32 所示。另外，用户还可以在 AI 回复内容的下方单击“更好”“更差”“差不多”按钮，对两次回答的内容进行对比评价。

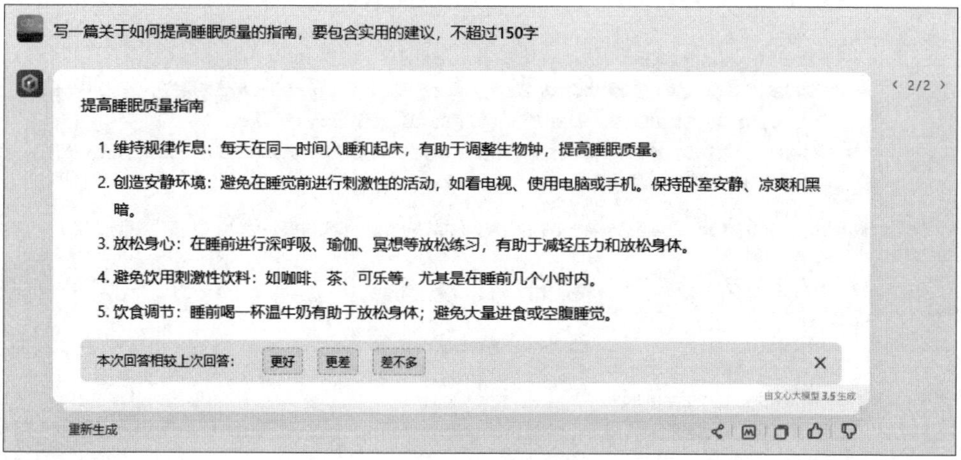

图 1-32　AI 重新生成相关的回复内容

★ 专 家 提 醒 ★

当 AI 重新回复后，用户可以单击右侧的 ‹ 2/2 › 按钮切换查看之前的回复内容。

014　对话窗口的新建

用户可以在文心一言中新建对话窗口，这样便于管理对话内容和查找历史对话记录，具体的操作方法如下。

扫码看教学视频

步骤 01 在上一例对话窗口的左上角单击“新建对话”按钮，如图 1-33 所示。

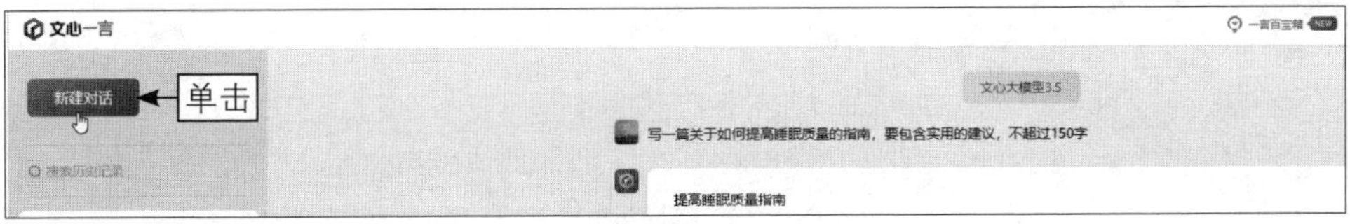

图 1-33　单击“新建对话”按钮

步骤 02 执行操作后，即可重新创建一个对话窗口，效果如图 1-34 所示。

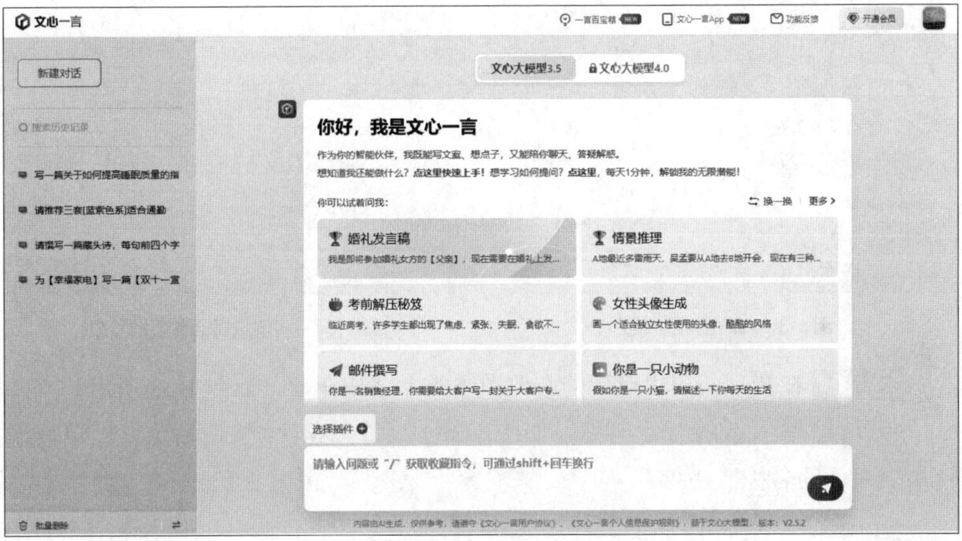

图 1-34　重新创建一个对话窗口

015　历史对话的查看与管理

用户可以在文心一言的左侧窗口中对历史对话进行查看和管理，包括置顶、重命名、删除和分享等，具体的操作方法如下。

扫码看教学视频

步骤 01 进入文心一言主页，在左侧的窗口中选择相应的历史对话，如图 1-35 所示，即可查看对应的对话信息。

步骤 02 在历史对话的右侧单击置顶按钮，如图 1-36 所示。

步骤 03 执行操作后，即可将该历史对话置顶，效果如图 1-37 所示。

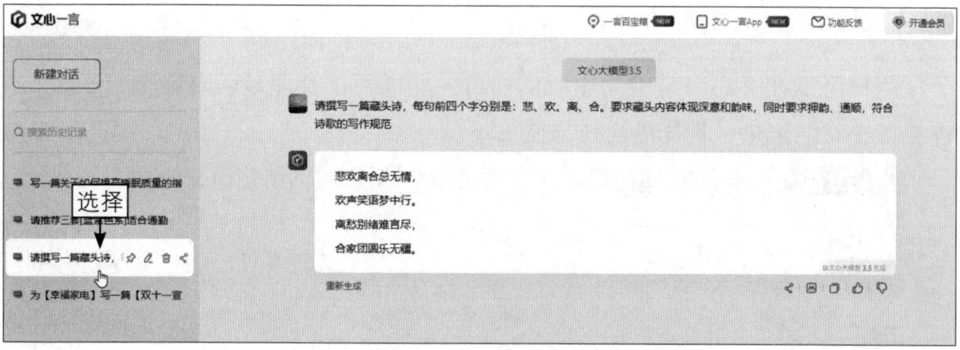

图 1-35　选择历史对话

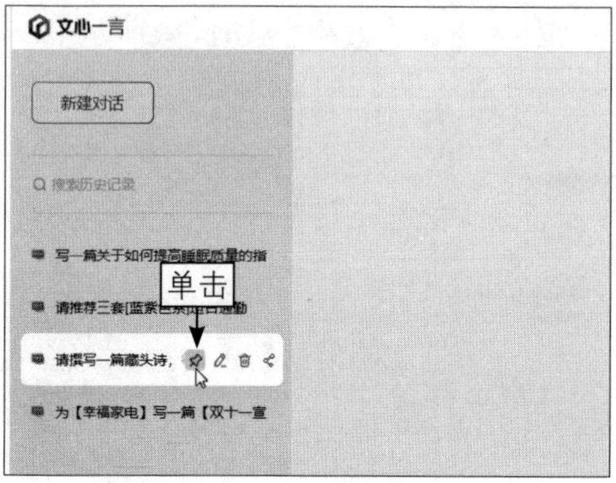

图 1-36　单击置顶按钮

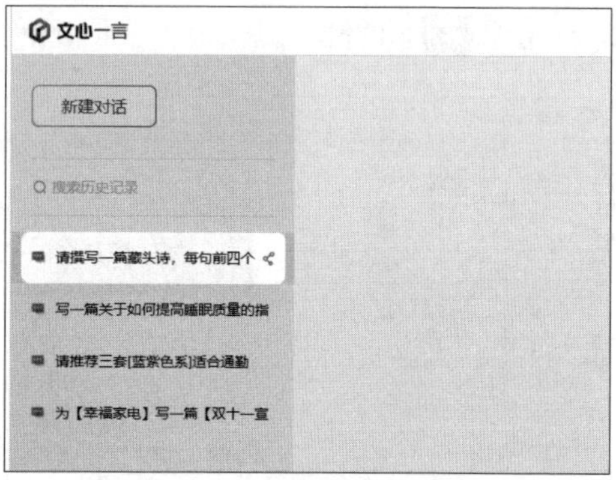

图 1-37　将历史对话置顶的效果

步骤 04 在置顶的历史对话的右侧单击重命名按钮 ，如图 1-38 所示。

步骤 05 输入新的对话名称，如图 1-39 所示，单击 ✓ 按钮确认，即可修改该历史对话的名称。

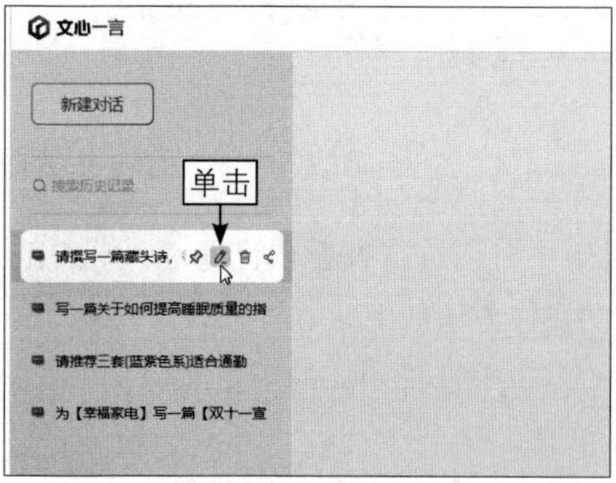

图 1-38　单击重命名按钮

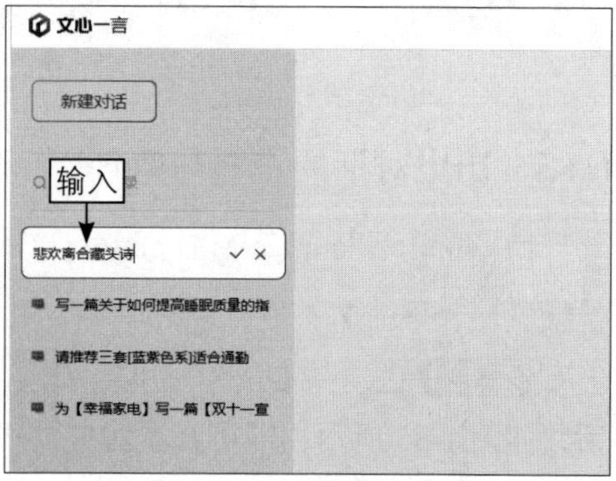

图 1-39　输入新的对话名称

步骤 06 单击历史对话右侧的删除按钮 ，弹出信息提示框，如图 1-40 所示，用户可以单击“删除”按钮将其删除，也可以单击“取消”按钮，关闭信息提示框。

步骤 07 在历史对话的右侧单击分享按钮 ，如图 1-41 所示。

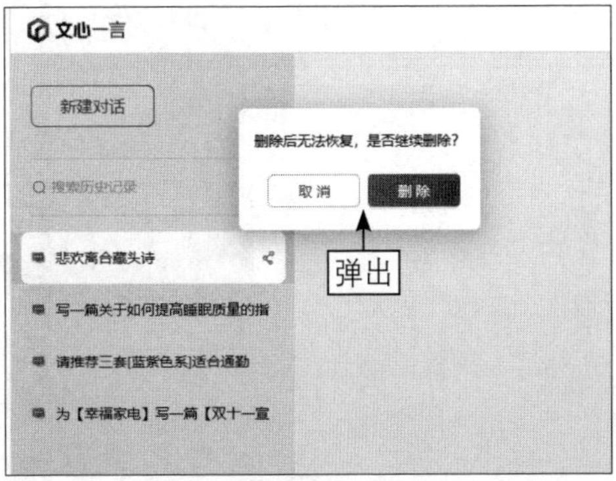

图 1-40　弹出信息提示框

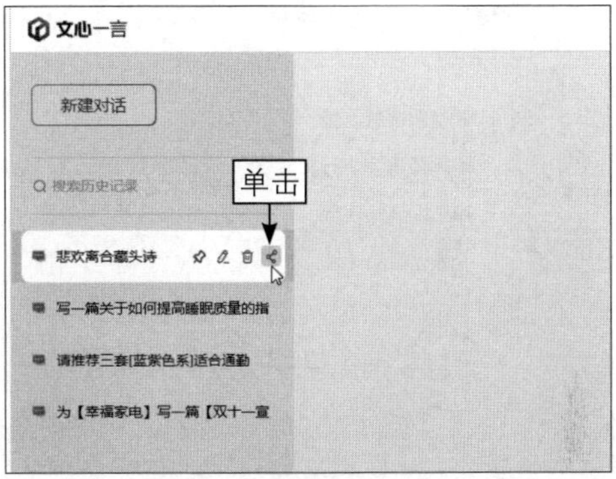

图 1-41　单击分享按钮

步骤 08 执行操作后，进入分享页面，选中相应对话左侧的复选框，单击“分享”按钮，如图 1-42 所示。

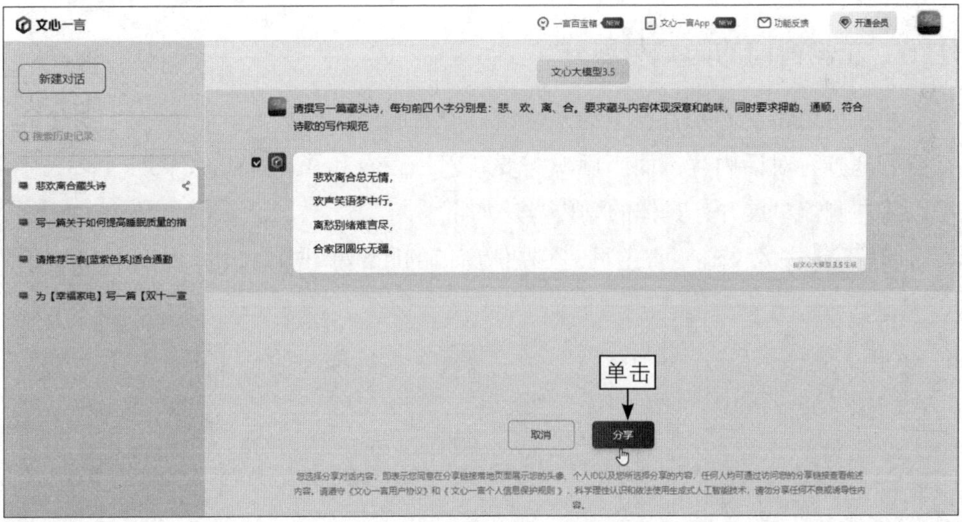

图 1-42　单击“分享”按钮

步骤 09 执行操作后，弹出相应的对话框，单击“复制链接”按钮，如图 1-43 所示，即可复制生成的分享链接，用户可以将链接粘贴并发送给好友，与他们分享 AI 生成的回复。

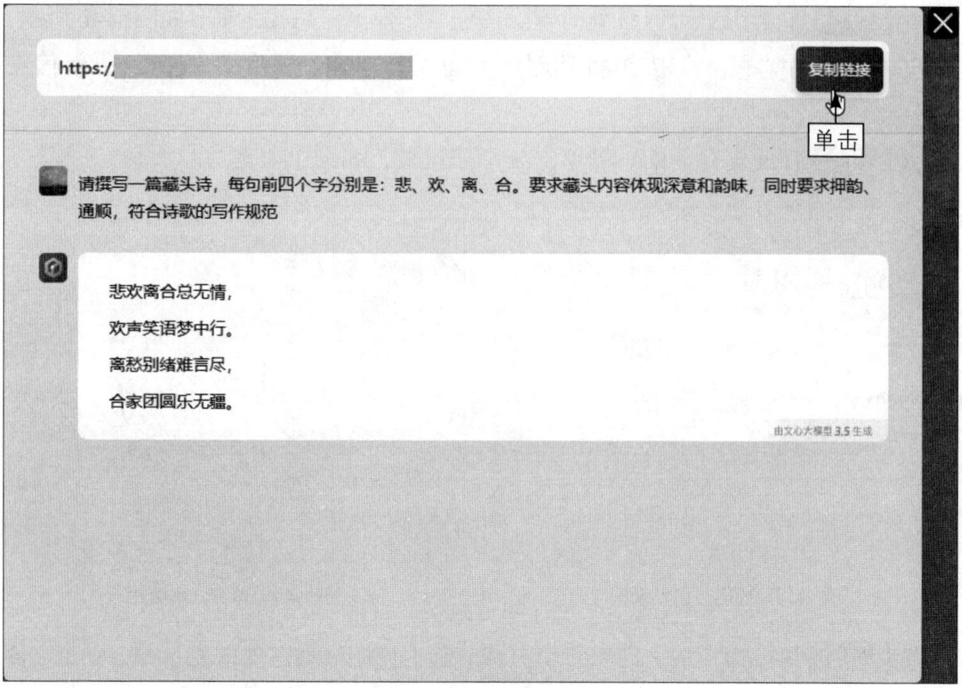

图 1-43　单击“复制链接”按钮

016　左侧窗口的隐藏与展开

扫码看教学视频

用户可以将文心一言主页的左侧窗口隐藏起来，以扩大对话窗口并更好地查看对话内容；而当用户需要新建、查看和管理对话时，又可以将左侧窗口展开，具体的操作方法如下。

步骤 01 进入文心一言主页，在左侧窗口的底部单击 ⇌ 按钮，如图 1-44 所示。

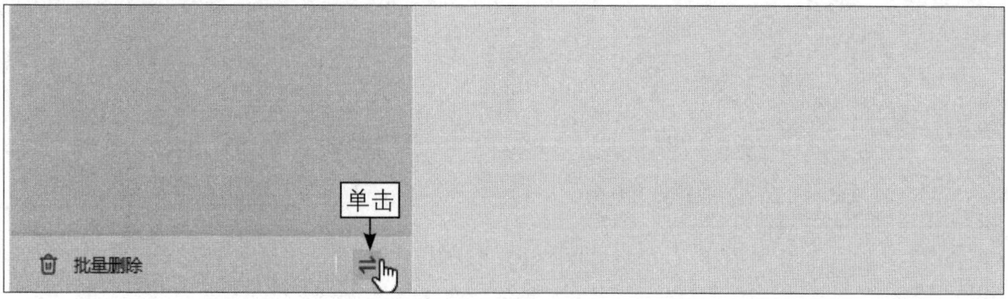

图 1-44　单击相应按钮

步骤 02 执行操作后，即可隐藏左侧窗口，并全屏显示对话窗口，从而更好地与 AI 进行对话交流，如图 1-45 所示。

图 1-45　全屏显示对话窗口

步骤 03 在对话窗口的左下角单击“展开”按钮，如图 1-46 所示，即可重新展开左侧窗口。

图 1-46　单击“展开”按钮

第 2 章

13 种指令优化技巧，获得有效答案

本章要点：

基于对 ChatGPT 的了解，可知 ChatGPT 发挥作用的关键在于恰到好处地提问，而要做到这一点，则需要掌握一定的提问技巧，即学会优化 ChatGPT 指令。本章将介绍一些有效的方法，以帮助大家得心应手地运用 ChatGPT。

2.1　3 种挖掘 AI 文案指令的技巧

当想要ChatGPT生成文案时，用户需要输入合适的指令，让ChatGPT识别、理解并提供回复。因此，ChatGPT产生作用的关键在于提供指令，而要想输入有效的指令需要用户掌握一些方法进行遣词造句。

017　需求的明确

扫码看教学视频

指令是ChatGPT进行回复、给出答案的依据，如果用户想要ChatGPT生成文案，则要提供一些文案的类型、特征、范围等信息作为指令，输入给ChatGPT，ChatGPT会根据指令给出回复。

用户在编写指令时，应该与需求紧密结合，选择更贴切的指令。不同的指令所获得的AI文案是有区别的，下面将举例介绍在输入不同指令时，ChatGPT给出的不同回复。

步骤 01 在 ChatGPT 的输入框中输入比较宽泛的指令，按【Enter】键发送，便可以得到 ChatGPT 生成的文案，相关指令和回复内容如下。

提问

请写出10个关于冬泳的文案：

ChatGPT

1. 寒冷的冬日，湖面上一群勇敢的人在寒风中挑战自我，迎接冬泳的刺激与挑战。

2. 冬泳如同一场与寒冷对抗的盛大舞台，每一个跃入水中的瞬间都是对极限的突破。

3. 寒冷不是阻挡，而是挑战。冬泳者在冰水中嬉戏，展现出顽强的毅力和坚韧的品质。

4. 冬泳是身心的双重锻炼，湖水中的冰凉让人精神一振，体魄更加强健。

5. 在冰雪覆盖的季节里，冬泳如同一把清凉的利剑，劈开寒冷，激活身体的活力。

6. 冬泳不仅是一项体育运动，更是一种生活态度，教会人们在寒冷中找到内在的温暖。

7. 冬泳者不畏严寒，他们跳入湖水，挑战自我极限，展现出对生活的豁达与热爱。

8. 寒风呼啸，湖水冰凉，冬泳者的笑脸却是温暖的阳光，照亮冬日的寒冷。

9. 冬泳是一种对自然的敬畏，也是对生命的敬意，每一次跃入水中都是对生命的再次拥抱。

10. 寒冬里，冬泳者如同冰雪中的英雄，展现出顽强不屈的精神，让寒冷的季节充满了勇气和活力。

步骤02 在左上角单击 New chat 按钮，新建一个聊天窗口，输入比较具体的指令，按【Enter】键发送，便可以得到 ChatGPT 生成的文案，相关指令和回复内容如下。

提问

请写出10个关于冬泳好处的文案：

ChatGPT

1. 锻炼身体抗寒能力：冬泳能够增强身体的抗寒能力，促进血液循环，提高体温调节能力，对抗严寒环境，增强免疫系统。

2. 促进新陈代谢：冬泳可以刺激新陈代谢，加速脂肪燃烧，有助于控制体重，提高身体的能量消耗，对于保持健康体重和形体有积极作用。

3. 改善心血管健康：经常参与冬泳有助于降低血压、改善心血管健康，通过水中运动促进心血管系统的强化，减少心血管疾病的风险。

4. 增强呼吸系统功能：冬泳需要较大的呼吸控制，可强化呼吸肌肉，提高肺活量，促进氧气的吸收，对呼吸系统有积极作用。

5. 缓解压力和焦虑：冬泳是一种户外运动，能够让人沉浸在大自然中，通过深呼吸和冷水的刺激有助于释放紧张情绪，减轻压力和焦虑。

6. 促进血液循环：冬泳能够增加血管弹性，促进血液循环，改善微循环，有助于维持身体各部位的供血供氧。

7. 提高养分吸收效率：冬泳后，由于身体对寒冷环境的适应，血液会更多地流向内脏器官，提高养分吸收效率，有助于身体的营养平衡。

8. 增强自律和毅力：冬泳需要一定的毅力和自律，因为挑战低温环境对身体和意志力都是一种训练，有助于培养坚韧不拔的品质。

9. 改善睡眠质量：冬泳有助于消耗身体多余的能量，促进身体的放松，有助于改善睡眠质量，使人白天更加精力充沛。

10. 增强社交和团体凝聚力：冬泳是一项集体活动，能够增进与同行的交流，增强团队凝聚力，提高社交活动的积极性。

由上述案例可知，ChatGPT对于宽泛的指令和具体的指令的识别度是不同的，会给用户提供不一样的回复。在输入宽泛的指令时，ChatGPT给出的回复较为概念化，涉及多个方面的信息；而输入具体的指令时，ChatGPT会给出更贴近提问的回复。两种指令各有其用处，用户选择输入哪种指令取决于自身真正的需求是什么。

018　指令主题的确定

扫码看教学视频

一般来说，用户选择较为宽泛的指令，是想要ChatGPT生成一些事实性、概念性的回复，类似于“请说出世界上最大的湖是什么？”的问题。而用户选择较为具体的指令，大多数是想要ChatGPT提供一些灵活性、观念性的回复，类似于“用诗意的语言描述一下武功山”的要求。

从这一层面上看，用户选择较为宽泛的指令并不难编写，反而是选择较为具体的指令会有一定难度，因为想要ChatGPT生成回复的出发点不同。因此，编写有效指令主要涉及的是编写具体的指令，而第一要义就是确定指令的主题。

步骤 01 在 ChatGPT 的输入框中输入没有主题的指令，按【Enter】键发送，便可以得到 ChatGPT 生成的议论文，相关指令和回复内容如下。

提问

请帮我写一篇不超过500字的议论文，包含两个核心论点：

ChatGPT

题目：电子书是否会取代传统纸质书？

随着科技的迅速发展，电子书在阅读领域逐渐崭露头角，引发了人们对其是否能够取代传统纸质书的争论。本文将探讨电子书与纸质书之间的优劣势，并提出两个核心论点，旨在为这一争论提供更多的思考。

首先，支持者认为电子书的便携性和环保性是其明显优势之一。相对于传统纸质书，电子书可以轻松储存成千上万本书籍，使得读者无须为携带大量书籍而感到不便。此外，电子书的制作不涉及纸张和印刷工艺，有助于减少对森林资源的需求，符合现代社会对环保的追求。因此，电子书的便携性和环保性为其在当今社会中获得广泛认可提供了有力支持。

然而，反对者则强调纸质书在阅读体验方面的独特优势。纸质书的触感、味道及翻动书页的声音都为阅读增添了一种独特的情感体验，这是电子书所无法替代的。此外，一些研究表明，纸质书的阅读更有助于深度思考和长时记忆，相较于电子书更有利于学习和理解。因此，纸质书在阅读体验和认知效果上具有独特的优势，这是电子书无法比拟的特点。

综合而言，电子书与纸质书各有其优劣势，取决于个人的阅读偏好和需求。在技术不断进步的今天，我们或许应该以更加开放的心态来看待这两者之间的关系，而非简单地将其视为取代关系。或许未来，电子书和纸质书能够共存，并相互补充，为读者提供更为丰富的阅读选择。

步骤 02 在左上角单击 New chat 按钮，新建一个聊天窗口，在 ChatGPT 的输入框中输入有具体主题的指令，按【Enter】键发送，便可以得到 ChatGPT 生成的议论文，相关指令和回复内容如下。

提问

请帮我写一篇不超过500字的议论文，观点为“社交媒体的使用导致了青少年心理健康问题的增加”，包含两个核心论点：

ChatGPT

标题：社交媒体对青少年心理健康的负面影响

随着社交媒体的普及，青少年的生活日益被数字化的社交网络所包围。然而，社交媒体的过度使用却引发了青少年心理健康问题的增加。本文将探讨两个核心论点，阐述社交媒体如何对青少年的心理健康产生不良影响。

首先，社交媒体的使用加剧了青少年的社交焦虑和自我价值感的低落。在虚拟世界中，青少年常常受到滤镜化的生活和完美的图像所影响，导致对自身的过度比较。这种比较往往使青少年感到自卑，觉得自己的生活无法与他人相提并论。由于社交媒体上的信息片面而夸张，青少年容易形成不真实的社交标准，从而产生过度的焦虑感，损害了他们的心理健康。

其次，社交媒体的使用也加大了青少年的孤独感和沉迷问题。尽管社交媒体的初衷是促进人与人之间的联系，但实际上，大量时间花在屏幕前可能削弱了面对面的社交能力。青少年往往更愿意通过虚拟世界与他人交流，而忽视了现实中的人际关系。这种数字化的社交模式使青少年更容易感到孤独，缺乏真实的情感支持。同时，社交媒体的沉迷也导致了青少年的学业和兴趣爱好的荒废，对心理健康产生了负面影响。

综上所述，社交媒体的使用对青少年心理健康造成了明显的负面影响。首先，社交媒体加剧了青少年的社交焦虑和自我价值感的低落；其次，社交媒体的使用也加大了青少年的孤独感和沉迷问题。因此，我们有必要引起家长、教育者和社会的关注，采取有效的措施，引导青少年合理使用社交媒体，以维护他们的心理健康。

可以看出，当指令中没有主题时，ChatGPT会随机选择一个主题来作为议论文的观点；而在指令中加入议论文的观点后，ChatGPT就会围绕这个观点进行阐述，从而使生成的文案更能满足用户的需求。

019　主题描述的细化

扫码看教学视频

当用户在给ChatGPT的指令中说明了主题的情形下，仍旧没有得到理想的回复时，可以进一步细化主题描述，多加入一些限定语言或条件。下面将举例介绍具体的操作方法。

步骤 01 在 ChatGPT 的输入框中输入不添加限定语言或条件的指令，按【Enter】键发送，便可以得到 ChatGPT 生成的文案，相关指令和回复内容如下。

提问

请提供5个羽绒服的产品推广文案：

ChatGPT

1. 极地保暖之选：冰雪征服者

在寒冷的冬日，选择一款真正的保暖战士——冰雪征服者羽绒服！采用顶级水禽羽绒填充，轻盈蓬松，给你零下温度中的亲密呵护。高科技防水面料，让你在严寒环境中尽情玩耍，不惧风雪的侵袭。时尚设计，让你在保暖的同时依然光彩照人，成为冬日街头的时尚焦点！

2. 自由穿梭的时尚羽绒：城市漫步者

城市漫步者羽绒服，让你在冬季街头自由穿梭，彰显都市风采！精选高品质羽绒填充，轻松保暖，为你打造温暖的行走时光。独特剪裁，修身显瘦，展现你的时尚品位。多色可选，满足你不同场合的搭配需求。不仅是服装，更是城市风格的象征！

3. 冬日暖意，柔软相伴：云朵系列

云朵系列羽绒服，如同冬日的阳光一样温暖柔软。采用高级羽绒填充，不仅保暖效果出众，而且轻盈柔软，仿佛穿上了一片云朵。精湛工艺，细节体现品质。简约设计，时尚百搭。让你在寒冷的季节中感受到一丝丝温暖的陪伴。

4. 户外冒险之选：探险家系列

探险家系列羽绒服，是你冒险旅程中的坚实伙伴！采用耐磨防水面料，抗寒保暖，让你在户外挑战中无惧恶劣天气。人体工学设计，舒适贴身，不影响活动自如。多功能口袋设计，方便实用。选择探险家，让你在户外探险中展现非凡风采！

5. 潮流新贵：都市风尚系列

都市风尚系列羽绒服，是潮流达人的不二之选！前卫设计，独特面料，彰显个性。舒适保暖的同时，完美展现时尚品位。多彩选择，满足你对潮流的无限追求。穿上都市风尚，让你在寒冷的季节中依然保持炫目的光芒，成为街头的新贵！

步骤 02 单击已发送的指令下方的✎按钮，加入限定语言对指令进行改写，单击 Save & Submit（保存并提交）按钮，让 ChatGPT 根据新的指令生成文案，相关指令和回复内容如下。

提问

请提供5个适合小个子女生的工装羽绒服的产品推广文案：

ChatGPT

1. 轻盈保暖，尽显小个子的时尚品位！

随心动，自由行。我们的工装羽绒服以轻盈材质融合时尚设计，给小个子女生打造出独特的气质。不仅保暖，更是你冬日时尚的最佳选择。穿上它，让你在寒冷的季节里依然散发迷人的光彩。

2. 巧思设计，修身显高，尽显女性柔美身姿！

细节决定成败，我们的工装羽绒服精心设计，巧妙利用线条感，打造出修身显高的效果。小个子女生穿上它，瞬间拉长身形，展现出迷人的女性曲线。

3. 时尚色彩，潮流元素，打破小个子的穿衣界限！

色彩是时尚的灵魂，我们的工装羽绒服采用了最潮流的颜色，融入时尚元素，让小个子女生告别单调，展现出属于自己的独特魅力。不再因为个子而感到束缚，让你成为街头的时尚焦点。

4. 多功能设计，百搭时尚，一件就满足你所有需求！

工装羽绒服不仅仅是一件保暖外套，更是时尚百搭的利器。多口袋设计，方便实用，不仅能满足你的时尚需求，还能轻松搭配出各种风格。一件就能满足你多种场合的穿搭需求。

5. 温暖守护，给小个子女生最贴心的呵护！

冬日寒冷，我们的工装羽绒服就像是一位贴心的守护者，给你最温暖的陪伴。精选优质羽绒填充，保暖性能卓越，让你在寒冷的天气里也能感受到温暖。小个子女生穿上它，不仅时尚，更是享受着最贴心的呵护。

步骤 03 再次单击已发送的指令下方的✎按钮，加入限定条件对指令进行改写，单击 Save & Submit 按钮，让 ChatGPT 再次根据新的指令生成文案，相关指令和回复内容如下。

提问

请提供5个适合小个子女生的工装羽绒服的产品推广文案，要求突出产品亮点，不超过100字：

ChatGPT

1.【迷你暖意】迷你羽绒工装，轻盈保暖，小个子女生穿上秒变仙女，告别臃肿感，活力加分！

2.【柔软防风】小身材大保暖！工装设计羽绒服，柔软亲肤，轻松防风，自在穿搭，展现小巧娇美。

3.【精致细节】微工艺缝线，精致可爱；独特口袋设计，时尚实用。小个子女生的专属温暖时尚，散发独特魅力！

4.【超轻悦动】超轻量羽绒填充，温暖不累赘。独家防水面料，雨雪无惧。小巧身材，大大保护。

5.【时尚利器】潮流工装风格，小个子女生的最爱！羽绒工装，时髦百搭，独特设计，让你在寒冷中依旧灿烂夺目。

由上述示例可以看出，ChatGPT会根据指令的主题细化程度给出不同的回复。一般来说，用户输入的主题描述越详细，得到高效回复的概率会越大。

2.2　10种优化指令的技巧

用户在创作AI文案时，大部分场景中都需要用到较为具体的指令，而要想获得更能满足需求的文案，用户就需要掌握一定的指令优化技巧。本节将介绍一些优化指令的技巧，帮助大家更加轻松、快速地完成AI文案的创作。

020　指令内容的设计

在设计指令内容时，用户要注重质量而非数量，尽可能提供详细、准确、具有启发性的信息，以激发AI的创造力。同时，用户还要避免提供过多的限制性信息，给AI留下一定的自由发挥空间。下面将举例介绍具体的操作方法。

扫码看教学视频

提问

主题：逃避心理

结构：引言、主体部分（定义、特点、案例）和结论

关键词：逃避心理、定义、特点、案例

ChatGPT

逃避心理：挑战与现实的背离

引言：

在人类心理的复杂网络中，逃避心理是一种常见而深刻的心理现象。面对生活的压力、挑战和困境，人们往往会选择逃避，试图规避现实的矛盾和不适。然而，逃避心理不仅仅是一种应对机制，更是一种可能导致长期负面影响的心理状态。本文将深入探讨逃避心理的定义、特点及通过案例分析展

现其在个体生活中的表现。

主体部分：

1. 定义：

逃避心理是一种个体在面对压力、不适或挑战时选择逃避、回避或规避现实的心理现象。这种心理状态可能表现为对问题的回避、责任的逃避，或对困难的回避，使个体在短期内获得一种短暂的安慰感，但却可能阻碍其长远的成长和发展。

2. 特点：

逃避心理具有一些明显的特点。首先，个体可能通过沉迷于虚拟世界、社交媒体或其他消遣活动来逃避现实。其次，逃避心理往往伴随着对问题的回避，使个体不愿正视、处理生活中的挑战。第三，逃避心理可能导致对责任的回避，个体倾向于逃避承担起责任，从而陷入被动的境地。

3. 案例：

通过实际案例可以更好地理解逃避心理在个体生活中的具体表现。以一个职场案例为例，某个员工在面对工作中的挑战和压力时，选择通过频繁请假、逃避工作任务的方式来应对，而不是主动解决问题。这种逃避行为不仅使个体自身无法成长，还可能对团队和工作环境产生负面影响。

结论：

逃避心理虽然在短期内能够提供一定的安慰感，但却是一种对现实逃避的心理机制，可能对个体的成长和发展产生负面影响。理解逃避心理的定义、特点及通过案例分析其在个体生活中的表现，有助于我们更好地应对生活中的挑战，促使个体更积极地面对困境，迎接成长和发展的机遇。

通过精心设计指令内容，用户可以更好地激发ChatGPT的创造力，使其生成更高质量的AI内容。在实际使用中，用户可以根据不同的需求和场景，灵活调整指令内容，以达到最佳的生成效果。

021　语言类型的选择

扫码看教学视频

自然语言是指人类日常使用的语言，包括口语和书面语。与计算机语言不同，自然语言是人类用来表述问题或需求的方式，几乎所有人都能轻松理解；而计算机语言则是人们为了与计算机进行交互而设计的特定语言，一般人是无法理解的。

在ChatGPT中，用户要尽量使用自然语言来写指令，避免使用过于复杂或专业的语言。ChatGPT是基于自然语言处理的模型，使用自然语言写的指令可以让AI更好地理解用户的需求，并生成自然、流畅的回复。下面将举例介绍具体的操作方法。

提问

如何自制一杯奶茶？

ChatGPT

制作奶茶的方法有很多种，这里我为你提供一种简单的奶茶配方。这是一种基础的奶茶，你可以根据个人口味的喜好进行调整。

材料：

1. 红茶叶（如阿萨姆、锡兰等）：2茶匙（根据口味可调整）
2. 水：1杯
3. 牛奶：1/2杯（你也可以选择使用植物奶替代，如豆奶或椰奶）
4. 糖：根据口味适量
5. 香料（可选）：比如姜片、肉桂棒、丁香等

制作步骤：

1. 沸水冲泡茶叶：将1杯水煮沸，然后将茶叶放入沸水中，用沸水冲泡茶叶。你可以使用茶袋或茶壶。

2. 调制奶茶底：在另一个锅中，将牛奶加热。可以选择加入一些香料，比如姜片、肉桂棒或丁香，使奶茶更加香浓。

3. 混合茶水和奶茶底：将沏好的茶水和热牛奶混合在一起。你可以通过茶漏或过滤器过滤掉茶叶和香料。

4. 加糖调味：根据个人口味，逐渐加入适量的糖，搅拌均匀。

5. 享用：将调制好的奶茶倒入杯中，你可以选择在上面撒一些茶叶或肉桂粉进行装饰。

根据个人口味的不同，你还可以尝试加入冰块，或者在奶茶中加入其他调味料，如椰浆、红枣等，以制作出更多口味的奶茶。希望你喜欢这个简单的奶茶制作方法！

022　示例和引导的作用

扫码看教学视频

用户可以在指令中给AI提供一些示例和引导，从而帮助AI更好地理解需求。例如，用户可以提供一些相关的话题、关键词或短语，或者描述一个场景或故事，下面通过具体的案例进行说明。

提问

请将一段文本扩写为一篇300字以内的小故事，让内容更加翔实，文本内容为：当小江睁开眼，发现自己站在一座冰桥上，一群雪人向他走来：

ChatGPT

当小江缓缓睁开眼，发现自己置身于一个幻境般的世界。他站在一座冰桥上，冰面如镜，反射着天空中五光十色的极光。周围的空气中弥漫着清新的松针香气，仿佛置身于一个冰雪仙境。

突然，他注意到一群雪人从远处的雪原中朝他欢快地走来。这些雪人身上的雪花簇拥着如同水晶般的闪光，宛如活灵活现的精灵。他们眼中闪烁着友善的光芒，微笑着迎向小江，仿佛早已知晓他的到来一般。

小江感到一阵惊喜，他迈着轻盈的步伐走向雪人们。这群雪人围绕着他，用柔软的雪手拍打着他的双肩，传递着一种温暖的力量。雪人们欢快地跳舞，雪花在空中飞舞，形成了美丽的雪舞。

随着雪人们的引导，小江被带到了一个巨大的雪堡前。堡内是一片温暖和煦的空间，熠熠生辉的冰晶灯光映照着整个房间。雪人们邀请小江品尝了由雪花糖果制成的甜点，那甜蜜的味道让他陶醉其中。

雪人们向小江讲述了他们的故事，他们是由冰雪精灵赋予生命的，守护着这片神秘而美好的冰雪王国。小江在雪人们的陪伴下，度过了一段充满奇迹和欢笑的时光。他深深感悟到，在这个冰雪仙境中，友谊和美好的事物总是不期而遇，而这群可爱的雪人成了他在这片冰雪世界中最亲密的伙伴。

023 问题形式的使用

扫码看教学视频

用户可以采用问题的形式提出你希望AI回答或讨论的内容，如“什么是机器学习及其应用领域”。注意，问题要明确具体，不要太宽泛，避免像“告诉我关于机器学习的全部知识是什么”这样过于开放式的问题。另外，用户可以使用“如何”“为什么”“什么”等提问词来构建指令，下面通过具体的案例进行说明。

提问

榫卯结构那么紧实，为什么现代工业没有进行大规模应用？

ChatGPT

榫卯结构是一种古老而有效的木工结构，它通过将凸起的榫（tenon）插入凹槽的卯（mortise）中来连接两个木材部件。这种结构确实非常紧实，具有很好的稳定性和承载能力。然而，在现代工业中，榫卯结构并没有像一些其他连接方式那样广泛应用，主要有以下几个原因：

1. 成本和效率：制作榫卯结构通常需要更多的手工劳动和专业技能。相较于一些现代化的连接方式，如螺栓和螺母，榫卯结构可能需要更多的时间和劳动成本。在大规模生产的工业环境中，注重效率和成本控制是非常重要的因素。

2. 标准化和模块化：现代建筑和制造通常采用标准化和模块化的设计，以便更容易进行大规模生产和快速组装。榫卯结构可能难以与这种标准化和模块化的要求相匹配，因为每个榫卯连接可能需要更多的定制工作。

3. 材料变化：在现代工业中，不仅使用木材，还广泛使用金属、塑料和其他先进材料。一些现代连接技术更适合这些新材料的特性，而榫卯结构可能不如其他连接方式适用于这些材料。

4. 结构设计的变化：随着建筑和制造技术的发展，人们对结构设计的需求也在不断变化。某些现代结构可能需要更高的抗震性、更大的承载能力等特性，而一些现代连接方式更适合满足这些需求。

尽管如此，榫卯结构在一些特定的领域和场景中仍然得到应用，尤其是在传统木工和艺术领域。此外，一些人也在现代设计中将榫卯结构与新材料和工艺相结合，以创造出独特而具有现代感的作品。

以问题的形式写指令的相关技巧如下。

· 将问题分解成多个小问题，每次只提出一个具体的问题，然后再根据AI的回答进行追问，使对话内容的主题更加明确。

· 在问题中提供足够的背景和上下文信息，让AI充分理解你的意图，可以先简要描述背景，然后再提出相关问题。

· 使用AI回答中提供的信息进行进一步提问，使对话内容更加深入。

· 使用不同的表述方式进行提问，评估不同问题的回答质量。

· 尝试使用一系列相关的问题探索一个主题。

· 如果AI的回答没有完全满足你的要求，可以重新提问，修改提问的方式来获得更好的回答。

· 提出稍微开放式的问题，避免AI只能回答yes/no的关闭式问题，让AI给出更长、更全面的回答。

· 遵循由表及里的提问顺序，从基本的问题出发，再深入到具体的细节，不要一次性提出很多问题。

024　具体细节和信息的提供

扫码看教学视频

在指令中提供具体、详细的细节和信息，可以帮助AI更好地理解用户的需求，从而生成更加准确、具体的回复，下面通过具体的案例进行说明。

提问

你是一个出行穿搭搭配小助手，你需要根据我提供的信息为我推荐今天适合什么样的搭配。你的穿搭建议需要与我提供的信息相匹配，以下是我提供的信息。

【天气】：晴天

【交通】：地铁

【目的地】：公园

【行程】：和男朋友约会

ChatGPT

根据你提供的信息，我为你设计了一套适合今天的穿搭建议：

穿搭建议：

1. 上衣：选择一件清爽的短袖或衬衫，颜色可以选择明快的色调，比如浅蓝、粉红或白色。这样既能应对晴天的温暖，又显得轻松愉快。

2. 裤子：搭配一条舒适的牛仔裤或休闲裤，不仅能够方便搭乘地铁，还能保持休闲感。裤子的颜色可以选择深蓝或中灰，与上衣相互搭配。

3. 鞋子：舒适的休闲鞋是不错的选择，适合在公园漫步，也方便搭乘地铁。可以选择白色或其他明亮的颜色，与上衣形成和谐搭配。

4. 外套：由于是晴天，不需要太厚重的外套。可以携带一件轻薄的针织衫或夹克，以防天气变化。颜色可以与上衣相呼应。

5. 配饰：如果喜欢，可以佩戴一些简单的配饰，比如手表、项链或耳环，为整体造型增添一些亮点。

6. 包包：选择一个轻便的小包包，方便携带必需品，但又不会显得过于沉重。

整体来说，这套搭配既符合晴天的气候，又适合搭乘地铁和在公园约会。希望你和你的男朋友有一个愉快的约会！

关于在指令中添加细节和信息的一些具体建议如下。

- 对于场景类的指令，可以在其中描述人物身份和场景时间等详细信息。
- 提供你已经知道的与指令相关的任何信息，都可以帮助AI理解你的意图。
- 避免提供与指令请求无关的细节，这可能会让AI分心或误解你的意图。
- 根据AI的回答补充更多相关细节，使对话层层深入。

025 输出格式的指定

扫码看教学视频

用户可以指定ChatGPT输出的格式，例如要求以列表形式回答、限定字数长度等，以便得到更易于消化的回复，下面通过具体的案例进行说明。

提问

你是一个自然语言处理专业机器人，你需要从我给出的内容中抽取所有出现的名词，并通过列表的形式进行展示。接下来你需要抽取的内容是：

当我走进图书馆的时候，我被书架上的各种书籍深深吸引，那里有关于历史、科学、文学和艺术的丰富藏书。我忍不住走向一个装满小说的书架，捧起一本经典的文学作品，沉浸在作者创造的世界中。图书馆里弥漫着知识和想象的氛围，每一本书都是一扇通向不同世界的门。

ChatGPT

名词列表：

1. 图书馆
2. 书架
3. 书籍
4. 历史
5. 科学
6. 文学
7. 艺术
8. 小说
9. 经典
10. 文学作品
11. 作者
12. 世界
13. 知识
14. 想象
15. 氛围

在指令中指定输出格式要求时可以使用下列技巧。

- 明确指出需要的格式类型，如“请用列表的格式来回答”。
- 指定段落结构，如“请在第一段简要总结，然后在以下各段详细阐述”。
- 限制输出长度，如“请用不超过500字来概述”“请用1～2句话说明”。
- 指定语气和风格，如“请用通俗易懂的语言进行解释”。
- 指定关键信息的突出显示，如“请用粗体字标出你的主要观点”。
- 要求补充例子或图像，如“请给出2～3个例子来佐证你的观点”。
- 指定回复的语言，如“请用简单的英语回答”。
- 要求对比不同观点，如“请先阐述A的观点，然后对比B的不同看法”。
- 给出预期的格式样本，要求AI仿照该格式生成内容。

026　提供上下文信息的作用

扫码看教学视频

用户可以在指令中提供足够的上下文信息，以便AI能够理解你的意图并生成准确的内容，下面通过具体的案例进行说明。

提问

请帮助我用中文写一篇关于充足睡眠的短文，需要包含以下信息。

标题：充足睡眠，活力满满

第一段：介绍当今社会中普遍存在的睡眠不足问题，引出拥有充足睡眠的重要性

第二段：介绍睡眠的生理作用，包括维持身体健康、强化免疫系统、促进身心平衡、调节情绪、缓解压力等

第三段：举一个例子介绍睡眠不足的危害
第四段：介绍养成良好睡眠习惯的方法
第五段：结论，强调拥有充足睡眠的重要性，呼吁大家养成良好的睡眠习惯
请确保文章通顺流畅，篇幅控制在500字左右，请用简明通俗的语言书写。

CI 提问

充足睡眠，活力满满

当今社会，睡眠不足已经成为一个普遍存在的问题。忙碌的工作、烦琐的学业、熬夜的娱乐，让很多人的夜晚变得短暂而不足。然而，拥有充足的睡眠对我们的身体和心理都至关重要。

睡眠在维持身体健康方面扮演着重要的角色。科学研究表明，足够的睡眠时间有助于新陈代谢的正常运行，有利于维持体内各种生理功能的平衡。此外，充足的睡眠还能强化免疫系统，提高身体的抵抗力，使我们更能抵御疾病的侵袭。

除了对身体的积极影响，睡眠还在调节情绪、促进身心平衡方面发挥作用。一个良好的睡眠习惯有助于稳定情绪，减轻焦虑和压力，使人在面对生活的各种困难时更加从容应对。睡眠不仅是身体的休息，更是心灵的慰藉，是一种自我调节的重要手段。

让我们通过一个例子来更直观地了解睡眠不足的危害。小明是一名职场新人，为了工作加班到深夜成为家常便饭。久而久之，他的睡眠时间逐渐减少，精神状态开始下滑，工作效率也明显下降。不仅如此，他还经常感到疲劳和焦虑，最终导致身体的抵抗力减弱，屡次生病。这个例子生动地说明，长期的睡眠不足会对身体和工作产生负面影响。

那么，如何养成良好的睡眠习惯呢？首先，要保持规律的作息时间，尽量在固定的时间上床睡觉，养成良好的生物钟。其次，创造一个适合睡眠的环境，保持安静、舒适、黑暗的卧室，避免使用过亮的灯光和嘈杂的环境。另外，避免在睡前过多摄入咖啡因和糖分，以免影响入睡。最后，培养放松的睡前习惯，例如听轻柔的音乐、阅读一本轻松的书籍，有助于缓解一天的紧张情绪，为入睡创造良好的条件。

总的来说，充足的睡眠是保持身体健康和心理平衡的重要因素。通过养成良好的睡眠习惯，我们可以更好地迎接每一天的挑战。让我们共同关爱自己的睡眠，拥有充沛的活力，迎接更美好的生活。希望大家都能意识到睡眠

的重要性，从现在开始养成良好的睡眠习惯，让生活充满活力与笑容。

此外，用户还应该考虑指令内容的逻辑性和连贯性。通过合理的指令，可以确保ChatGPT生成的内容具有清晰的逻辑结构和连贯的段落，这有助于提高内容的可读性和吸引力。

在编写指令时，用户可以通过以下几个技巧来帮助AI理解并生成连贯、逻辑清晰的内容，而不只是零散的信息。

•在指令开头简要描述一下要生成的文章的主题和背景，让AI明确我们的写作意图。

•使用指令预先规划全文的结构，如提纲式列出几个需要的段落及每个段落需要包含的主要信息点，并在提纲的每个段落提示中提供一些背景详情，使AI能生成相关的段落内容。

•使用一致的过渡词语连接各个段落，如"首先""其次"等，使全文更加通顺连贯。

•可以提供一些关键词，让AI根据这些关键词探讨相关的概念和细节，使内容更加丰富准确。

•如果有需要，用户也可以提供一些实际的例子或数据让AI引用，增加内容的说服力。

•最后简要概括全文想要表达的主要观点，完成全文的结构架构。

★ 专 家 提 醒 ★

写好指令后，用户还需要进行测试和调整。用户可以多次输入指令让 ChatGPT 进行回答，观察它生成的答案是否符合预期，从而判断是否需要对指令进行调整。

027　使用肯定语言的作用

扫码看教学视频

在指令中使用肯定的语言，可以给ChatGPT一个积极的开始，从而让AI生成更符合要求的结果，下面通过具体的案例进行说明：

提问

请你推荐几部你很喜欢，且评价极高的动漫电影，并简单描述一下每部电影的故事梗概与亮点，让人对这些电影充满期待。请给出至少3部电影。

ChatGPT

当然可以！以下是我为你推荐的三部备受好评的动漫电影，并附上简要的梗概和亮点描述：

1.《千与千寻》

- 梗概：由宫崎骏执导的这部电影讲述了一个小女孩千寻意外来到神秘的灵异世界，她必须在这个神奇而危险的地方寻找她失踪的父母，并与各种神秘的生物和精灵交往。

- 亮点：观众对于千寻的成长、对友谊和爱的理解，以及电影中充满想象力和独特视觉效果的创意场景给予高度评价。电影描绘了奇妙的幻想世界，同时深刻探讨了人性、成长和勇气。

2.《你的名字》

- 梗概：由新海诚执导的这部电影讲述了一名男孩和一名女孩在梦中交换身体，并尝试理解这一现象的故事。随着情节的发展，他们陷入了一场超越时空和命运的爱情故事。

- 亮点：电影以其美丽的画面、深刻的情感表达和扣人心弦的剧情而受到赞誉。观众对于故事中关于时空、红线、爱情和命运的深刻探讨感到非常满意。

3.《风之谷》

- 梗概：由宫崎骏执导，这部电影发生在一个后末日世界，讲述了公主娜乌西卡为了拯救她的家园而踏上冒险之旅，揭示了人类与环境之间微妙而复杂的关系。

- 亮点：电影深受观众喜爱的原因之一是其引人入胜的故事和丰富的角色。同时，宫崎骏独特的幻想世界和对自然环境的深刻关注也是这部电影备受称赞的要素。

这些电影在动画界都享有盛誉，希望你会喜欢它们！

使用正确的肯定语气，可以最大限度地激发AI的正面回应，提高指令的有效性，相关技巧如下。

- 使用积极的词语，如“请”“建议”，而不是“不要”“避免”等否定词。
- 表达对ChatGPT的AI能力的信任和期待，如“相信你能给出最佳建议”。
- 使用令人愉悦的词语，如“非常感谢”“十分赞赏”，营造友好氛围。
- 避免使用命令式语气，而是以请求的方式提问。

•对需要AI回答的内容，可以用积极的词语进行描述，如“精彩的点子”“最有见地的分析”。

•在指令中表达出AI输出内容能起到正面作用的期许，如“这些建议如果执行将极有帮助”。

•使用问题形式的指令，如使用“怎样才能……”等肯定词，而非“为何无法……”等否定词。

•在指令中塑造正面积极的场景和人物关系。

•提出有意义、目标正面的请求，不要提出无意义或负面的要求。

028　角色身份的假设

扫码看教学视频

用户可以假设一个角色的身份并提出问题，这样可以为ChatGPT提供更明确的情境，下面通过具体的案例进行说明。

提问

我是一个母亲，有一个12岁的女儿，她性格比较内向，常常在家中感到无聊，请你根据以下要求推荐几种适合她放松的娱乐活动。

要求：娱乐活动要有积极意义；难度不能太大，她一个人也能完成；活动最好可以在家中进行；除了让她放松之外，最好还能让她掌握一些知识或技能。

ChatGPT

对于你的12岁女儿，有一些既有趣又有积极意义的娱乐活动可以在家中进行，同时也能让她学到一些知识或技能。以下是一些建议：

1. 手工艺和绘画：

让她尝试手工艺或绘画，比如折纸、制作手工卡片、绘画素描等。这有助于培养她的创造力和手眼协调能力。

2. 烹饪和烘焙：

带她一同参与简单的烹饪或烘焙活动，这不仅是一项有趣的家庭活动，还能培养她的独立生活技能和对食物的了解。

3. 阅读：

鼓励她培养阅读兴趣。选择一些适合她年龄的好书，可以是小说、科普读物或漫画。这不仅是一种放松的方式，还能拓宽她的知识面。

4. 音乐学习：

如果她对音乐感兴趣，可以考虑学习弹奏乐器或参与音乐课程。学习音乐有助于提高她的耐心和纪律性。

5. 编程和科技：

让她尝试一些基础的编程活动，学习如何创建简单的计算机程序。这有助于培养她的逻辑思维和问题解决能力。

6. 户外活动：

如果有条件，可以在家中的花园或阳台进行一些户外活动，比如植物种植、观察天空、观察鸟类等。这有助于她与自然互动，同时学到一些生态知识。

7. 语言学习：

利用在线学习资源，让她学习一门新的语言。这不仅是一项有趣的挑战，还有助于提高她的语言能力和跨文化理解。

8. 瑜伽和冥想：

引导她尝试简单的瑜伽或冥想练习，这可以帮助她保持身心健康，同时学到一些自我调节的技巧。

这些活动不仅能够在家中进行，而且有助于培养她的兴趣和技能，同时提供一个积极的放松方式。

需要注意的是，角色设置要具体和明确，如学生、医生、客户等，避免过于泛泛的角色设置。同时，背景情境要尽量描述充分，以帮助AI更好地理解该角色的想法。另外，角色的请求要用第一人称表达，从而增加代入感和逼真度。

029　具体数字的指定

扫码看教学视频

在对ChatGPT进行提问时，用户在问题中要指定具体的数字，描述要精准，这样可以得到更满意的答案，下面通过具体的案例进行说明。

提问

写10个关于菠萝炒饭制作教程的短视频标题：

ChatGPT

1.“学会独家秘方，一分钟搞定菠萝炒饭！”

2.“餐桌新宠！超好吃的菠萝炒饭，轻松在家实现美味大挑战！”

3.“惊艳味蕾！教你制作香气四溢的菠萝炒饭，简直是舌尖的狂欢！”

4.“寻找味蕾的冒险之旅！尝试不一样的菠萝炒饭，惊艳你的味蕾！”

5.“异国风情菠萝炒饭，家常料理也能出彩，教你一招成为大厨！”

6.“独家秘制！一学就上手，制作出饭香菠萝炒饭的绝佳方法！”

7.“料理新手也能行！轻松制作香喷喷的菠萝炒饭，家里都是香气！”

8.“挑战口味极限！尝试创意无限的菠萝炒饭，瞬间秒杀味蕾！”

9.“美食与艺术的完美结合！手把手教你打造精致菠萝炒饭，餐桌焕发新生！”

10.“夏日清新，一碗菠萝炒饭，酷暑中的美味盛宴！尽在这个简易教程中！”

第 3 章

11 种高效提问技巧，让 AI 生成高质量文案

本章要点：

ChatGPT 生成文案的质量与用户的提问方式密切相关，因此用户若想获得优质的文案，则需要掌握一些高效提问的方法，包括引导 ChatGPT 优化回复的技巧和常用的固定指令。

3.1　8 种引导 ChatGPT 优化回复的技巧

ChatGPT能够根据上下文给出连续性回复，因此当用户对ChatGPT初次提供的文案不太满意时，可以采取一些方法，引导ChatGPT生成高效、符合预期的回复。本节将介绍一些引导ChatGPT优化回复的技巧。

030　提供关键信息的作用

扫码看教学视频

ChatGPT根据用户提供的指令来生成文案，因此文案的内容与指令有关。一般来说，越为准确、有针对性的指令会获得更为满意、高效的回复，这就要求用户在编写指令时应注重问题的核心和关键点，并将其融入指令中。

例如，用户的问题是需要写一篇推文，但不能单纯地将“请写一篇职场推文”作为指令输入给ChatGPT，而是应该稍加思考，有没有具体的主题、受众人群、相关的要求等，所有涉及推文的相关点都可以视作关键信息给予ChatGPT。下面将举例示范提供关键信息引导ChatGPT回复的操作方法。

提问

请帮我写一篇面向职场小白的推文，内容是在职场中向上级汇报工作的注意事项，要求300字左右：

ChatGPT

标题：职场新手必看！向上级汇报工作的3大注意事项

正式进入职场后，向上级汇报工作是每位职场新人必备的技能之一。为了确保你的汇报能够让上级对你的工作有清晰的了解，并赢得他们的认可，不妨牢记以下几点注意事项。

1. 简明扼要：

汇报不是越长越好。上级通常时间紧张，因此在汇报中要尽量言之简洁。明确你的工作进展、遇到的问题及解决方案，避免废话和冗长的描述。将要点提炼出来，使上级能够迅速理解你的工作状态。

2. 关注关键数据：

数字胜过千言万语。在汇报中加入关键数据，如完成的任务数量、达成的目标百分比等，能够更直观地展示你的工作成果。这有助于上级迅速评估工作的效果，并对你的工作表现有更清晰的认知。

3. 主动沟通：

不要等到定期汇报的时候才和上级沟通。及时分享工作进展、遇到的挑战以及解决方案，让上级时刻了解你的工作动态。这不仅能够建立更好的合作关系，还能及时获得反馈，提高工作效率。

记住，向上级汇报是展示自己价值的好机会。遵循这些建议，不仅能够让你的工作更受重视，还能够在职场中脱颖而出。加油！#职场新手 #工作汇报 #职业发展。

可以看出，ChatGPT按照所给的指令，贴合推文的受众群体和主题，提供了一篇要点清晰、有技巧干货的推文，能够为用户提供一些灵感。

031 循序渐进的提问方式

相对于其他AI机器，ChatGPT的优势在于擅长联系上下文来生成答案，因此用户可以将ChatGPT视作“人”进行沟通，通过循序渐进地提问问题，能够使答案更加接近预期。下面将举例介绍循序渐进提问ChatGPT的操作方法。

扫码看教学视频

步骤 01 在 ChatGPT 的输入框中输入指令，按【Enter】键发送，便可以得到 ChatGPT 生成的回复，相关指令和回复内容如下。

提问

创作一篇古风言情小说要做哪些准备：

ChatGPT

创作一篇古风言情小说需要一些准备工作，包括以下几个方面：

1. 熟悉古代背景和历史：在开始写古风小说之前，了解古代社会、文化、风俗和历史是很重要的。你可以研究不同朝代的服饰、建筑、社会制度等，以确保你的小说在古代背景下更加真实可信。

2. 深入塑造人物：小说的人物是故事的灵魂，因此你需要为你的主角和配角进行深入的塑造。考虑他们的性格、经历、目标和内心世界，使他们更加立体和有深度。

3. 研究古代文学作品：阅读一些古代文学作品，尤其是古代言情小说，可以帮助你更好地理解古代文学的风格和写作方式。这有助于你更好地融入古风小说的语境。

4. 构建合理的世界观：如果你的古风小说发生在一个虚构的世界中，确保你对这个世界有清晰而一致的构想。考虑它的地理、政治、宗教等方面，使读者能够沉浸在这个古代世界中。

5. 制定故事大纲：在开始写作之前，制定一个故事大纲是很有帮助的。这可以包括故事的主要情节、转折点和人物的发展轨迹。一个清晰的大纲可以指引你在写作过程中不至于迷失方向。

6. 保持语言风格一致：古风小说通常有独特的语言风格，包括用词、句式和修辞手法。确保在整部小说中保持语言风格的一致性，以增强古代感和文学性。

7. 注重描写：古风小说通常注重细腻的描写，包括环境描写、人物情感描写等。通过生动的描写，能够更好地营造出古代情境和人物的形象。

8. 审慎处理言情元素：言情小说的核心是爱情故事，但要注意在古风背景下，处理感情描写时要符合古代社会的道德观念，避免过于现代化或不切实际的情节。

在完成这些准备工作之后，你就可以开始着手创作你的古风言情小说了。记得保持耐心和创造力，享受写作的过程。

步骤 02 在同一个聊天窗口中继续输入指令，按【Enter】键确认，ChatGPT 会给出构建世界观的方法，相关指令和回复内容如下。

提问

如何构建合理的世界观：

ChatGPT

构建合理的世界观是创作古风小说中至关重要的一部分。以下是一些建议，帮助你构建一个丰富、有深度的古代世界：

1. 确定时代和背景：首先，明确你的古风小说发生的时代和具体背景。是古代哪个朝代？有没有特定的历史事件对你的故事产生影响？

2. 研究历史和文化：对你所选时代的历史、文化和社会制度进行深入的研究。考虑政治结构、社会等级、宗教信仰、科技水平等方面的细节。这些元素会对你的故事产生深远的影响。

3. 创造地理环境：描绘你的古代世界的地理环境，包括地形、气候、自然资源等。这有助于塑造不同地区的独特性格，也能影响人们的生活方式和文化发展。

4. 建立宗教体系：如果适用，考虑在你的古代世界中创造一个宗教体系。宗教信仰通常对文化、社会道德和个人行为产生深远的影响。

5. 制定社会结构：定义社会中的各个阶层，包括统治者、贵族、平民等。思考他们之间的关系、权力结构，以及不同阶层的生活条件和机会。

6. 创造语言和文学：如果你的古风小说发生在一个虚构的文明中，考虑创造一种独特的语言和文学传统。这不仅可以增加世界的真实感，还能丰富故事的细节。

7. 思考经济体系：定义古代世界中的经济结构，包括贸易、农业、手工业等。了解各个阶层的经济状况对于人物的生活方式和冲突的发展都很重要。

8. 考虑外部势力：如果你的故事涉及不同的国家或文明，思考它们之间的关系和互动。外部势力可能对你的故事产生重大影响。

在构建世界观的过程中，保持逻辑一致性很重要。确保各个元素相互关联，形成一个有机的整体。此外，逐渐展示这个世界的细节，而不是一次性大量介绍，可以让读者更自然地融入你创造的古代世界。

步骤 03 用户还可以继续提问其他细节，在聊天窗口中输入指令，按【Enter】键确认，ChatGPT 会给出处理言情元素的方法，相关指令和回复内容如下。

提问

如何处理言情元素：

ChatGPT

处理言情元素是古风言情小说中的一项关键任务，需要在保持古代背景和文化的同时，传达深厚的感情。以下是处理言情元素时的一些建议：

1. 尊重时代背景：在古风小说中，社会道德观念和行为规范可能与现代有很大不同。在描写爱情时，要尊重所选时代的文化和价值观，避免过度现代化的情感表达。

2. 刻画人物性格：通过深入刻画主人公和配角的性格，凸显他们的独特之处。读者应该能够理解他们的动机、渴望和恐惧，这有助于使感情更为真实和引人入胜。

3. 使用古代修辞和言语：在言情元素中，保持古风小说的语言风格是至关重要的。使用古代的修辞手法、词汇和对白，使人物之间的交流更符合古代的语境。

4. 强调心理描写：在古风言情小说中，心理描写尤为重要。通过人物内心的独白和思考，展示他们对爱情的感受和内心挣扎，这有助于读者更深刻地理解角色。

5. 创建障碍和冲突：在爱情故事中引入一些障碍和冲突，让人物的感情之路不平坦。这可以是社会观念的阻碍、家族矛盾，或者其他外部因素，使故事更加引人入胜。

6. 慎重处理亲密场景：当涉及亲密场景时，要慎重处理，以避免过度详细或不适当的描写。保持一定的克制，注重情感和氛围的表达，而非过分强调身体的细节。

7. 塑造复杂的关系：创建复杂而真实的关系，使人物之间的感情发展更有深度。人物之间的矛盾、误解及和解都可以丰富故事情节。

8. 追求真实感：虽然故事发生在古代，但人性的基本特征和情感是永恒的。努力使人物的感情经历和读者的情感产生共鸣，让他们感到这是一个真实而令人投入的故事。

总体来说，处理言情元素需要平衡好古代文化和现代读者的期望。保持故事情节的合理性和人物的真实性，让爱情元素在古风背景中自然而有力地展现。

由上述示例可以看出，ChatGPT根据用户循序渐进的提问会给出更加细致的回复。用户运用这个方法向ChatGPT提问时，相当于将ChatGPT视作一个知识渊博的“人”，循序渐进地抛出问题让其满足自己的好奇心。

032　鼓励式引导的作用

扫码看教学视频

所谓鼓励式引导，是指用户在向ChatGPT提问时，采用鼓励ChatGPT给出更加详细、完整、创意看法的提问方式。这类提问方式适用于开放性的问题，可以用“让我们思考一下……”“让我们讨论一下……”

“还有什么其他的想法吗”等句式来提问。下面将举例介绍具体的操作方法。

步骤01 在ChatGPT的输入框中输入指令，按【Enter】键发送，让ChatGPT提供公众号推文的创意，相关指令和回复内容如下。

提问

让我们思考一下：关于元宵节可以策划哪些有创意的公众号推文：

ChatGPT

当策划元宵节公众号推文时，可以结合元宵节的传统和当代元素，注重创意和互动性，以吸引读者的注意。以下是一些建议：

1. 元宵节传统文化介绍：

- 撰写一篇介绍元宵节传统文化的文章，包括元宵节的起源、传统食物（如汤圆）、灯谜活动等。可以通过图文结合的方式生动呈现，增加趣味性。

2. 元宵美食推荐：

- 分享元宵节期间各地有特色的美食，介绍制作过程，引导读者亲自动手制作。可以附上简易的食谱或视频。

3. 元宵DIY手工活动：

- 提供元宵节相关的DIY手工制作教程，如灯笼、花灯等。鼓励读者参与互动，可以设置话题让读者分享他们的作品。

4. 元宵节活动地点推荐：

- 推荐一些当地举办元宵节庆典的地点，包括传统庙会、花灯展览等。提供详细的活动信息和参与方式。

5. 元宵节的习俗与信仰：

- 探讨元宵节在不同地区的习俗和信仰，例如在一些地方有舞狮、舞龙等活动，也有拜神祈福的传统。

6. 元宵节主题摄影大赛：

- 发起元宵节主题的摄影大赛，鼓励读者分享他们的元宵节瞬间。设置奖品以增加参与度。

7. 元宵节祝福语分享：

- 征集读者的元宵节祝福语，可以是传统的祝福，也可以是创意十足的祝福。选取一些优秀的分享在公众号上。

8. 元宵节谜语解答：

- 发布一些有趣的元宵节谜语，鼓励读者留言猜谜，并在后续推文中揭晓答案。

9. 元宵节音乐推荐：

- 分享一些与元宵节氛围相符的音乐，可以是传统的古典音乐，也可以是现代的流行歌曲。

10. 元宵节的独特庆祝方式：

- 探讨一些国外地区庆祝元宵节的方式，让读者了解不同文化间的异同。

在推文的制作中，可以巧妙地运用图片、视频、互动投票等多种元素，增加推文的趣味性和分享度。同时，及时回复读者的评论，建立良好的互动关系。

步骤 02 在同一个聊天窗口中继续输入指令，按【Enter】键发送，ChatGPT 会给出更多的公众号推文创意，相关指令和回复内容如下。

提问

这些建议给了我一些新思路，还有什么其他的想法吗：

ChatGPT

当然，以下是一些额外的想法，可以帮助你更全面地策划元宵节的公众号推文：

11. 元宵节主题微小说或诗歌：

- 邀请文学爱好者为元宵节创作微小说或诗歌，可以选择经典的元宵节故事作为灵感来源，或者创作现代元宵节的题材。

12. 元宵节民俗文化视频讲解：

- 制作短视频，通过动画或解说，深入浅出地介绍元宵节的民俗文化，如为什么要吃汤圆，为什么要赏花灯等。

13. 元宵节环保倡议：

- 提倡环保元宵节，分享制作环保花灯的方法，推荐使用可降解的材料，以及在庆祝活动中减少环境污染的方法。

14. 元宵节健康食谱：

- 分享一些低糖、低脂的元宵美食食谱，适合关注健康的读者。可以附上营养价值和制作步骤。

15. 元宵节影视作品推荐：

- 推荐一些与元宵节相关的电影、电视剧或纪录片，可以是经典之作或者是近年来的新作品。

16. 元宵节手绘插画征集：

- 发起元宵节主题的手绘插画征集活动，鼓励读者展示他们的绘画才华。选取优秀作品展示在公众号上。

17. 元宵节特色商家推荐：

- 推荐一些有特色的元宵节相关商品或餐厅，可以是传统的手工艺品，也可以是创意美食。与商家合作提供优惠码，激励读者去体验。

18. 元宵节与数字艺术结合：

- 利用数字艺术创作元宵节主题的图形、GIF或短视频，展现现代科技与传统文化的结合。

19. 元宵节慈善活动：

- 发起元宵节慈善募捐活动，为有需要的人群提供帮助。可以是资助贫困地区的孩子，也可以是支持环保项目。

20. 元宵节旅行攻略：

- 提供一些元宵节期间的旅行攻略，推荐一些适合这个时候游玩的目的地，介绍当地的元宵庆典和特色活动。

无论选择哪些想法，都要确保内容与你的公众号定位和读者兴趣相关，同时注重创意和互动，让读者在阅读和参与中感受到元宵节的独特魅力。

033 提供多个选项的作用

扫码看教学视频

当用户想让ChatGPT生成更有针对性的回复时，可以提供多个选项进行提问，类似于让ChatGPT做选择题，ChatGPT会选择相应的选项，并给出答案的解析。下面将举例介绍具体的操作方法。

提问

我喜欢阅读冒险小说，尤其喜欢充满奇妙幻想的故事。请从以下书籍中选出符合我兴趣的书，并说明原因：

书籍有：1.《海底两万里》；2.《飘》；3.《红与黑》；4.《罗密欧与朱丽叶》

ChatGPT

从你描述的兴趣来看，最符合你喜好的可能是《海底两万里》。以下是一些原因：

1. 冒险元素：《海底两万里》是由法国作家儒尔·凡尔纳（Jules Verne）创作的一部科幻冒险小说，其中充满了探险和冒险的元素。故事发生在19世纪，描述了一艘潜水艇“鹦鹉螺号”（Nautilus）的航行经历，探索海底世界。

2. 奇妙幻想：这部小说充满了奇妙的幻想元素，通过描述海底的神秘世界和各种奇特的生物，引发读者的想象力。作者以其独特的文笔描绘了一个令人惊奇的地下海洋。

3. 科学幻想：儒尔·凡尔纳以他在科学幻想方面的前瞻性而闻名，通过小说中的一些科学概念和技术描述，为读者呈现了一个虚构但引人入胜的冒险故事。

虽然其他书籍如《飘》《红与黑》《罗密欧与朱丽叶》也是经典之作，但它们更倾向于文学、社会和感情层面的描写，相较之下，可能没有那么强调冒险和幻想元素。

034　归纳问题式提问的作用

扫码看教学视频

所谓归纳问题式提问，是指用户在编写指令时，将有共性的问题整理、归纳在一起，作为指令提供给ChatGPT的提问方式。这类提问方式有很好的目标指向性，能够引导ChatGPT给出有针对性的回复。

另外，归纳问题式提问会涉及分类、归纳和概括的思维过程，能够帮助ChatGPT生成比较有逻辑性的答案。下面将举例介绍具体的操作方法。

提问

莫里哀的戏剧有什么特色？对于短剧脚本的创作有哪些启示？

ChatGPT

莫里哀是17世纪法国最杰出的戏剧作家之一，他的戏剧作品以喜剧为主，深刻地揭示了社会弊病，对人性进行了讽刺和批判。以下是莫里哀戏剧的一些特色，以及对短剧脚本创作的启示：

1. 社会讽刺与批判：莫里哀的戏剧作品常常通过幽默的手法讽刺和批判

当时的社会问题和人性弱点。他对权力、虚伪、自负等主题进行了深刻的剖析，使观众在欢笑中思考社会现象。

2. 人物刻画：莫里哀的戏剧作品中的人物形象生动而具有代表性。他通过夸张和讽刺，创造了许多令人难忘的喜剧人物，这些人物常常具有普遍性，使观众能够在其中找到自己或身边人的影子。

3. 对话技巧：莫里哀的戏剧作品中的对白风趣而富有智慧。他善于运用幽默、讽刺和双关语等修辞手法，使对话更加生动有趣。这种对话技巧可以启发短剧脚本创作者，让他们注重对白的巧妙安排和语言的幽默。

4. 喜剧结构：莫里哀的喜剧通常采用五幕结构，其中包含引子、起承转合等传统元素。这种结构有助于戏剧情节的发展和高潮的达到。对于短剧脚本创作者来说，学习和运用一定的戏剧结构原理可以使作品更具有张力和吸引力。

5. 探讨人性：莫里哀的作品不仅是为了取悦观众，更是为了探讨人性的弱点和社会的弊病。他通过喜剧形式使观众在欢笑中思考人性的缺陷，这种深层次的思考是短剧脚本创作者可以借鉴的。

在创作短剧脚本时，可以从莫里哀的戏剧中汲取灵感，注重社会讽刺、生动的人物刻画、巧妙的对白和深刻的人性探讨。同时，通过学习戏剧结构和情节发展的原理，使短剧在有限的篇幅内能够更好地吸引观众并传达作者想要表达的思想。

035 约束性条件的设置

扫码看教学视频

设置约束性条件提问主要是针对一些有固定模板、风格、框架等固定形式的文案。当用户有这类文案需求时，可以用设置约束性条件的方式向ChatGPT提问，从而获得更加精准的内容。下面将举例介绍具体的操作方法。

提问

请帮我按以下框架写一份活动邀请函，要求300字左右，内容清晰、简洁，语气亲切、友好：

标题

导语

活动信息：活动将于2024年9月14日在××会展中心举行，活动时间为一天

活动内容：参观服装定制流程、体验服装设计、高档定制品展示、活动专享

定制优惠

特邀嘉宾：国际服装设计大师××，将亲临现场首次展示她的秋季新款设计

报名方式：通过官方网站或客服进行报名

结语

ChatGPT

标题：精彩定制之旅，邀您共赴秋季时尚盛宴！

导语：

亲爱的朋友们，

秋风乍起，时尚之约再度来袭！我们诚挚邀请您参加“精彩定制之旅”活动，与我们一同探寻服装设计的奇妙世界，感受个性与品位的完美融合。

活动信息：

日期：2024年9月14日

地点：××会展中心

时长：全天

活动内容：

1. 参观服装定制流程，近距离感受制衣匠人的巧手之道。
2. 体验服装设计，发挥创意，定制属于您的独一无二的时尚之品。
3. 高档定制品展示，领略全球顶尖设计师的杰出之作。
4. 活动专享定制优惠，现场下单更有精美礼品相送。

特邀嘉宾：

国际服装设计大师××将亲临现场，首次展示她的秋季新款设计。不容错过的视觉盛宴，期待您的光临！

报名方式：

您可以通过官方网站（www.xxx.com）或致电客服热线（×××-××××××××）进行报名，名额有限，请尽早登记。

结语：

秋日时尚之约，我们期待着与您共同开启这场精彩定制之旅。让我们在

定制的海洋里，一同追寻属于自己的时尚梦想。期待您的莅临！

诚挚邀请，
[您的名字/活动主办方名称]

036 附加条件的循环提问

扫码看教学视频

当用户对ChatGPT的回复不太满意时，可以采用附加条件循环提问的方式，在ChatGPT所给回复的基础上不断追问，直到获得接近用户预期的答案为止。这类提问方式相当于挖掘ChatGPT的潜力，通过提问的方式让ChatGPT自行优化升级，从而获得最优的解决方案。下面将举例介绍具体的操作方法。

步骤01 在 ChatGPT 的输入框中输入指令，按【Enter】键确认，让 ChatGPT 进行文学创作，相关指令和回复内容如下。

提问

请创作一首主题为小雪的五言诗：

ChatGPT

瑞雪初飘舞，寒梅傲立枝。
银装素地新，冬韵小雪诗。

步骤02 在同一个聊天窗口中继续输入指令，按【Enter】键确认，ChatGPT 会按照要求给出回复，相关指令和回复内容如下。

提问

请给出更好的方案，要求多一些新意和感情，并给予解释：

ChatGPT

悄然小雪临，轻抚窗前心。
银翎舞空际，寒梦悄无声。

这首五言诗通过“悄然小雪临”表达了小雪的突然而静谧的降临，给人一种深深的宁静感。“轻抚窗前心”则赋予雪的动作一种轻柔、温和的特质，同时将人的心情与雪联系在一起，让读者感受到冬日里的温馨。“银翎舞空际”中运用了“银翎”一词，将雪花比喻成银色的羽毛，在空中飘舞，形成一幅美丽的画面。“寒梦悄无声”通过“寒梦”一词，将冬日的寒冷与梦境相连，再通过“悄无声”表达雪的轻盈和静谧。

整体上，这首诗通过细腻的描写，表达了小雪带来的宁静、温馨和美好的感觉，使读者在阅读中能够感受到冬日的静谧之美。

步骤 03 在同一个聊天窗口中继续输入指令，按【Enter】键确认，ChatGPT 会按照要求给出新的回复，相关指令和回复内容如下。

提问

请给出更好的方案，要求比前面的诗更富有哲理，并给予解释：

ChatGPT

微寒小雪降，寂静心境生。
银芒舞空寰，自然法则情。

这首五言诗试图通过自然现象的描绘，引发读者对于生命和自然规律的思考。“微寒小雪降”中的“微寒”不仅描绘了小雪的氛围，也暗示了生命中微妙而细小的变化，是对时间流转的感悟。“寂静心境生”则将雪的降临与内心境界联系在一起，表达了在静谧中生发出的深刻体验，引导读者思考生活中宁静的重要性。“银芒舞空寰”运用了抽象的词汇，如“银芒”和“寰”，创造了一个抽象而宏伟的画面，使诗歌更具哲理性。“自然法则情”强调了自然法则对于生命和情感的塑造，表达了对自然法则深刻理解的态度。

这首诗试图通过小雪的描绘，唤起人们对于生命、时间和自然规律的深层思考，以更富有哲理的方式呈现小雪的意境。

步骤 04 在同一个聊天窗口中继续输入指令，按【Enter】键确认，ChatGPT 会按照要求再次给出新的回复，相关指令和回复内容如下。

提问

请给出更好的方案，要求比前面的诗更富有画面感和诗意，并给予解释：

ChatGPT

窗外小雪飘，轻舞梦幻袖。
银丝织素影，寒韵婉如诗。

这首五言诗试图通过更丰富的语言表达，创造出更具画面感和诗意的小雪景象。“窗外小雪飘”中，通过“窗外”强化了场景的具体性，读者仿佛能够身临其境，感受到小雪的飘舞。“轻舞梦幻袖”运用了抽象的词汇，如“梦幻袖”，形象地描绘出小雪的舞姿，给人一种梦幻般的感觉。“银丝织素影”中的“银丝”表达了雪花的晶莹剔透，“织素影”则将雪花的形状与织物的质感相融合，创造了一幅细腻而美妙的画面。“寒韵婉如诗”通过“寒韵”表达出冷艳的气质，而“婉如诗”则赋予了雪的柔美和诗意。

整体上，这首诗通过更加细腻、抽象和具体的描写，创造了一个充满画面感和诗意的小雪景象，让读者在心灵中留下深刻的印象。

037　综合多维度提问的作用

扫码看教学视频

综合多维度提问的方式可以获得更加全面、深入的回复，例如让ChatGPT综合故事情节、主要人物和主题思想等多个维度来评价一部小说，可以获得更清晰、明确的答案。下面将举例介绍具体的操作方法。

步骤 01 在 ChatGPT 的输入框中输入指令，按【Enter】键发送，让 ChatGPT 进行小说的情节评价，相关指令和回复内容如下。

提问

《绿野仙踪》的情节有什么特点：

ChatGPT

《绿野仙踪》是美国作家弗兰克·鲍姆（L. Frank Baum）于1900年创作的童话小说，是奇幻文学的经典之一。以下是该书的一些情节特点：

1. 主要情节：故事的主要情节围绕着一位名叫多萝西（Dorothy）的女孩，她被一阵龙卷风卷到了奇幻的奥兹国（Land of Oz）。多萝西渴望回到家乡堪萨斯州，于是她踏上了一场冒险之旅，寻找“奥兹国的魔法师”奥兹（Oz），希望他能够帮助她回家。

2. 朋友组成的队伍：在她的冒险中，多萝西结识了一系列独特的朋友，包括一只稻草人（Scarecrow）、一只铁皮人（Tin Woodman）、一只怯懦的狮子（Cowardly Lion）及她的小狗托托。这个异想天开的团队成为了整个故事的核心。

3. 各个地区的奇异景象：多萝西穿越了奥兹国的不同地区，每个地方都有其独特的景象和居民。例如，艾默城（Emerald City）是一座绿宝石建造的城市，而飞猴国（Winkie Country）是由飞猴统治的地区。

4. 魔法与奇迹：故事中充满了魔法元素，从奥兹的幻术到其他角色身上的魔法，都为故事增色不少。奇迹和意外也贯穿整个冒险过程。

5. 品德教育：《绿野仙踪》不仅是一部冒险故事，还能发挥品德教育的作用。每个主要角色都追求某种品质或价值观，如智慧、勇气、爱心等。这些品质在他们的冒险中被考验和展示。

6. 希望与家的主题：故事传达了希望和家的重要性。多萝西渴望回到家乡，而其他角色也在寻找属于自己的心灵家园。

总体而言，《绿野仙踪》是一部充满奇幻、冒险和寓意的经典童话小说，深受读者喜爱。

步骤 02 在同一个聊天窗口中继续输入指令，按【Enter】键确认，ChatGPT 会给出人物形象方面的小说评价，相关指令和回复内容如下。

提问

小说中的主要人物有什么独特魅力：

ChatGPT

《绿野仙踪》中的主要人物都具有独特的魅力，每个角色都代表着一种特质，这些特质在他们的冒险中得到体现。以下是一些主要人物及其独特魅力的特点：

1. 多萝西（Dorothy）：作为故事的主角，多萝西是一位勇敢而坚韧的女孩。她的纯真和善良，以及对家的强烈渴望，使她成为读者容易产生共鸣的角色。她通过与其他角色的互动，展现了她的智慧和同情心。

2. 稻草人（Scarecrow）：稻草人没有大脑，但他却展现出深刻的智慧。他的梦想是拥有大脑，但在故事中他多次证明自己并不比有大脑的人差。稻草人代表了智慧和逻辑的力量，同时也展现了对知识的渴望。

3. 铁皮人（Tin Woodman）：铁皮人原本是一个伐木工人，但他因为爱上了一位女人而被邪恶的巫婆施加了可怕的魔咒，将他变成了铁皮人。他代表了感情和同情之美，同时也探讨了爱和人性的主题。

4. 怯懦的狮子（Cowardly Lion）：虽然是一只强壮的狮子，但他却缺乏勇气。他的冒险旅程旨在寻找自己的勇气。怯懦的狮子展现了勇气并强调了自我发现的重要性。

5. 奥兹（Oz）：奥兹国的魔法师，他本身也是一个复杂而神秘的角色。他以幻术和权谋为故事增色，同时也呈现了一个外表和内在不一致的形象，强调了外貌和实质之间的差距。

这些主要人物的独特特质和个性，以及他们在冒险中的成长和互动，使得《绿野仙踪》成为一个富有深度和意义的故事。读者可以从每个角色身上汲取不同的启示和教训。

步骤 03 在同一个聊天窗口中继续输入指令，按【Enter】键确认，ChatGPT会给出主题思想方面的小说评价，相关指令和回复内容如下。

提问

小说蕴含了怎样的主题思想：

ChatGPT

《绿野仙踪》涵盖了多个主题和思想，其中一些主要的主题思想包括：

1. 家和归属感：故事一开始，多萝西就渴望回到自己的家乡。整个冒险过程中，她经历了种种困难，强调了家的重要性。小说传达了一个关于家的思想，即家是温暖、安全和心灵归宿的地方。

2. 勇气、智慧和感情：主要角色分别代表了勇气、智慧和感情这三个方面。稻草人追求智慧，铁皮人代表感情和同情，而怯懦的狮子则寻找勇气。这反映了个体成长的不同方面，以及这些品质在实现目标和克服困难时的重要性。

3. 外貌与实质：奥兹国的魔法师奥兹是一个在外表上看起来强大的角色，但实际上却有自己的不足。这强调了外貌和实质之间的差异，并传达了一个关于真正力量和价值的思想。

4. 自我发现：每个主要角色都在冒险中发现了自己的独特价值和能力。

这强调了自我发现和接受自己的重要性。通过对自身弱点和不足的认识，角色们变得更加完整和坚强。

5. 奇迹和幻想：故事中充满了奇迹和幻想元素。从飞猴到城市的绿宝石道路，这些奇幻的元素传达了希望和想象力的力量。奇迹的发生为角色提供了解决问题和克服困难的新途径。

6. 友谊和合作：多萝西与稻草人、铁皮人和怯懦的狮子一起组成一个团队，他们通过合作和互相帮助克服了各种困难。这强调了友谊和合作的重要性，以及团队合作在实现目标时的价值。

总体而言，这些主题和思想使《绿野仙踪》成为一部不仅富有奇幻冒险的故事，还蕴含着深刻的人生哲理和价值观。

可以看出，从多个维度向ChatGPT提问小说评价，会获得更多有针对性的小说信息，而综合这些信息便可以获得更加全面的小说解读。

3.2　3 种固定指令的使用技巧

除了上述引导ChatGPT优化回复的技巧，用户还可以使用一些固定指令进行提问，从而获得高质量的回复。本节将介绍3种固定指令的使用技巧，帮助用户熟练运用ChatGPT生成文案。

038　调试风格指令的使用

当用户需要指定ChatGPT的语言风格、内容属性时，可以套用“你的角色【专业领域】+你的能力【成果期待】+我希望你【任务需求】”这个固定指令，让ChatGPT生成自己想要的答案。下面举例介绍这一固定指令的运用。

扫码看教学视频

提问

你的角色是编剧，你拥有丰富的想象力和创作能力，能够创作出设定新奇、情节新颖的剧本。现在我希望你创作一个科幻剧的剧本，要求故事设定有创意和吸引力，能够受到年轻人的喜爱：

ChatGPT

剧本标题：《星辰之梦》

第一集：觉醒的时刻

场景一：未来的地球

在不远的未来，地球面临着资源枯竭和环境崩溃的危机。人类为了生存，开始寻找新的家园。科学家们发现了一颗神秘的星球，被称为“星辰之梦”。

场景二：登陆星辰之梦

一艘超空间飞船载着一群年轻的冒险者降落在星辰之梦。这颗星球充满了奇异的生物和未知的科技。主人公艾丽亚是一位天才的生物学家，她率领着探险队展开星球的探索。

场景三：星球的秘密

在星辰之梦的深处，艾丽亚发现了一个古老的文明遗迹，里面保存着一种可以重塑生命的技术。这项技术可以让生物进化到一个全新的层次，甚至可以改变人类自身。

第二集：星辰的力量

场景一：生命的进化

艾丽亚和她的团队决定利用这项技术，让星辰之梦的生物得到进化。这些生物开始展现出惊人的能力，有的能够操控元素，有的能够与人类进行心灵交流。星辰之梦变成了一个充满魔幻色彩的新世界。

场景二：力量的诱惑

然而，一些人开始迷恋这种力量，试图将其带回地球。这引发了一场权力的争夺战，艾丽亚必须面对自己的困扰，抉择是保护星辰之梦还是将这份力量分享给地球。

第三集：星辰的传承

场景一：决战之际

最终的决战即将来临，艾丽亚联合星辰之梦的生物们，与渴望掌握力量的人类展开激烈的对抗。在这场战斗中，艾丽亚不仅要保卫星辰之梦，还要寻找一个能够实现平衡的解决方案。

场景二：和解与希望

通过一番努力，艾丽亚最终找到了一个平衡的方式，让星辰之梦的力量得以保留，同时不对地球造成危害。她成为了星辰之梦的守护者，带领着新一代的冒险者，共同守护这片神秘而充满生机的星球。

结局：星辰之梦的传奇

星辰之梦成为了一个传奇，人类和星球之间建立了一种全新的联系。通过艾丽亚的努力，地球逐渐恢复了生机，而星辰之梦也因为人类的到来而焕发出更加绚丽的光芒。这个故事充满着对未知的探索、对力量的敬畏及对和平的追求，深深吸引着年轻观众的心。

039　专业回复指令的使用

扫码看教学视频

随着ChatGPT的应用场景不断扩大，使用人群不断增多，人们对ChatGPT生成更加专业性的答案的需求也不断增多。而掌握“问题背景+任务需求+行业专家模板或方法论”这个固定指令，能够帮助用户提高使用ChatGPT的效率。这一固定指令的应用示例如下。

提问

请根据《奥格威谈广告》（“Ogilvy on Advertising”）书中的理论，生成10个关于雪地靴的广告文案，并说明为什么符合书中的理论：

ChatGPT

《奥格威谈广告》一书中强调了一些广告原则，如明确的品牌定位、清晰的传播信息和触动消费者情感等。以下是基于这些原则的雪地靴广告文案：

1. 品牌定位：

“穿上【品牌】的雪地靴，感受冬季的温暖。迎接寒冷，从脚底开始。”

这则广告强调了雪地靴的品牌，并将其定位为冬季保暖的理想选择。

2. 独特卖点：

“经典设计，舒适体验。【品牌】雪地靴，与众不同的风格，为你的步履添上独特之美。”

广告突出了雪地靴的独特设计，强调了品牌的个性化。

3. 用户体验：

“在冰雪覆盖的天地里，选择【品牌】雪地靴，为你的步履带来轻松自如的体验。”

广告关注用户的实际体验，强调在极端天气条件下穿着雪地靴的舒适性。

4. 社会责任：

“为地球负责，选择可持续发展的【品牌】雪地靴。为环保事业出一份力，与我们一同走向绿色未来。”

广告强调了品牌的社会责任感，符合现代消费者对可持续发展的关注。

5. 情感共鸣：

“雪地靴，不仅是一双鞋，更是陪伴你走过每个冰雪世界的伙伴。选择【品牌】，选择温暖，选择陪伴。”

广告通过情感化的表达，让消费者在购买时能够建立情感共鸣。

6. 品质保证：

“每一双【品牌】雪地靴都经过严格的品质检测，为你提供卓越的保暖性能和耐用性，让你在冰雪天气中始终保持舒适。”

广告强调了品牌对品质的承诺，符合奥格威的观点，即品质是长期广告成功的关键。

7. 巧妙运用图片：

（广告图片展示雪地靴在极端天气下的使用场景）

“图片诉说胜过千言万语。选择【品牌】雪地靴，让你的步履在雪地中自由舞动。”

广告利用图片强调产品在实际场景中的实用性，直观地传递产品信息。

8. 特价促销：

“寒冷的冬日，热情的优惠。现在购买【品牌】雪地靴，尽享限时特价。保暖从脚底开始！”

广告结合促销活动，刺激消费欲望，符合奥格威强调的明确的呼吁行动。

9. 明确的市场定位：

“无论是雪中漫步还是冰雪运动，【品牌】雪地靴始终是你的最佳选择。我们专注于为你的冬天增色不少！”

广告通过明确的市场定位，强调了品牌在冬季活动中的专业性。

10. 口碑推荐：

“成千上万的顾客已经选择了【品牌】雪地靴，为什么不加入他们的行列？他们的满意是我们最好的广告。”

广告通过强调口碑和用户的选择，增加了产品的可信度，符合奥格威的建议，即消费者口碑是极为重要的广告元素。

这些广告文案符合《奥格威谈广告》中提到的一些原则，如品牌定位、独特卖点、用户体验、社会责任、情感共鸣等，以此为基础设计的广告更有可能引起潜在消费者的关注和共鸣。

040　拓宽思维指令的使用

扫码看教学视频

如果用户需要运用ChatGPT来做创意、项目及策划类的方案，可以在提问的时候加上“What are some alternative perspectives?（有哪些可以考虑的角度？）”这个指令，从而拓宽ChatGPT模型的思维广度。下面将举例介绍这一指令的具体使用方法。

提问

描述竹子的特征，What are some alternative perspectives?

ChatGPT

竹子是一种特殊的植物，具有许多特征。以下是竹子的一些主要特点：

1. 快速生长：竹子以其惊人的生长速度而闻名。有些竹子每天都可以长高几英寸，这使其成为可再生资源的理想选择。

2. 轻巧坚韧：尽管竹子的密度相对较低，但其坚韧性却相当高。这使得竹子成为一种理想的建筑材料，尤其是在地震多发地区。

3. 环保：竹子是一种可再生资源，因为其生长速度远远快于被采伐的速度。与木材相比，竹子的采伐对环境的影响较小。

4. 多用途：竹子用途广泛，可以用于建筑、家具、工艺品、食具等多个领域。其多功能性使其在许多文化中得到广泛应用。

然而，对于竹子的特征，也存在一些不同的看法或挑战：

1. 侵入性生长：在某些地区，一些竹子品种的生长带有侵入性，可能导致当地生态系统的变化，挤压其他植物的生存空间。

2. 加工难度：尽管竹子在原始形态下非常坚韧，但在加工过程中可能需要特殊的技术和工艺，以确保其在建筑或其他应用中的稳定性和持久性。

3. 质量差异：竹子的质量可能因品种、生长环境和采收时间等因素而有所不同。有时候，质量差异可能会影响其在一些应用中的可行性。

这些不同的观点表明，虽然竹子具有许多独特的特性，但其应用和可持续性也需要综合考虑各种因素。

【职场公文篇】

第 4 章

7 种公文格式规范，让 AI 智能生成标准化文档

本章要点：

公文的基本格式是公文区别于其他应用文的主要标志，也是公文的权威性、规范性等特性的表现，还是学习公文写作必须掌握的知识。本章将从公文格式的基本知识、构成要素及要求等方面进行介绍。

4.1 公文格式的基本知识

公文是一种有着特定效能和格式规范的应用文，其在写作格式上有着与其他应用文不同的特点和要求，本节将具体介绍公文格式的基本知识，让大家对公文的格式规范有初步认识。

041 公文格式的来源

扫码看教学视频

认识公文的格式，可追溯至殷商时期，探究其来龙去脉、发展演变等，具体可从时间发展历程上的几个重要节点进行把握，详细说明如下。

（1）殷商时期：是公文最早产生的时期，以甲骨文的形式出现，记载公共事务，如图4-1所示。

图 4-1 甲骨文公文

（2）先秦时期：公文发展为典、谟、训、诰、誓、命这6种不同名称的公文文种，其格式也各有不同。

（3）秦朝统一时期：公文有区分不同阶层的特定语体和规范样式。

（4）隋唐时期：公文的名称、用纸、用语、收发和封装等格式与规范都有具体的明文规定。

（5）中华人民共和国成立后，公文的文种类型增多，并且国家于2012年印发了《党政机关公文处理工作条例》，对公文写作的格式要求、处理工作等作出了明文规定，推进了公文的科学化、规范化，该条例一直沿用至今。

042　公文格式的作用

扫码看教学视频

公文格式的作用，即公文格式存在的必要性，具体表现在以下几个方面。

1. 体现权威与效力

公文是法定机关解决公共事务的工具，其主体的权威性、事务的公共性和实用性决定了公文需要行文内容完整、正确和有效，以便受文对象更好地贯彻执行，而公文格式是确保其权威与效力的必要形式。

2. 表现行文关系

公文行文是否正确的一个重要决定因素就是受体与主体的关系是否明确，即分清是上级机关指示给下级机关，还是下级机关呈送给上级机关等。而公文格式要求在公文中对行文主体与受体进行标明，从而使行文关系变得清晰，避免混淆。

3. 方便工作的需要

公文是应办公需要而产生的，按照一定的格式进行拟写，可以提升公文处理工作的速度和质量，并且方便人们运用技术来管理公文。例如，公文格式中秘密等级的说明，表明了公文内容的重要程度，其发文字号的标注为公文的归档、查找等工作提供了依据。

4.2　公文格式的构成要素

一篇完整的公文，在格式上主要由版头、主体和版记这3个要素构成，这是国家明文规定的公文格式要求。本节对公文格式的3个要素进行具体说明。

043 公文的版头

扫码看教学视频

版头，相当于公文的“头部”，位于公文首页上方三分之一的位置，一般用一条红色横线将其与主体分开。版头包含份数序号、保密设置、紧急程度、发文机关标志、发文字号和签发人等组成要素，下面进行详细介绍。

1. 份数序号

份数序号指的是公文总印刷份数中某份的顺序编号，通常被用在有秘密等级的公文中，一般公文不作要求。在进行标注时，一般用6位、3号字体的阿拉伯数字顶格标注在版心（纸张可书写的部分）左上角的第1行，例如000001。

标注份数序号具有两个作用，一是便于有密级公文的查对和清退；二是便于控制普发性下行文的分发。

2. 保密设置

保密设置，即公文内容的重要程度显示，一般会注明秘密等级，例如特密、机密、秘密等，并写明保密期限，其具体的书写格式要求如下。

（1）书写位置：在版心左上角的第2行顶格书写。

（2）书写方法：用3号黑体字，保密期限中的数字用阿拉伯数字进行标注。如果同时写明秘密等级和保密期限，则两者之间可以用“ê”隔开，例如机密ê20年；如果单独标注秘密等级，等级的两个字中间需要空一个字的间隔。

3. 紧急程度

紧急程度即公文传达的时间长短，或者待执行的快慢程度。《党政机关公文处理工作条例》中规定：“紧急公文应当分别标注‘特急’‘加急’，电报应当分别标注‘特提’‘特急’‘加急’‘平急’。”紧急程度一般用3号黑体字书写，并标注在版心左上角。

★ 专 家 提 醒 ★

如果版头中需要同时标注份数序号、保密设置和紧急程度，那么需要按照份数序号、保密设置、紧急程度的顺序从上至下分行进行排列。

4. 发文机关标志

发文机关标志，即人们常说的“红头文件”中的“红头”，一般使用小标宋体字，字体颜色为红色，居中排列，遵循醒目、美观和庄重的原则。发文机关标志一般包含发文机关名称、事由和文种这3项要素。其中，发文机关名称是必要元素，事由和文种可以根据需要进行添加，具体有以下3种标注形式。

（1）使用发文机关全称或发文机关规范化的简称加“文件”两字，例如“××省人民政府文件”。

（2）只使用发文机关全称或发文机关规范化的简称，例如“国家发展和改革委员会”。

（3）联合行文时，一般将主办机关的名称排在前面。如果有“文件”二字，应位于发文机关名称的右侧，并以联署发文机关名称为基准上下居中排列。

发文机关的标志应该居中标注，使用字体为小标宋体，字体颜色为红色。

5. 发文字号

发文字号，即发文机关按年度为公文编排的序号，包括发文机关代字、年份和发文序号，一般用3号仿宋体编排在发文机关标志下方空两行的位置。有关发文字号的书写注意事项如图4-2所示。

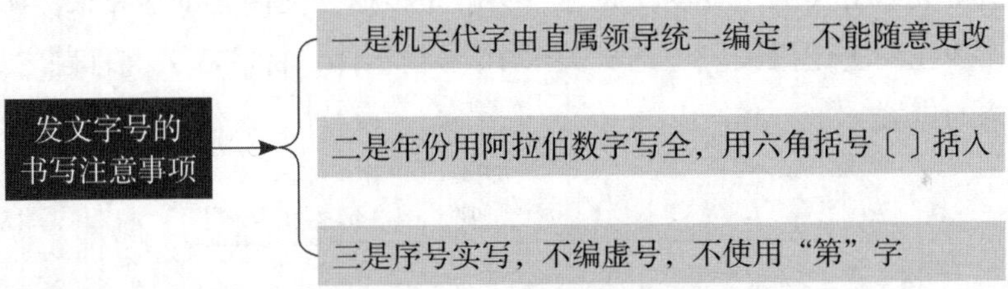

图 4-2　发文字号的书写注意事项

6. 签发人

签发人即公文的发出负责人，一般为发文单位的领导，只在上行文中进行标注。其一般用3号仿宋字体注明“签发人”字样，并用3号楷体注明签发人姓名，中间用全角冒号隔开。签发人的具体书写位置分情况而定，详细说明如下。

（1）只有一个签发人时，“签发人”字样和签发人姓名标注在发文机关标志下空两行、居右空一字的位置。

（2）当有多个签发人时（即联合行文时），签发人的姓名按照发文机关的排列顺序从左至右、自上而下依次排列，每行排列两个签发人姓名，回行时与上一行的第1个签发人姓名对齐。

044 公文的主体

扫码看教学视频

主体部分相当于公文的“身体”，是公文的主要部分。主体部分与版头部分用一条红色横线隔开，以示区分，其位于版头与分隔线之下。下面对主体部分的组成要素进行介绍。

1. 公文标题

公文标题一般采用2号小标宋体字书写，标注在红色横线下空两行的位置，可分为一行或多行居中编排。一个完整的公文标题主要由“发文机关＋事由＋文种”构成，如图4-3所示，不过有时也会根据公文内容的需要或文种的需求省略发文机关。

联合行文时，多个发文机关的名称用空格隔开，排列整齐、分布均匀，如图4-4所示。如果发文机关的数量超过了4，则在主办机关单位名称后加“等”字表述。

2. 主送机关

主送机关即公文的主要受文机关，一般是根据公文内容的需要来注明的，有些公文无须注明主送机关。主送机关采用3号仿宋体，标注在公文标题之下空1行居左顶格的位置。

长政办发〔2024〕1号

长沙市人民政府办公厅
关于推进基本养老服务体系建设的实施意见

湖南湘江新区管委会，各区县（市）人民政府，市直机关各单位：

图 4-3 完整的公文标题示例

长发改价调〔2024〕7号

长沙市发展和改革委员会
长沙市住房和城乡建设局
延续使用《关于加强我市物业服务收费管理的通知》的通知

图 4-4 联合行文的公文标题示例

当公文发布需要面向多个主送机关时，在主送机关之间需要添加全角的排列符号用来分隔，不同类型和位置的机关单位名称之间使用的排列符号也有要求，具体如图4-5所示。

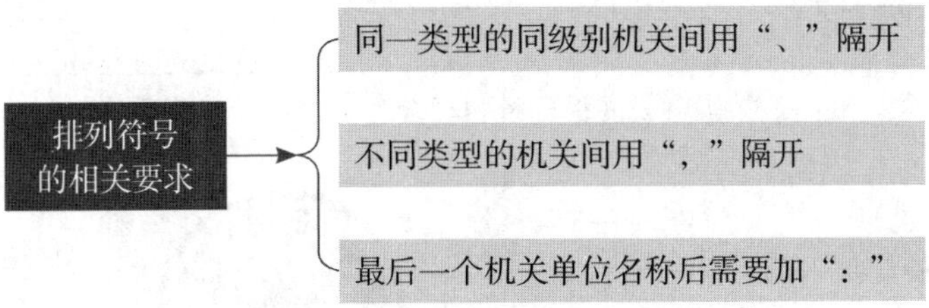

图 4-5　排列符号的相关要求

3. 正文内容

正文，即公文的主要内容，是公文的核心部分，也是公文首页必不可少的部分。正文一般采用3号仿宋体，在主送机关的下方开始分段书写，并且每个自然段前空两个字，除了数字、年份之外，回行顶格。

正文的写作结构一般按照开头、主体、结尾3个部分进行布局，其结构层次的序号按层级依次为“一、”“（一）”“1.”“（1）”。

4. 附件说明

附件说明是对带附件的公文进行索引说明。其附件材料是对公文正文内容起补充作用的文字、图表和名单等，多附着于公文的正文之后。

附件说明包含公文附件的序号和名称，一般采用3号仿宋体，标注在正文后空1行、居左空两字的位置，写明“附件”字样，并添加全角冒号和附件名称，例如“附件：……”。如果有多份附件，在附件名称前要加上数字序号进行排序。

附件说明的格式要求还需要注意图4-6所示的几点。

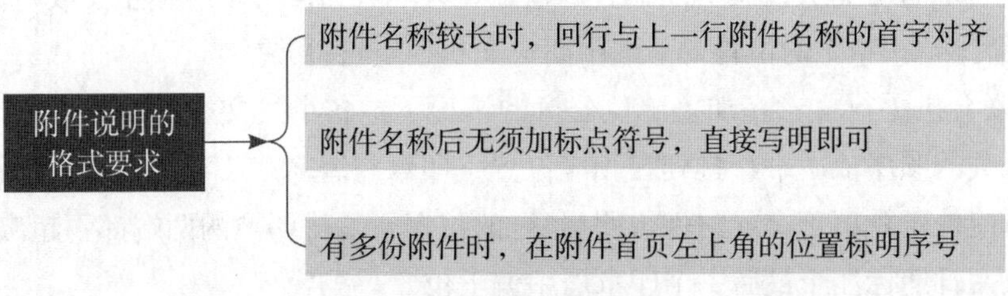

图 4-6　附件说明的格式要求

5. 公文落款

公文的落款包括公文的署名、日期和印章这3个要素，如图4-7所示。其中，署名为发文机关的名称；日期为公文的发布日期，即成文日期；而印章则为发文单位的标志。

附件：[redacted]公立医疗机构部分医疗服务价格调整表

邵阳市医疗保障局

2024年1月4日

图 4-7　公文的落款示例

有关公文落款的格式要求具体说明如下。

（1）公文的署名采用3号仿宋体书写，位于正文或附件说明后空1行居右的位置。当联合发文时，两个及两个以上的发文机关单位名称上下编排，长短相同。

（2）公文的日期以发文领导人签发的日期为准，采用阿拉伯数字书写，具体为"×年×月×日"，位于署名之下居右空4字的位置。有些公文如决议、公报、纪要等的日期位于标题之下，并用括号括起来。

（3）加盖印章分为加盖法定机关单位的公章和签发人签名章两种情况。在这两种情况下，单一机关行文和联合机关行文分别有不同的落款格式要求，具体如下。

•单一机关行文：在加盖单位公章的情况下，其印章以成文日期为准，下压在署名和日期居中偏上的位置，印章顶部距离正文或附件说明1行之内。在加盖个人签名章的情况下，其个人签名章以签发人职务为准，下压在正文或附件说明后空两行居右空4字的位置，下端距离成文日期空1行居左。

•联合机关行文：在加盖单位公章的情况下，各个发文机关的署名和印章按发文机关的顺序依次平行排列在相应位置，印章与署名一一对应，互不干扰，首排印章应位于距离正文或附件说明后1行的位置，每排印章的两端都不超出版心，并将成文日期标注于最后一个印章居中偏下位置。

★ 专 家 提 醒 ★

在加盖个人签名章的情况下，各个签名章按主办机关签发人在前、其余机关签发人在后的顺序上下排列，每行只排列一个签名章与签发人职务，且各署名和签名章一一对应。

6. 附注

附注是对公文的发送、阅读和传达范围等事项的说明，用3号仿宋体书写，位于成文日期的下一行，居左空两字，一般用圆括号括入。

7. 附件

附件即附件说明的内容材料，一般在正文另一面首页左上角第1行的位置，用3号黑体字顶格标注“附件”字样和序号。

附件标题一般在附件下空两行的位置居中书写，附件内容与正文内容格式相同，并和正文一起装订。若附件和正文不能一起装订，则必须在附件左上角第1行顶格标注发文字号，其后再标注“附件”字样和序号。

045　公文的版记

扫码看教学视频

版记是公文的“脚部”，位于两条分隔线之间，居上的分隔线用于隔开主体与版记，居下的分隔线用于分隔版记与公文末页。版记有抄送机关、印发机关和印发日期这3个要素，下面对版记的各个要素进行介绍。

1. 抄送机关

抄送机关是就公文内容而言，除了主送机关需要知晓之外的其他机关单位，一般在印发机关和印发日期的上1行居左空1字的位置，用4号仿宋体书写“抄送”字样、全角冒号和抄送机关单位名称，如图4-8所示。

抄送：驻局纪检监察组　　　　　　　　　　　　（共印 5 份）

图 4-8　抄送机关的格式示例

抄送机关有两种特殊情况需要注意，具体说明如下。

（1）当有多个抄送机关需要编排时，各个机关单位名称间用“，”（全角）隔开，最后用“。”（全角）收尾。

（2）当主送机关也被编排到版记时，主送机关的格式和抄送机关的一样，位于抄送机关之上，两者间不加分隔线。

2. 印发机关

印发机关，即印发公文的机关，一般用4号仿宋体书写在抄送机关之下、末条横线之上居左空1字的位置，印发单位名称要用全称或规范化简称。

3. 印发日期

印发日期，即公文的付印日期，需要写全年月日，后加“印发”字样，一般用阿拉伯数字书写在位于印发单位名称同1行、居右空1个字的位置。

4.3 公文格式的要求

除了要注意公文格式的3大要素，在排版和印装公文的过程中还要注意一些格式上的要求，以便制发规范的公文。另外，有些特殊的公文文种，在写作时也要满足不同的格式要求。

046 公文规范的格式要求

公文规范的格式要求主要体现在用纸、印装、文字格式、行数和页码等方面，遵守这些要求既是公文规范性的体现，也是公文处理中不可或缺的准备工作。这些要求适用于各级党政机关制发的公文，具体如表4-1所示。

扫码看教学视频

表 4-1 公文规范的格式要求

主要部分	格式要求
公文用纸	（1）用纸规格为 GB/T 148 规定的 A4 型纸，尺寸为 210mm × 297mm； （2）用纸上边距推荐 37mm，左边距推荐 28mm，版心尺寸为 156mm × 255mm（据《党政机关公文处理工作条例》规定）
公文印装	（1）文字为从左至右横排； （2）当印刷公文时，双面打印，左侧装订
文字格式	一般情况下，公文的文字采用 3 号仿宋体，字体颜色为黑色，特定情况下按需调整
公文行数	一般情况下，公文的内容排版为每行排 28 个字、每面排 22 行，特定情况下可以进行适当调整

续表

主要部分	格式要求
公文页码	（1）页码用 4 号宋体阿拉伯数字标注在版心下边缘的下一行处； （2）表示页码的数字左右各有一条一字线，一字线位于版心下边缘之上 7mm 的位置； （3）奇数页码居右空 1 个字，偶数页码居左空 1 个字； （4）页码标注至正文内容结束的那一面，空白页和版记部分均不标注页码，若将附件与正文一起装订，则一起编排页码

★ 专 家 提 醒 ★

关于公文文字的使用，在少数民族自治的地方，可以采取汉字和少数民族文字并用的方式；少数民族的文字方向按其使用习惯编排。

047　特定公文的格式要求

扫码看教学视频

信函、命令（令）和纪要这3种公文在公文的版头、主体和版记上有其特定的格式要求，因此在写作时要格外注意，具体的格式要求如表 4-2所示。

表 4-2　特定公文的格式要求

公文文种	格式要求
信函	（1）发文机关标志用红色小标宋体居中书写在上页边缘之下 30mm 处； （2）发文机关标志下印有两条 170mm 长的红色双线：上条红色双线上粗下细，位于发文机关标志下 4mm 处；下条红色双线上细下粗，位于下页边缘之上 20mm 处，两条红线均居中编排； （3）份数序号、保密设置和紧急程度自上而下分行排列于第一条红线下，居左顶格书写； （4）发文字号居右顶格书写在第一条红线下； （5）标题居中编排于上一个要素之下空两行的位置； （6）版记只有抄送机关一个要素，并且不加分隔线； （7）首页无须标注页码

续表

公文文种	格式要求
命令	（1）发文机关标志用红色小标宋体居中书写在上页边缘之下 20 mm 处； （2）令号位于发文机关标志下空两行居中的位置，在令号下空两行的位置开始书写正文； （3）签发人职务、签名章和成文日期的格式按照前面的叙述书写
纪要	（1）发文标志用红色小标宋体书写在上页边缘之下 35 mm 处； （2）出席人员名单标注在正文或附件说明之下空一行左空 2 字处，“出席”字样用 3 号黑体字书写，后加冒号，出席人单位和姓名用 3 号仿宋体书写，回行与冒号对齐

第 5 章

8 种 AI 公文写作的方法，提升写作的质量和效率

本章要点：

运用 AI 来写作公文，可以帮助拟写者快速完成工作任务。不过，在进行 AI 公文写作时，拟写者要根据情况选择适当的方法和提示词。本章主要介绍 AI 公文写作的优点与不足、举例让 AI 写作公文和直接让 AI 写作公文。

5.1 了解优点和不足

对于AI公文写作，拟写者不要盲目自信，觉得AI写作出的公文不会有问题，也不要一味地反对这件事，觉得AI写不出来什么东西。拟写者应该深入地了解AI公文写作的优点和不足，以理性、客观的状态来看待它。

048 AI公文写作的优点

扫码看教学视频

在人工智能的浪潮中，让AI帮助自己完成文字工作是一件可行性高并且已经有很多人付诸行动的事，而公文写作就是其中的一种。对刚入职或没有相关写作经验的拟写者来说，让AI来写作公文是完成工作的一个好办法。而且，AI公文写作也的确能够提高工作效率和内容质量，其优点如图5-1所示。

高效性 → 相比于人工撰写公文所花费的时间和精力，AI 庞大的数据库和强大的分析能力可以大大缩短公文写作的时间，拟写者只需编写好提示词就能获得一篇扣题且格式正确的公文，再复杂的公文撰写任务也能轻松完成

准确性 → 运用 AI 来写作公文，可以避免人为因素造成的文字错误，提供更准确、规范的文字表达，从而提高公文的质量，减少拟写者多次进行修改和校对的工作量

图 5-1　AI 公文写作的优点

049 存在的不足

扫码看教学视频

AI的确能为有公文写作需求的人提供便捷、高效的服务，但拟写者不能只看到优点，也要关注其缺陷。AI在为人们减轻负担的同时，仍然存在着部分不足，如图5-2所示。

语义理解的不足 → 尽管 AI 可以通过大数据和深度学习算法来生成公文，但在理解复杂的语义和上下文关系上仍存在不足，容易导致生成的公文内容在某些方面缺乏逻辑性和准确性，而且这种不足很难通过调整提示词或技术手段解决

内容不够灵活 → AI 的确可以生成条理清晰、主题明确的公文，但普遍存在内容笼统、语言僵硬、不够贴合实际工作的问题。这是由于 AI 是基于大量公文数据、遵循一定的模板来进行写作的，无法模拟出人脑思考的灵活性和丰富性

信息保密和安全 → 在让 AI 帮忙写作公文的过程中，拟写者不可避免地会提供一些敏感信息和重要决策，这很可能会违反了信息保密的原则，而且如果使用的 AI 工具不安全，还容易造成信息的泄露，影响信息安全

图 5-2　AI 公文写作存在的不足

5.2　举例让 AI 写作公文

如果拟写者并不了解要写作的公文，也不知道如何让AI生成自己需要的内容，可以通过举例的方式，在同一个聊天窗口中，先让AI了解和总结公文的格式和要素，并进行仿写，再生成一个写作模板，然后提供相关信息让AI进行写作，最后根据写作出的公文提出修改意见，让AI进行修改。

需要注意的是，AI公文写作一般是指生成公文的标题、主送机关、正文内容、附件说明和落款，因此拟写者在举例时可以只提供范文的主体内容。

050　举例让AI进行总结和仿写

扫码看教学视频

拟写者可以找一篇相同文种、类型的公文，将其提供给AI，让它了解公文的格式和要素，从而为后续的写作打好基础。下面介绍具体的操作方法。

提问

我将提供一篇批复的范文，请你根据范文总结出批复的格式和要素，并进行仿写。

××市人民政府办公室关于同意××同志请求辞职请示的批复

市规划局：

你局《关于××同志请求辞职的请示》(规划[××××]××号)收悉。经市政府办公室党组会议研究，同意你单位与××同志解除聘任关系，请按照有关规定办理相关手续。

此复。

××市人民政府办公室

××××年××月×日印发

ChatGPT

根据提供的批复范文，我们可以总结出典型的官方批复的格式和要素。

1. 标题：由发送方的单位名、关于某事项的简要说明、文档性质组成。

2. 称呼：直接指向接收方的单位或个人名称。

3. 正文：

- 引言段落：提及接收到的文档或请求的名称、编号，并简要说明收悉情况。

- 主体段落：描述决策或回应的内容，包括决策的依据、做出的决定，以及需要遵循的规定或步骤。

- 结束语：可以是简短的结束词，如“此复”等，表示文档正式结束。

4. **落款**：发文单位的全称。

5. **日期**：发文日期，通常包括年、月、日。

现在，根据上述格式和要素，我们可以仿写一个例子。

××县教育局关于同意××老师休假请求的批复

县中学：

你校《关于××老师请求休假的请示》(教育[××××]××号)收悉。经县教育局会议研究，鉴于××老师的工作表现及个人情况，同意××老师的休假请求，请依据学校规定和教育政策，安排好相关教学工作并办理休假手续。

此复。

××县教育局

××××年××月××日印发

051 让AI生成公文的写作模板

扫码看教学视频

在AI了解了公文的格式和要素后，就可以让它生成一个格式与要素齐全的写作模板，这样避免最后写作的公文格式错误或要素缺失。下面介绍具体的操作方法。

提问

请根据提供的范文和前面总结的格式与要素，生成一个批复的写作模板，要求：要素齐全，格式规范。

ChatGPT

以下是一个批复的写作模板，旨在提供一个标准化的框架，以便在需要时填写具体内容。

[发送方单位全称]关于同意[具体事项的简要说明]的批复

[接收方单位或个人名称]：

您（们）的《关于[具体请求内容的描述]的请示》（[文档编号]号）已收悉。经[发送方单位]党组（或其他决策机构）会议研究，[同意/不同意/其他决定]您（们）的请求，具体如下：

[具体决定内容，包括但不限于任何条件、要求或后续步骤。]

请您（们）依据[相关规定或条例名称]，办理[相关手续或后续操作]。

[结束语，如“此复”“敬请遵照执行”等]。

[发送方单位全称]

[日期：年月日]

填写说明：

1. [**发送方单位全称**]：写明发文单位的官方全称。

2. [**具体事项的简要说明**]：简要说明批复的主要内容或目的。

3. [**接收方单位或个人名称**]：明确指出接收文档的单位或个人名称。

4.《**关于[具体请求内容的描述]的请示**》：具体描述接收方提出的请求或需要批复的事项。

5. [**文档编号**]**号**：提及的请求或请示文档的官方编号。

6. [**同意/不同意/其他决定**]：明确批复的决定是同意、不同意还是其他具体决策。

7. [**相关规定或条例名称**]：提及作出该决策依据的规定、条例或政策名称。

8. [**相关手续或后续操作**]：指出接收方需要完成的手续或操作。

9. [**结束语**]：一句正式的结束语，表示文档内容结束。

10. [**日期：年月日**]：准确填写发文日期。

这个模板旨在为官方批复写作提供一个标准化和规范化的框架，确保所有必要信息都被包含和正确表达。

052　让AI根据信息写作公文

扫码看教学视频

在正式写作公文时，拟写者要提供相关的信息，让AI能够根据信息套用模板进行写作。下面介绍具体的操作方法。

提问

请根据以下提供的信息，套用写作模板生成一篇批复。

技术部小徐发现显示器老旧导致色彩显示错误，写了一篇更换显示器的请示，××公司的行政部对此进行了批复，同意了小徐的申请，并要求小徐在购买显示器后保留相关发票。

ChatGPT

根据提供的信息和之前制定的批复写作模板，以下是一篇具体的批复文档。

××公司行政部关于同意技术部小徐更换显示器的批复

技术部小徐：

您的《关于更换老旧显示器的请示》已收悉。经××公司行政部会议研究，考虑到您的显示器老旧导致色彩显示错误，对工作造成了影响，我们同意您的申请，允许更换显示器，以保证您的工作效率和质量。

请您在购买新显示器后，保留相关发票，并向行政部提交，以便我们进行后续的财务处理。

此复。

××公司行政部

[填写日期]

请根据实际情况填写具体的日期。

053 让AI对公文进行修改

扫码看教学视频

完成公文的写作后，拟写者还可以让AI对公文进行修改。例如，上一节这篇批复的接收方是公司的员工，涉及的事项也并非机密，因此公文的语气可以稍微柔和一些。另外，拟写者可以添加一些注意事项，提醒员工在使用显示器时要保护自己的视力。下面介绍具体的操作方法。

提问

请在保持格式与信息不变的前提下，调整语气，使其不要太生硬，并适当添加一些有关显示器使用的注意事项。

ChatGPT

在保持格式和信息不变的前提下，我对批复的语气进行了调整，并添加了一些显示器使用的注意事项，使其更加友好和实用。

××公司行政部关于支持技术部小徐更新显示器请求的批复

亲爱的小徐：

我们已经认真阅读了您提交的《关于更换老旧显示器的请求》，了解到您当前的显示器因年久失修而出现色彩显示不准确的问题。为了确保您的工作效率和成果的质量，我们非常乐意支持您更换新的显示器。

在您选购新显示器时，除了保留相关发票以便财务处理，我们还想提醒您注意以下几点，以延长新显示器的使用寿命并保护您的视力。

1. 选购时考虑护眼功能：选择具有蓝光过滤和无闪烁技术的显示器，以减少对眼睛的伤害。

2. 正确调整亮度和对比度：根据您的工作环境，调整显示器的亮度和对比度，避免眼睛疲劳。

3. 定期休息：长时间工作时，每隔一小时最好离开显示器短暂休息，减轻视觉疲劳。

4. 保持适当距离：使用显示器时，保持与屏幕至少50cm的距离，以保护您的视力。

我们期待您的工作环境得到改善，也希望新的显示器能为您带来更加舒适和高效的工作体验。

再次感谢您对改善工作环境的积极建议，我们始终致力于为每一位员工提供最佳的工作条件。

祝好。

××公司行政部

[填写日期]

这样的调整旨在使批复更加温馨和人性化，同时提供实用的建议，帮助员工更好地使用和维护新的设备。

★ 专家提醒 ★

拟写者首先要找出公文中存在的问题，再通过提示词将这些问题和对公文的要求反馈给 AI，让 AI 对公文进行修改，这个修改的过程可能会反复进行。另外，如果公文中存在的问题比较小，拟写者也可以手动进行修改。

5.3　直接让 AI 写作公文

如果拟写者对要写作的公文比较了解，可以直接将公文的格式和要素告知AI，让AI先试写一篇公文，如果无误，就可以正式写作需要的公文了。在正式写作时，拟写者可以将相关信息和写作要求提供给AI，从而让生成的公文更满足需求。

另外，如果公文的格式和要素比较简单，拟写者也可以跳过试写这一步，让AI直接根据信息和要求进行公文的写作。

054 让AI了解公文的格式和要素

拟写者在将公文的格式和要素告知AI时，要注重提示词的编写，做到条理清晰、要点全面，这样才更便于AI理解。下面介绍具体的操作方法。

扫码看教学视频

提问

我将向你提供函这类公文的格式和基本要素，请你仔细了解后，根据这些内容写作一篇函，写作时不要将格式写错。

1. 标题：明确指出文档的性质或目的，一般为“××（发函单位）关于××（事项）的函”或“关于××（事项）的函”。

2. 收件人：列出受函单位或个人，后面加冒号。

3. 正文

（1）引言：简要介绍函件的背景或目的。

（2）具体内容：详细说明事项。

（3）行动号召：对收件人的具体要求或期待行动。

4. 结语：简洁地结束正文内容，如“此函”等。

5. 签名：发函单位或个人的签名。

6. 日期：函件的发布或写作日期，表明函件的时效性。

7. 附件说明：如果函件中提到了附件，应在文末注明附件内容。

ChatGPT

××部关于协助开展全国学生体质健康调查的函

各××××教委：

鉴于当前我国学生体质面临多方面的挑战，××部决定于本年度内开展一次全国范围的学生体质健康调查。本次调查旨在全面了解学生体质健康现状，为下一步制定具体的健康促进政策和措施提供科学依据。

调查内容主要包括学生体质测试指标的收集（如身高、体重、肺活量等）、学生日常饮食和运动习惯的调查，以及学生心理健康状况的评估。我们希望各级教育行政部门和学校能够积极配合，确保调查工作的顺利进行。

具体要求如下：

1. 各地教育行政部门需组织辖区内的学校积极参与调查，确保所辖区域内的所有学校均能覆盖。

2. 学校应指派专人负责此项调查工作，负责人需对调查内容、方法等进行详细了解，并负责本校数据的收集和上报。

3. 所有参与调查的数据需在调查结束后一个月内上报至××部指定的数据收集平台。

希望各级教育行政部门和学校能够高度重视此次调查，积极采取有效措施，确保调查工作的顺利完成。通过本次调查，我们期待能够准确把握我国学生体质健康的现状，为制定更加有针对性的体育教育政策和健康促进措施奠定坚实的基础。

此函。

××部

2024年3月11日

附件：全国学生体质健康调查具体操作手册及数据模板

055　向AI提供公文的内容和要求

在AI了解了公文的格式和要素后，就可以向它提供公文的内容和要求，让它进行写作。下面介绍具体的操作方法。

扫码看教学视频

提问

请用上面提供的函的格式和要素，根据下面的信息，写作一篇邀请函，要求：要素齐全，格式规范，研讨会的相关信息用“一、”“二、”的形式分条陈列，内容不要出现重复，用“××”代替的内容不要进行改动。

标题为“关于出席××研讨会的邀请函”，受函人为××教授，函件的目的是邀请教授出席××部举办的××研讨会，该研讨会的报到时间为2025年6月24日上午9点，会议将持续4天，在长沙C酒店的6楼605召开，会议的联系人为小李，联系电话为12312312312，发函日期为2025年6月8日。

ChatGPT

关于出席××研讨会的邀请函

尊敬的××教授：

××部诚挚邀请您出席我们举办的××研讨会。此次研讨会是为了探讨××领域的最新发展和挑战，旨在汇聚各领域专家学者，共同交流思想和研究成果。

研讨会的相关信息如下：

一、报到时间：2025年6月24日上午9点。

二、会议持续时间：研讨会将持续4天。

三、会议地点：长沙C酒店的6楼605。

四、联系人和联系电话：小李；12312312312。

我们期待您的参与能够为研讨会带来宝贵的见解和经验分享。请您在收到此邀请函后，尽快与我们联系确认您的出席意向，以便我们为您提供进一步的会议资料和安排。

此函

××部

2025年6月8日

第 6 章

7 种运用 AI 润色公文的方法，优化结构与表达

本章要点：

除了满足拟写者写作公文的需求，AI 还可以帮助拟写者对公文进行润色，例如检查内容、改写内容、优化结构等。对公文进行润色可以增强公文的表达能力，提高公文的质量和可读性，从而充分发挥其作用。

6.1 检查公文内容

检查公文内容分为两种情况，一种是让AI检查自己生成的公文内容；另一种是让AI检查拟写者写作的公文内容。一般来说，让AI检查自己生成的公文内容，只需在同一个聊天窗口中输入并发送“请检查生成的内容是否有误”即可，因此本节主要介绍运用AI检查拟写者写作的公文内容的方法。

056 检查公文的字词

扫码看教学视频

在拟写者写作公文的过程中，由于输入法和不专心导致出现错字、多字和少字等字词问题是非常常见的。字词问题违背了公文的审查原则，会影响公文的正式性和权威性，严重的还可能导致公文传递的内容出错，影响正常工作。

因此，拟写者完成公文写作后，可以将整篇或部分公文提供给AI，让它帮忙检查存在的字词问题，并进行修改。下面将举例介绍具体的操作方法。

提问

请帮我检查以下公文内容中存在的错别字。

二、区域布局与重点项目

1. 区域布局

（1）重点支持具有潜力和特色的县市区，优先发展观光旅游农业。

（2）在山区、水乡和田园等不同的地理环境中布局观光旅游农业示范区。

（3）整合资源，构件农村旅游产业链，形成区域发展合力。

2. 重点项目

（1）打造一批生态农庄，提供住宿、餐饮、休闲等多元化服务。

（2）推动特色农产品采摘活动，吸引游客参与亲子互动。

（3）建设农村文化体验中心，展示本地农村文化和工艺。

（4）促进乡村文化旅游和乡村民宿，提高农村旅游接待能力。

文心一言

在检查公文内容后，发现存在一处错别字，即“构件”应为“构建”。

以下是修改后的公文内容。

二、区域布局与重点项目

1. 区域布局

（1）重点支持具有潜力和特色的县市区，优先发展观光旅游农业。

（2）在山区、水乡和田园等不同的地理环境中布局观光旅游农业示范区。

（3）整合资源，构建农村旅游产业链，形成区域发展合力。

2. 重点项目

（1）打造一批生态农庄，提供住宿、餐饮、休闲等多元化服务。

（2）推动特色农产品采摘活动，吸引游客参与亲子互动。

（3）建设农村文化体验中心，展示本地农村文化和工艺。

（4）促进乡村文化旅游和乡村民宿，提高农村旅游接待能力。

★ 专 家 提 醒 ★

在运用 AI 对公文进行润色修改时，拟写者可以根据需要选择自己喜欢的 AI 工具。本章选择用文心一言平台来进行操作，是因为它由中文语言模型训练，训练数据主要是中文文本，这使得它能够更深入地理解中文的语境、语义和文化内涵。

057　检查公文的语法

扫码看教学视频

语法错误是公文中经常出现的问题之一，这些错误可能会让受众对公文内容产生误解，降低公文的质量，削弱公文的可读性。拟写者可以让AI对提供的公文内容进行检查，找出存在的语法错误，并提供修改建议。下面将举例介绍具体的操作方法。

提问

请检查以下公文内容是否存在语法问题，如果存在，请说明错误的原因，并提供修改意见。

3. 原则

（1）生态优先原则：保护和修复农村生态环境，维护农村生态安全。

（2）开放包容原则：鼓励多元投资主体观光旅游农业参与开发。

（3）市场导向原则：根据市场需求和旅游季节灵活调整供给产品和服务。

（4）政策支持原则：提供税收、资金、土地、用电等多方面的政策支持。

文心一言

在审查上述公文内容后，可以发现其中第（2）条“开放包容原则”的描述存在语法问题。问题主要出现在“鼓励多元投资主体观光旅游农业参与开发”这一表述上，具体表现为语序不当和成分残缺。

1. **语序不当**：在“鼓励多元投资主体观光旅游农业参与开发”中，“观光旅游农业”作为一个整体概念，应该被作为一个明确的投资领域或方向来提及，而不是将“观光旅游”和“农业”分开，使得句子结构显得松散且不易理解。

2. **成分残缺**：原句中缺少了必要的介词来引导投资主体参与的对象，即投资主体参与的是哪个领域或项目的开发。

修改意见：

将第（2）条修改为：“开放包容原则：鼓励多元投资主体参与观光旅游农业的开发。”这样的表述既修正了语序问题，又通过添加介词“参与”明确了投资主体参与的对象是“观光旅游农业的开发”，使得句子结构更加紧凑且意义清晰。

6.2 改写公文内容

除了对公文内容进行检查，拟写者还可以向AI指出公文中存在的问题，并提供自己的要求，让它根据需求改写公文。

058 精简公文内容

扫码看教学视频

公文并不是字数越多、句式越复杂就越好，太多的文字会让受众产生阅读疲劳，过于烦琐的叙述会让受众难以抓住重点和理解公文信息。例如，在通知中添加太多强调事项重要性和必要性的话语，反而容易让人忽略掉通知的具体事项。

因此，对公文内容进行精简可以提高公文的可读性和专业性，使重点更突出、更清晰。运用AI，拟写者可以轻松完成公文内容的精简，具体操作方法如下。

提问

通知格式的简洁性要求其篇幅一般不宜过长，请根据这个要求，对下面这篇通知的内容进行精简，要求：突出通知的事项。

市教育局关于印发《2027年春季开学工作守则》的通知

各区县教育局、各市直学校、各有关单位：

为确保我市2027年春季开学工作有序、高效、安全进行，市教育局特制定并印发《2027年春季开学工作守则》，现就有关事宜通知如下。

一、充分认识印发《守则》的必要性和重要性

印发《2027年春季开学工作守则》是我市教育系统新学期工作的一项重要举措。开学工作涉及面广，任务繁重，需要各级教育部门和学校的高度重视和精心组织。印发《守则》，旨在明确开学工作的指导思想、基本原则、具体要求和保障措施，为各级教育部门和学校提供行动指南，确保开学工作有序、规范、高效进行。

同时，印发《守则》也是提升我市教育质量、加强教育系统内部管理的重要举措。通过明确教育教学、课程设置、教学方法等方面的要求，引导广大教师和教育工作者创新教育理念，提升教学能力，为学生提供优质的教育资源。此外，《守则》还强调了学校管理和学生安全等方面的内容，有助于营造安全、和谐、稳定的校园环境，保障学生的身心健康和全面发展。

二、认真学习和贯彻《守则》精神

各级教育部门和学校要认真组织学习《2027年春季开学工作守则》，深入理解其精神实质和具体要求。要结合实际，制定切实可行的开学工作方案，明确任务分工，落实责任到人。同时，要加强与家长的沟通联系，共同做好学生的开学准备工作，确保学生顺利返校、安心学习。

请各区县教育局、各市直学校和各有关单位认真执行本通知精神，确保我市2027年春季开学工作圆满完成。

附件：《2027年春季开学工作守则》

市教育局

××××年××月××日

文心一言

市教育局关于印发《2027年春季开学工作守则》的通知

各区县教育局、各市直学校、各有关单位：

为确保我市2027年春季开学工作有序、高效、安全，市教育局特制定并印发《2027年春季开学工作守则》。请各单位充分认识印发《守则》的必要

性和重要性，认真学习和贯彻其精神，加强监督和检查，确保开学工作圆满完成。

附件：《2027年春季开学工作守则》

市教育局

××××年××月××日

059　修改公文标题

扫码看教学视频

于公文而言，标题是其文种和内容的体现。因此，一个好的公文标题应该简洁、直接，并符合公文内容。另外，像发言稿、调查报告等公文，标题在简洁、直接和符合公文内容的前提下，可以适当地进行一些设计，增强标题对内容的概括力。

公文标题的常见问题有文不对题、要素缺失、成分多余等，下面以让AI修改成分多余的公文标题为例，介绍具体的操作方法。

提问

下面这篇请示的标题中有多余的成分，请对其进行修改，使标题简洁、直接，符合公文内容。

关于开展××××年市级应急演练项目实施××××年××市农机事故应急救援预案演练工作的请示

××市人民政府：

根据××市人民政府办公厅关于开展××××年市级应急演练项目的通知精神，我局已制定了××××年××市农机事故应急救援预案演练工作程序，请市政府批准实施。

附件：

1. ××××年××市农机事故应急救援预案演练工作程序
2. ××××年××市农机事故应急救援预案演练现场会议程

××市农业机械化管理局

××××年××月××日

文心一言

修改后的标题为：

关于实施××××年××市农机事故应急救援预案演练工作的请示

修改理由：

原标题包含了较多的冗余成分，使得标题显得冗长且不够直接。在修改后的标题中，我们保留了"关于实施"作为开头，直接点明了请示的主要内容是"实施"某项工作。接着，我们明确了要实施的具体工作是"××××年××市农机事故应急救援预案演练工作"，这样的表述既简洁又直接，符合公文标题的要求。同时，我们也去掉了原标题中的"开展××××年市级应急演练项目"这一冗余部分，使得标题更加精炼。

060　分条列项进行表述

扫码看教学视频

分条列项指的是在回答问题或表述内容时，一条一条地逐项列出存在的要点、错误或问题。这种方式有助于使内容更加清晰、有条理，便于受众理解和记忆。拟写者可以借助AI对公文中的某些内容进行改写，使其重点更突出，具体操作方法如下。

提问

下面是《开心小学图书馆借阅守则》的部分内容，请用分条列项的方式对其进行改写，可以适当进行内容的扩充，不需要生成完整的守则内容。

一、目的

制定图书馆借阅守则是为了保障图书馆的资源合理利用，维护图书馆的秩序，保护图书馆的资源安全，建立良好的借阅氛围，提升图书馆的服务质量。

文心一言

《开心小学图书馆借阅守则》部分内容的分条列项改写如下。

一、目的

1. **保障合理利用图书馆资源：**制定借阅守则旨在确保图书馆的各类资源能够得到公平、合理的分配与使用，从而满足广大师生的学习和阅读需求。

2. **维护图书馆秩序：**通过规范借阅行为，营造安静、整洁、有序的借阅环境，为师生提供良好的学习空间。

3. **保护图书馆资源安全：**借阅守则的制定有助于增强借阅者的保护意识，防止图书丢失、损坏等问题的发生，确保图书馆资源的完整性和安全性。

4. **建立良好的借阅氛围**：通过制定明确的借阅规则和要求，促进借阅者之间的友好交流和互助合作，共同营造积极向上的借阅氛围。

5. **提升图书馆服务质量**：通过不断完善借阅守则，提高借阅者的满意度和获得感，进而提升图书馆的整体服务质量，为师生提供更加优质的学习支持。

6.3 优化公文结构

公文结构是指一篇公文的布局方式，包括内容安排和段落划分等方面。优化公文结构可以突出重点信息，提升公文的可读性和受众的阅读体验。

061 提炼段落主题句

扫码看教学视频

主题句是指段落中的核心句，通常出现在段落的开头。它高度概括了段落的主要观点，可以清楚、直接地表达段落主题。AI可以根据段落的内容提炼出相应的主题句，让公文内容的重点更突出，具体操作方法如下。

提问

请分别提炼出下面3段公文内容中的主题思想，用不超过10个字、语意完整的动宾式短句进行表述。

根据G市的地理环境、人口分布和污染源情况，科学规划监测站点布局，确保监测数据能够全面反映全市的空气质量状况。同时，增加移动监测设备，填补监测盲区。

加强监测设备的维护和升级，提高数据采集和处理的效率，确保空气质量数据能够实时更新。同时，建立数据共享机制，实现各部门之间的数据互通，提高预警信息的准确性和时效性。

利用多种渠道发布空气质量预警信息，包括电视、广播、报纸、手机App等，确保市民能够及时获取预警信息。加强与媒体的合作，提高预警信息的传播速度，扩大覆盖面。

文心一言

以下是为您提炼的3段公文内容的主题思想，用不超过10个字、语意完整的动宾式短句进行表述：

1. 优化监测站点布局

2. 提升数据处理效率

3. 发布预警信息并加强传播

062　调整句式结构

扫码看教学视频

一般来说，任何文章都是由多个句子组成的。每个句子都是表达完整思想或信息的基本单位，通过合理组合和安排句子，构建出整篇文章的逻辑框架和内容表达。因此，句式结构可以看作是公文结构的最小单位。

常见的句式结构问题有主谓不一致、句子成分残缺、句子成分多余、语序不当、句式杂糅等，下面以让AI解决句式杂糅问题为例，介绍具体的操作方法。

提问

请判断下面的句子是否存在句式结构的问题，如果存在，请给出修改建议。

我单位为了推进项目的顺利进行，积极采取了一系列措施，并取得了显著成果，从而保证了项目的如期完成。

文心一言

这个句子确实存在句式结构的问题。句子试图表达单位为了推进项目所采取的措施、取得的成果及项目的完成情况，但由于表达问题，使得句子显得冗长且不够清晰。

具体来说，“为了推进项目的顺利进行”和“积极采取了一系列措施”两个表述在逻辑上有所重叠，同时“并取得了显著成果”和“从而保证了项目的如期完成”也存在一定的冗余。

为了修正这个问题，我们可以将句子拆分为几个部分，并重新组织，使其更加清晰和简洁。

修改建议：**为了推进项目的顺利进行，我单位积极采取了一系列措施，取得了显著成果，最终确保了项目的如期完成。**

通过拆分和重组，我们删除了冗余的表述，使得每个部分都更加独立和清晰。这样的句式更符合汉语的表达习惯，也更容易被读者理解和接受。

【修改润色篇】

第 7 章

9 种文案修改技巧，让 AI 智能改写文案

本章要点：

除了满足用户创作文案的需求，ChatGPT 还可以帮助用户检查和修改已经写好的文案，让文案的内容更具有吸引力和说服力，从而充分发挥文案的作用。本章主要介绍 4 种检查文案内容和 5 种改写文案内容的技巧。

7.1 4种检查文案内容的技巧

用户在完成文案的创作后，并不意味着工作就此结束了，为了保证内容的准确性和可读性，用户还需要对文案内容进行检查。而ChatGPT可以作为检查小助手，帮助用户检查文案的语法和拼写、案例真实性、重复内容及情感表达。

063 语法和拼写的检查

扫码看教学视频

语法错误和拼写错误是文案中经常出现的问题之一，这些错误可能会让受众对文案内容产生误解，降低文案的质量，削弱文案的专业性和可读性。用户可以让ChatGPT对提供的文案内容进行检查，找出存在的语法和拼写错误，并提供修改建议。下面将举例介绍具体的操作方法。

提问

请帮我检查以下文案内容的语法和拼写，列出存在的错误，并提供修改建议。
文案：因为食堂的菜品总是丰富又美味。因此我喜欢去食堂吃饭。

ChatGPT

这段文案有一些语法和表达方面的小错误，以下是错误的地方及修改建议：

1. 错误：句子之间的关联词使用不当。

- 修改建议：将“因此”改为“所以”。

2. 错误：标点符号不对。

- 修改建议：将句号改为逗号。

修正后的文本：

“因为食堂的菜品总是丰富又美味，所以我喜欢去食堂吃饭。”

064 案例真实性的检查

扫码看教学视频

在创作文案的过程中，用户可能会通过添加案例来增加文案的专业性和可靠性。不过，用户要避免使用虚构或有误的案例，否则会降低文案的可信度和说服力，严重的还会违反相关法律法规。用户可以借助ChatGPT庞大的信息资源库对案例的真实性进行检查，具体的操作方法如下。

提问

请帮我检查以下内容中案例的真实性，并指出有误的地方。

文案：例如，玛丽•居里这位女性物理学家，她是放射性研究的奠基人之一，发现了镭和铼等元素，获得过三次诺贝尔奖。居里的研究不仅扩展了我们对物质本质的认知，而且为医学领域的发展提供了有力支持。她的勇气和毅力也为女性在科学领域的发展铺平了道路，成为许多女性科学家的榜样。

ChatGPT

这段文字描述了玛丽·居里的一些基本事实，但也存在一些错误。

正确的信息：

1. 玛丽·居里是一位著名的女性物理学家，的确是放射性研究的奠基人之一。

2. 她发现了镭元素。

3. 她的研究对物质的认知确实产生了深远的影响。

4. 文章中提到玛丽·居里的毅力为女性在科学领域的发展铺平了道路，这是正确的，她的成功确实为女性科学家树立了榜样。

错误的信息：

1. 玛丽·居里并没有获得过三次诺贝尔奖。她获得的两次诺贝尔奖分别是在物理学和化学领域，而非三次。

2. 居里发现的元素中，文章中提到的“铼”并非她发现的元素之一。正确的是，她发现了镭和钋，这两者都是放射性元素。

3. 文章中提到她的研究为医学领域提供了有力支持，这并不准确。尽管她的研究对物理学产生了深远影响，但直接对医学领域的贡献相对有限。

065　重复内容的检查

扫码看教学视频

重复的内容会让文案显得单调、乏味，降低其对受众的吸引力和包含的信息量，从而影响文案的传播。运用ChatGPT，用户可以检查出文案中重复的字词、句子和段落，从而对文案进行修改。下面将举例介绍具体的操作方法。

提问

请帮我检查以下文案中是否存在重复的内容，如果有，请指出来，并提供修改建议。

文案：薄荷糖中的薄荷成分可以发挥很大的作用。首先，清新的薄荷香味可以帮助清洁口腔，减轻口气异味，为口腔带来一种清新的感觉。其次，薄荷成分带来的清凉感可以缓解轻微的呼吸道不适，还可以提神醒脑。另外，薄荷糖中的薄荷成分可以为口腔带来一种清新的感觉，有助于缓解胃肠不适，减轻胃部紧张，促进食物的消化。

ChatGPT

文案中存在一处内容重复，即关于薄荷成分带来口腔清新感觉的描述。以下是修改建议。

原文：

薄荷糖中的薄荷成分可以发挥很大的作用。首先，清新的薄荷香味可以帮助清洁口腔，减轻口气异味，为口腔带来一种清新的感觉。其次，薄荷成分带来的清凉感可以缓解轻微的呼吸道不适，还可以提神醒脑。另外，薄荷糖中的薄荷成分可以为口腔带来一种清新的感觉，有助于缓解胃肠不适，减轻胃部紧张，促进食物的消化。

修改建议：

薄荷糖中的薄荷成分可以发挥很大的作用。首先，清新的薄荷香味可以帮助清洁口腔，减轻口气异味，为口腔带来一种清新的感觉。其次，薄荷成分带来的清凉感可以缓解轻微的呼吸道不适，还可以提神醒脑。另外，这些薄荷成分有助于缓解胃肠不适，减轻胃部紧张，促进食物的消化。

066 情感表达的检查

在文案的情感表达上，常常会出现两个问题，一个是不准确，另一个是不到位。错误的情感表达容易导致误解，从而影响文案主题的表达，甚至可能会产生争论。而不到位的情感表达容易使文案缺乏感染力，很难引起受众的情感共鸣，从而难以实现文案的目标。

扫码看教学视频

ChatGPT作为一个语言模型，虽然不能完全理解人类的情感，但是可以检查出文案中比较明显的情感表达错误。下面将举例介绍具体的操作方法。

提问

请帮我检查以下产品营销文案中的情感表达是否准确、到位，如果有误，请先指出存在的问题，再提供相应的修改意见。

文案：电热毯采用先进的微电加热技术，可以满足短时间内升温的需求。此外，电热毯通常配备温度可调功能，可以根据需求调整温度。相较于传统取暖方式，电热毯购买和使用成本更高，而且必须插电使用。

ChatGPT

这段营销文案在描述电热毯时，有一些情感表达可能需要调整以更好地引起潜在客户的兴趣。以下是修改建议。

1. 强调舒适度和温暖感：

- 原文：电热毯采用先进的微电加热技术，可以满足短时间内升温的需求。

- 修改建议：电热毯融合先进的微电加热技术，让您在短时间内享受到温暖和舒适。

2. 弱化成本问题，突出性能优势：

- 原文：相较于传统取暖方式，电热毯购买和使用成本更高，而且必须插电使用。

- 修改建议：与传统取暖方式相比，虽然电热毯的购买和使用成本略高，但其强大的加热性能和方便的插电使用方式绝对值得投资。

3. 强化个性化的温控体验：

- 原文：电热毯通常配备温度可调功能，可以根据需求调整温度。

- 修改建议：电热毯特别设计了温度可调功能，让您随心调整温度，个性化满足不同需求。

综合考虑这些建议，修改后的文案如下：

“融合先进的微电加热技术，我们的电热毯能在短时间内为您带来极致的温暖和舒适。尽管相较于传统取暖方式，购买和使用成本稍高，但考虑到其强大的加热性能和方便的插电使用方式，这是一项值得投资的选择。精心设计的温度可调功能更是为您提供个性化的温控体验，随时满足您不同的需求。选择我们的电热毯，尽情享受冬日温暖，感受无与伦比的舒适。”

7.2　5 种改写文案内容的技巧

除了对文案内容进行检查，用户还可以向ChatGPT指出文案中存在的问题，并提供自己的要求，让它根据需求改写文案。本节主要介绍5种让ChatGPT改写文案内容的技巧。

067 文案观点的调整

扫码看教学视频

当用户想通过文案来传达自己的观点时，要注意观点的正确性和客观性。所谓正确性，是指观点是否符合客观事实、法律法规，例如，“北极地区比赤道地区热”就是一个错误观点。而客观性是指观点是否存在主观武断、片面极端的情况，例如，用户由于自己被晒伤过，就认为“人晒太阳只有坏处没有好处”，这个观点就是主观、片面的。

每个人都可以有自己的想法，但当用户以文案的形式将自己的观点进行输出时，就必须确保文案观点是正确和客观的，否则容易向受众传递错误认知，从而造成负面影响。当用户意识到文案观点不正确或过于主观时，可以借助ChatGPT对观点进行调整和补充。下面将举例介绍具体的操作方法。

提问

以下文案中的观点有些片面，请帮我进行调整和补充，将文案进行改写，要求：从正反两个角度进行阐述，客观、有理有据。

文案：冬季的低温只给人们的生活带来了不便。首先，人们在寒冷的天气中往往感到不适，容易患上感冒、流感等呼吸道疾病。其次，低温还可能导致水管冻裂、道路结冰等问题，给交通和基础设施带来一定的困扰。此外，冬季寒冷的天气也增加了野外活动的难度，户外运动和旅行的乐趣受到了一定的制约。

ChatGPT

冬季的低温固然给人们的生活带来了一些不便，但也存在一些正面的影响。首先，寒冷的天气有助于杀灭一些有害的微生物，减少病菌的传播，有助于维护公共健康。其次，低温可以有效压制某些害虫的滋生，降低害虫对农作物的侵害，对农业生产起到一定的保护作用。此外，冷冽的冬季也为某些冷区特产的生长提供了理想的气候条件，促进了一些农产品的质量和口感。

当然，冬季的低温也伴随着一些问题。首先，人们在极端寒冷的环境下容易感染呼吸道疾病，但适当的防护和保暖措施可以有效降低这一风险。其次，低温给交通和基础设施带来了一定困扰，但现代科技和设备的应用可以有效应对这些挑战。因此，冬季的低温既有不便之处，又潜藏了一些积极的影响，全面考量可更好地理解其在生活中的作用。

068　叙述视角的切换

常见的叙述视角包括第一人称视角、第二人称视角、第三人称视角、全知视角等。选择合适的叙述视角，可以让受众更好地理解文案包含的信息，最大程度地发挥文案的作用。用户可以根据文案的用途，让ChatGPT切换文案的叙述视角。下面将举例介绍具体的操作方法。

扫码看教学视频

提问

请用第一人称视角对以下文案进行改写，要求：用分享人的口吻来叙述，分享自己的使用体验。

文案：KK面霜虽然质地厚重，但是一抹即化，能够在冬季更好地保持肌肤水分。此外，KK面霜还添加了丰富的抗氧化成分，能够有效抵抗自由基对肌肤的损伤，保持肌肤的活力。

ChatGPT

哇，我真的要和大家分享一下我的经验！你知道吗，我最近发现了一款超赞的面霜，就是那个KK面霜！虽然它质地有点厚重，但是一抹下去简直就是润泽无比，完全不油腻，超级容易吸收。

特别是在这个寒冷的冬季，我真的感受到它在保持肌肤水分方面的神奇效果。我的皮肤总是在冬天变得干燥，但是用了KK面霜之后，就像给皮肤喝了一杯水一样，瞬间变得水润饱满。

更棒的是，这个面霜里还添加了丰富的抗氧化成分，真的是贴心至极啊！我知道它在抵抗自由基方面下了很多功夫，有效地保护我的肌肤免受损伤。皮肤变得更有活力，真的是我用过的面霜中最让我惊艳的一款。

总的来说，KK面霜不仅在保湿方面做到了满分，而且还让肌肤变得更加健康有光泽。如果你也在寻找一款冬季护肤的利器，我真的超级推荐你试试这个，绝对不会让你失望的！

069　文案内容的精简

扫码看教学视频

文案并不是字数越多、句式越复杂就越好，太多的文字会让受众产生阅读疲劳，过于烦琐的叙述会让受众难以抓住重点和理解文案信息。因此，对文案内容进行精简可以提高文案的可读性和专业性，使信息更为突出和清晰。运用ChatGPT，用户可以轻松完成文案内容的精简，具体的操作方法如下。

提问

请帮我对以下文案进行精简，要求：保留文案的主题思想，语句通顺。

文案：

在秋天这个丰收的季节里，一种特别的水果备受瞩目——脆柿。它不仅是一种美味的水果，更是一种富含营养的食物，让人在口感和健康上都得到极大的满足。脆柿的特点在于它的果肉清脆可口，仿佛咬一口就能听到“咔嚓”的声音。这种独特的口感来自柿子经过精心处理和特殊的生长条件。

除了口感上的独特之外，脆柿还富含各种营养成分。首先，它是一种天然的抗氧化剂源，含有丰富的维生素A、C和E，有助于保护细胞免受自由基的侵害，延缓衰老过程。其次，脆柿中富含的膳食纤维有助于促进消化系统的健康，减少便秘问题。此外，脆柿还含有钙、钾、镁等矿物质，对于维持骨骼健康和平衡体内电解质有着重要作用。

ChatGPT

秋天是丰收的季节，而脆柿备受关注。它不仅美味，而且富含营养，给人口感和健康上的极大满足。脆柿的果肉清脆可口，仿佛咬一口就能听到“咔嚓”的声音，这独特口感源自精心处理和特殊的生长条件。

除口感外，脆柿富含抗氧化剂，如维生素A、C和E，有助于保护细胞、延缓衰老。其丰富的膳食纤维能够促进消化系统健康，减少便秘问题。此外，脆柿还含有钙、钾、镁等矿物质，能够维护骨骼健康和体内电解质平衡。

070 案例的更换

扫码看教学视频

在文案中添加案例可以增加文案的专业性和说服力，但是在添加案例时，用户除了需要判断案例的真实性，也要判断案例与文案主题的适配度。如果案例并不能对文案主题起到证明作用，反而会降低文案的可信度，引起受众的质疑。如果用户发现案例与主题不匹配，可以让ChatGPT对案例进行更换。下面将举例介绍具体的操作方法。

提问

请根据文案的主题，更换不合适的案例，对文案进行改写，要求：文案的主题不变，更换的案例要与主题相匹配，并且案例真实可信。

文案：

女性在文学领域取得了显著的成绩，她们凭借独特的视角、观察力和创造力，为文学的发展带来了新的突破。

例如，玛格丽特•伯内特是一位美国天文学家，因对星系形成和演化的研究而闻名。她与她的团队发现了星系核存在的证据，并对星系形成的模型做出了重要贡献。她的研究不仅帮助我们更好地理解了星系的形成和演化过程，也为后来的天文学家提供了重要的参考。

ChatGPT

改写后的文案：

女性在文学领域有着杰出的贡献，她们以独特的视角、敏锐的观察力和创造力，为文学的发展带来了新的突破。

例如，弗吉尼亚•伍尔夫是一位英国现代主义作家，她以其独特的叙事风格和深刻的心理描绘而闻名于世。她的作品对后来的文学发展产生了深远的影响，为后来的作家提供了重要的启示。

她的代表作《达洛威夫人》以一位女性的视角，深入探讨了女性在传统社会中的角色和心理状态。这部作品不仅在当时引起了轰动，而且至今仍被视为现代文学的经典之作。

071　标题文案的修改

扫码看教学视频

一个好的标题能够吸引受众的注意力，引导他们进一步了解文案的内容，并激发他们的购买欲望或行动意愿。因此，在创作文案时，用户需要对标题文案进行精心设计和不断优化，这样才能提高文案的阅读量和关注度。用户可以让ChatGPT根据已经完成的文案内容对标题进行修改，具体的操作方法如下。

提问

请根据以下文案内容对标题进行修改，并说明这样修改的好处，要求：精准概括文案内容，简洁明了，能够激发受众的好奇心。

标题：冬日必备雪地靴来了

文案：雪地靴，冬日的轻盈守护者。漫步雪地间，每一步都如诗如画，绒毛的温暖，抵挡寒风，呵护双脚。时尚与舒适并存，为你打造冬日里的暖意人生。这个冬天，不再冷，与雪地靴一起，感受冬日的温柔。

ChatGPT

标题：冬日暖步雪地靴，守护双脚，温暖冬日

这样修改的好处在于：

1. 精准概括文案内容：这个标题简明扼要地表达了雪地靴在冬日里对双脚的守护作用，同时强调了其温暖舒适的特点。

2. 激发好奇心：标题中的“冬日暖步雪地靴”能够引起人们的兴趣，让人想知道这是一种什么样的雪地靴，它为什么能够暖步。而“守护双脚，温暖冬日”则进一步展示了雪地靴的功能和效果，激发人们的好奇心。

3. 简洁明了：标题只有几个字，易于记忆和传播，符合简洁明了的原则。

4. 突出重点：标题突出了雪地靴在冬日里的重要作用，即守护双脚和带来温暖。这使得受众能够快速了解产品的核心价值。

第 8 章

7 种文案润色方法，让 AI 自动化修饰文本

本章要点：

文案润色不仅仅是修饰文字外表，更是提升专业形象、改善传达效果、避免歧义和误解的重要工具。使用 ChatGPT 对文案进行润色，不仅可以提高效率，还能极大地增强文案的表达能力。

8.1 3个优化文案结构的方法

文案结构是指一篇文案的布局方式，包括内容安排和段落划分等方面。优化文案结构可以突出重点信息、提升文案的可读性和受众的阅读体验。本节将介绍3个优化文案结构的方法。

072 过渡语的添加

过渡语是连接不同段落或句子之间的词语或短语，添加过渡语可以增加文案的连贯性和逻辑性，便于受众更好地理解上下文之间的关系。用户可以让ChatGPT根据上下文的关系添加合适的过渡语，具体的操作方法如下。

扫码看教学视频

提问

请根据文案中上下文的关系，在适当位置添加过渡语，以增加段落和句子之间的流畅度：

文案：棉质秋衣的材质天然柔软，对肌肤友好，穿着舒适，不易引起过敏反应，适合长时间穿着。棉质面料通透透气，有助于吸收和释放身体的湿气，保持皮肤干燥，能够让穿着者感到温暖舒适。

棉质秋衣也有一些缺点。相对于一些高科技面料，棉质在保暖性方面可能略显不足。在极寒天气下，穿戴者可能需要额外的保暖层。棉质有一定的吸湿性，在湿润环境中可能会变得比较潮湿，影响保暖效果。

ChatGPT

棉质秋衣的材质天然柔软，对肌肤友好，穿着舒适，不易引起过敏反应，适合长时间穿着。此外，棉质面料通透透气，有助于吸收和释放身体的湿气，保持皮肤干燥，能够让穿着者感到温暖舒适。

然而，棉质秋衣也有一些缺点。相对于一些高科技面料，棉质在保暖性方面可能略显不足。在极寒天气下，穿戴者可能需要额外的保暖层。另外，需要注意的是，棉质有一定的吸湿性，在湿润环境中可能会变得比较潮湿，从而影响保暖效果。尽管如此，总体而言，棉质秋衣仍然以其舒适和亲肤特性在秋季穿着中表现出色。

073　段落主题句的提炼

扫码看教学视频

主题句是指段落中的核心句，通常出现在段落的开头。它高度概括了段落的主要观点，可以清楚、直接地表达段落主题。ChatGPT可以根据段落的内容提炼出相应的主题句，具体的操作方法如下。

提问

请提炼出文案中的主题句，并说明原因：

文案：首先，松茸生长在阔叶和针叶混交的森林中，采摘者需要在大片森林中寻找这一珍贵蘑菇的踪迹，而这个过程需要极大的耐心和观察力。其次，由于松茸的生长速度极快，因此采摘者一不留神就可能错过最佳的采摘时机。此外，错误的采摘方法可能导致松茸根部损伤，影响下一季的生长。

ChatGPT

主题句：松茸采摘是一项需要耐心、观察力和正确技巧的活动。

原因解释：

1. 森林探寻的挑战：文中指出，松茸生长在阔叶和针叶混交的森林中，采摘者需要在大片森林中寻找这一珍贵蘑菇的踪迹。这一描述凸显了采摘的首要挑战，即在广阔的森林中找到松茸的生长地，需要极大的耐心和观察力。

2. 时机敏感性：文中提到松茸的生长速度极快，一不留神就可能错过最佳的采摘时机。这强调了采摘者必须对时间把握准确，需要在松茸成熟的瞬间进行采摘，增加了整个采摘过程的复杂性。

3. 技巧性和损伤防范：最后，文中指出错误的采摘方法可能导致松茸根部损伤，影响下一季的生长。这一点强调了采摘者不仅需要具备观察力和耐心，还需要掌握正确的采摘技巧，以避免对松茸产生负面影响。

因此，上述三个方面共同揭示了松茸采摘是一项既需要耐心和观察力，又具有时机敏感性和技巧性的活动。

074　结构方式的调整

扫码看教学视频

一般来说，文案或段落的结构可以分为总分、分总和总分总3种结构方式。不同的结构方式有各自的特点，例如总分总结构可以兼顾内容的总体概括和详细分析，综合考虑到了整体与细节，使文案或段落的层次感更明显。用户可以根据需求让ChatGPT对文案或段落的结构方式进行调整，具体的操作方法如下。

提问

请将以下文案调整为总分的结构方式：

文案：在自然环境中，松鼠选择高大的树木作为栖息地。它们喜欢在树冠中找到树洞或者在树枝间搭建巢穴。这些地方既可以保护它们免受掠食者的侵袭，也提供了足够的空间来储存食物。

另一方面，在人工环境中，松鼠可以在城市公园等地方找到丰富的食物资源。它们常常在草坪上觅食坚果，或者在公园的垃圾桶周围觅食残羹剩饭。这种适应性使得松鼠能够在城市生活中找到自己的一片天地。

ChatGPT

总分结构的文案如下：

总论：

在自然环境和人工环境中，松鼠展现出了强大的适应性，选择不同的栖息地和利用多样的食物资源，使其能够在各种环境中生存繁衍。

自然环境：

在自然环境中，松鼠倾向选择高大的树木作为栖息地。它们喜欢在树冠中找到树洞或者在树枝间搭建巢穴。这些地方既可以保护它们免受掠食者的侵袭，也提供了足够的空间来储存食物。

人工环境：

另一方面，在人工环境中，松鼠可以在城市公园等地方找到丰富的食物资源。它们常常在草坪上觅食坚果，或者在公园的垃圾桶周围觅食残羹剩饭。这种适应性使得松鼠能够在城市生活中找到自己的一片天地。

8.2　4个修饰文案内容的方法

修饰文案内容是指通过对字词和句子的编辑和调整，从而提升文案的可读性、吸引力和清晰度，使文案更好地达到宣传、推广或信息传递的目的。本节将介绍4个修饰文案内容的方法。

075　不恰当词汇的替换

扫码看教学视频

在文案中使用恰当的词汇可以确保信息传达的准确性，体现用户的文学水平和表达能力。词汇是否恰当需要用户根据文案的性质、受众和作用等因素来进行判断，例如比较正式的文案中应该避免使用方言或口语化的词汇，受众为普通人的文案中应该避免使用太多的专业词汇。用户可以向ChatGPT提出自己的需求，让它对不恰当的词汇进行替换，具体的操作方法如下。

提问

请将以下文案中的书面用词替换成口语化的词汇：

文案：尊敬的顾客：食用前请留意坚果过敏，控制糖分摄入。小心儿童吃呛，检查栗子是否去壳。购买前检查食品安全。感谢您的理解与配合。

ChatGPT

嗨，亲爱的客户：吃之前记得看看有没有坚果过敏，控制一下糖分哦。小朋友吃的时候小心别呛到，还有记得检查一下栗子有没有去壳。购买之前也要检查一下食品安全问题。感谢你的理解和支持！

076　短句的合并

扫码看教学视频

合并短句是指将两个或多个短句合并成一个更长的句子，一般通过使用连接词和标点符号等方法实现。合并短句可以提高句子的流畅性，便于表达更复杂的内涵。需要注意的是，并不是所有的短句都可以合并，也不是所有的短句都需要合并，用户需要根据具体的语境和表达需求进行判断，再让ChatGPT进行合并。下面将举例介绍具体的操作方法。

提问

请将以下短句合并成一个句子。

这个城市有历史悠久的钟楼。这个城市有绿意盎然的公园。这个城市有设计感十足的桥梁。

ChatGPT

这个城市有历史悠久的钟楼、绿意盎然的公园和设计感十足的桥梁。

077 长句的拆分

扫码看教学视频

太长的句子可能包含太多信息，既不方便受众理解，又容易产生歧义。因此，拆分长句可以更清晰、独立地表达思想，突出内容的重点，还可以提高文案的可读性和吸引力。用户将自己的要求提供给ChatGPT，让它根据要求对长句进行拆分。下面将举例介绍具体的操作方法。

提问

请将下面的长句进行拆分，要求：保持原意，语句通顺，语意连贯。

世界级小提琴家帕格尼尼是一位从上帝那里同时接受天赋和苦难两项馈赠而又善于用苦难的琴弦把天赋演绎到极致的奇人。

ChatGPT

世界级小提琴家帕格尼尼是一位奇人，他同时接受了上帝赋予的天赋和苦难两项馈赠。他善于用琴弦传达苦难，将天赋演绎到极致。

078 修辞手法的添加

扫码看教学视频

添加修辞手法是常见的文案润色方法之一，这样可以增强文案的表达力和艺术性，从而更容易获得受众的关注与喜爱。修辞手法的种类繁多，用户既可以指定具体的种类让ChatGPT进行添加，也可以让ChatGPT自由发挥。下面将举例介绍具体的操作方法。

提问

请为以下文案添加比喻的修辞手法：

文案：夏天的荷叶是碧绿的，荷花是艳红的。

ChatGPT

夏日的荷叶如同翠绿的翡翠，在微风中舞动，仿佛是大地的翅膀。而荷花则如火焰般绽放，犹如一群艳红色的蝴蝶在阳光下翩翩起舞，为整个夏季注入了绚烂的色彩。这片碧绿的荷叶和艳红的荷花，宛如大自然的画布上点缀的一抹抹鲜明的色彩，如诗如画，让人陶醉在这盛夏的画卷之中。

【热门模板篇】

第 9 章

11 类营销文案指令模板，助力事业创收

本章要点：

营销文案是指用于产品推广、广告策划、品牌宣传等活动的文字内容，旨在用文字打动人心，促使受众产生购买力的决策。本章将介绍 11 类常用的营销文案指令模板。

079　生成产品推广文案的指令模板

扫码看教学视频

产品推广文案通常是指用于概括产品亮点、展示产品优势的文本，旨在通过文字打动消费者，提高产品的购买力。在ChatGPT的帮助下，用户可以迅速获得推广文案，从而增加产品的影响力和销售量。

用户运用ChatGPT生成产品推广文案时可以采用以下指令模板进行提问。

请根据×××（产品）的相关信息，生成一篇产品推广文案

产品信息：×××

采用指令模板让ChatGPT生成产品推广文案的示例如下。

提问

请根据洗衣凝珠的相关信息，生成一篇产品推广文案：

产品信息：8倍洁净、深层除螨、长效抑菌、长久留香、柔顺护衣

ChatGPT

【新品上市，焕新洗衣体验】

时光荏苒，洗衣也该跟上潮流！为了给您的衣物带来更全面的呵护，我们引以为豪地推出了全新的洗衣神器——【柔清洗衣凝珠】！让每一次洗涤都成为一场奢华的享受。

—8倍洁净，呵护衣物如初

柔清洗衣凝珠独特的洗涤科技，以强大的洁净力量，让衣物如沐春风，焕然一新。8倍洁净，告别污渍的困扰，为您的衣物重新找回清新的颜色。

—深层除螨，呵护家庭健康

拒绝隐藏在织物深处的微尘和螨虫！柔清洗衣凝珠深层除螨科技，为您的家庭带来更健康的环境，让您的亲人远离过敏困扰。

—长效抑菌，为衣物护航

柔清洗衣凝珠不仅让衣物清新如初，更能在洗涤的过程中发挥长效抑菌的功效，为您的家庭打造一个清洁无菌的空间。

—长久留香，舒缓身心

洗后不仅洁净如新，更有持久的芳香伴您左右。柔清洗衣凝珠独特的留香技术，让您的衣物散发出宜人的清香，一整天都沐浴在芬芳中。

—柔顺护衣，呵护每一寸肌肤

精心研发的柔顺技术，使得您的衣物在洗后更为柔软顺滑，呵护每一寸

肌肤。穿在身上，仿佛拥有一层轻柔的亲吻。

—选择柔清，为家庭打造极致呵护

柔清洗衣凝珠，不仅是洗涤的工具，更是呵护家庭的信物。让我们一起迎接全新的洗衣时代，让衣物焕发出更多的生命力！

080　生成主图文案的指令模板

扫码看教学视频

在电商领域，主图文案能够用于凸显产品的亮点和优势，从而激发消费者的购买欲望。撰写主图文案需要分析产品的特点、受众的需求、市场趋势等多方面的因素，同时还需要一定的网感和文字功底。此时，用户巧用ChatGPT，便可以借助AI的力量快速获得电商主图文案。

用户运用ChatGPT生成主图文案时可以采用以下指令模板进行提问。

请结合×××（产品）的受众需求和产品亮点，撰写×××（产品）的电商主图文案，要求语言精简、亮点突出

采用指令模板让ChatGPT生成主图文案的示例如下。

提问

请结合羽绒服的受众需求和产品亮点，撰写羽绒服的电商主图文案，要求语言精简、亮点突出：

ChatGPT

标题：轻盈保暖，尽享冬日时尚

亮点一：轻盈保暖

在寒冷的冬日里，我们为您打造的羽绒服轻盈如羽，却拥有强大的保暖能力。采用高品质的羽绒填充，轻薄却温暖，给您全方位的保护，让寒冷无处可逃。

亮点二：时尚设计

不仅仅是保暖利器，我们的羽绒服还注重时尚设计。独特的剪裁和流行的色彩，让您在冬日里依然保持时尚品位。不仅温暖，更添风采。

亮点三：舒适贴身

精选面料，贴合人体曲线的设计，使得羽绒服不仅舒适贴身，而且充满弹性。无论是城市漫步还是户外冒险，都能自如驰骋，舒适自如。

亮点四：多场合适用

无论是日常通勤、健身锻炼还是户外探险，我们的羽绒服都能轻松应对。多功能设计，满足您不同场合的穿着需求，成为冬季不可或缺的时尚利器。

购买即享受轻盈保暖，释放时尚魅力。选择我们的羽绒服，让冬季成为您展现个性的舞台。

用户还可以提供给ChatGPT更多的产品信息，补充说明产品的亮点，让ChatGPT有更多的依据，从而生成更有吸引力和影响力的主图文案。

081 生成详情页文案的指令模板

扫码看教学视频

详情页文案是电商领域用于描述产品详细特征的文字内容，包括产品的具体功能、设计特点、规格包装、使用说明、注意事项等元素，能够以文字的形式全面地介绍产品。借助ChatGPT的力量，用户可以快速获得特定产品的详情页文案内容，从而节省人力成本。

用户运用ChatGPT生成详情页文案时可以采用以下指令模板进行提问。

请根据以下信息，撰写×××（产品）的详情页文案，要突出产品的亮点和优势

×××（产品相关信息）

采用指令模板让ChatGPT生成详情页文案的示例如下。

提问

请根据以下信息，撰写驱蚊贴的详情页文案：

产品信息：小熊驱蚊贴，无纺布+驱蚊精油，一张6贴，一包3张

产品特点：造型可爱，环保油墨印刷，中草药成分，安全放心

目标受众：4岁以上的人群

包装内容：印花密封袋、精致礼品袋、小熊针织布袋

保证与支持：24小时发货，7天无理由退货，代写贺卡

ChatGPT

小熊驱蚊贴

产品信息：

- 材质：采用环保无纺布，搭配天然驱蚊精油。

- 规格：一张包含6片，一包共3张。

产品特点：

- 可爱造型：小熊形状，萌趣设计，适合各年龄段使用。

- 环保印刷：选用环保油墨印刷，保障您的健康，也呵护我们的地球家园。

- 中草药成分：富含中草药精华，不含化学成分，温和不刺激，安全放心。

目标受众：

- 适用于4岁以上的各年龄段人群，是户外活动的贴心伴侣。

包装内容：

- 印花密封袋：外观时尚，防潮防晒，保持产品新鲜。

- 精致礼品袋：精心设计的礼袋，不仅方便携带，更是送礼的不二之选。

- 小熊针织布袋：再次包装，增添产品的层次感，让您感受到品质的用心。

保证与支持：

- 24小时发货：下单后，我们将在24小时内为您发货，确保您尽早享受到产品的便利。

- 7天无理由退货：若您对产品不满意，可在收到货的7天内提出退货申请，我们将无条件为您办理退货。

- 代写贺卡：为了让您的购物更贴心，我们提供代写贺卡服务，让您的心意通过美好的文字传递给亲朋好友。

小熊驱蚊贴，给您一个清爽安宁的户外时光！

082　生成产品测评文案的指令模板

扫码看教学视频

产品测评文案是侧面宣传产品的有效途径，一般包含专业、客观的产品信息，能够为消费者购买产品提供参考。借助ChatGPT的力量，用户可以获得比较全面、中肯的产品测评文案。

用户运用ChatGPT生成产品测评文案时可以采用以下指令模板进行提问。

请根据×××产品测评的多个维度，结合以下信息对产品进行测评，并生成一篇客观的产品测评文案

产品信息：×××

采用指令模板让ChatGPT生成产品测评文案的示例如下。

提问

请根据粉底液测评的维度，结合以下信息对产品进行测评，并生成一篇客观的产品测评文案：

产品信息：

Fi是××品牌推出的一款粉底液，添加了抗氧化成分、细微光学颗粒，可以达到不暗沉、遮瑕力强、长效持妆的效果

Fi粉底液分为干皮、中性皮和油皮3类，每类又细分了5个色号，共有15种色号，充分满足不同肤色、不同肤质、不同季节的女性需求

这款粉底液邀请了40名热心用户进行体验，85%的用户都反映选择合适的色号后可以轻松拥有自然无瑕的底妆效果，持妆7小时依然不会有明显暗沉和脱妆

ChatGPT

Fi粉底液产品测评

一、配方与成分

Fi粉底液以其独特的配方备受瞩目。添加了抗氧化成分和细微光学颗粒，这两者的结合为产品赋予了多重功效。抗氧化成分不仅有助于保护肌肤免受环境侵害，还为底妆提供了额外的护理。而细微光学颗粒的运用使得底妆能够在光影中展现出自然、立体的效果。这种细致入微的配方设计使得Fi粉底液在市场中脱颖而出。

二、适用肤质和色号选择

Fi粉底液的巧妙之处在于其对不同肤质的细致照顾。产品分为干皮、中性皮和油皮三大类，每类都有五个仔细挑选的色号，总计15种。这个全面的选择范围不仅可以满足不同肤色、不同肤质的需求，还为用户在不同季节的肌肤状态变化提供了灵活的解决方案。这种精细的分类设计显示了对消费者需求的深刻理解。

三、用户体验

Fi粉底液邀请了40名热心用户进行体验，这种用户参与式的市场调研是产品改进的有效途径之一。据反馈，85%的用户在选择适合自己的色号后都能轻松拥有自然无瑕的底妆效果。此外，产品还具有出色的长效持妆能力，7小时后仍然不会有明显的暗沉和脱妆。这样的用户体验结果不仅是对产品

优秀性能的肯定，也是品牌对用户需求关注的体现。

四、总结

Fi粉底液凭借其独特的配方、丰富的色号选择和良好的用户体验，成为市场上备受瞩目的产品之一。无论是从护肤功效还是妆效持久性来看，都能够满足不同肤质、不同肤色的女性用户的需求。这款产品的推出无疑为底妆品类注入了新的活力，值得广大消费者关注和尝试。

用户应尽可能地多提供一些产品信息给ChatGPT，包括详细的产品成分、专业检测凭证、用户使用情况等信息，让ChatGPT生成更加客观的测评文案。

083　生成商品海报文案的指令模板

扫码看教学视频

商品海报文案是指放置于海报上的产品宣传文字，它具有语言简练、清晰明了、醒目的特点，能够引导消费者做出购买产品的决策。在ChatGPT的帮助下，用户可以获得创作商品海报文案的灵感和参考。

用户运用ChatGPT生成商品海报文案时可以采用以下指令模板进行提问。

请结合海报文案的特征，从×××的角度出发，提供X（数量）条有关×××（产品）的海报文案

采用指令模板让ChatGPT生成商品海报文案的示例如下。

提问

请结合海报文案的特征，从情感共鸣的角度出发，提供5条有关降噪耳机的海报文案：

ChatGPT

1.“沉浸静谧，隔绝嘈杂。降噪耳机，为你打造私人音乐空间，让心灵远离喧嚣，只留下最美的音符。感受音乐，感知宁静。”

2.“在城市的喧嚣中，找寻属于自己的宁静。降噪耳机，是你进入音乐世界的通行证，也是通向心灵平静的钥匙。让音乐成为陪伴你的专属幽语，与喧嚣说再见。”

3.“生活的旋律太繁杂，让耳机带你回归内心的宁静。降噪科技，过滤掉杂音，只留下最真切的声音。让音乐成为你心灵的慰藉，为每一天增添一

份宁静。”

4.“不只是耳机，更是心灵的守护者。降噪科技，让你在音符的海洋中徜徉，摆脱外界的纷扰。感受音乐的纯粹，让心灵在旋律中得到舒缓。”

5.“降噪耳机，打破喧嚣，突破干扰。在每一个音符中，找到独属于你的宁静。让耳朵沉浸在音乐的海洋，让心灵在宁静的港湾里安放。”

084 生成电视广告文案的指令模板

扫码看教学视频

在媒体领域，电视是提供娱乐、传播信息的主要媒介之一，同时也可以起到助力产品推广的作用。在ChatGPT的帮助下，用户可以通过输入指令获得满足需求的广告文案。

用户运用ChatGPT生成电视广告文案时可以采用以下指令模板进行提问。

假设你是一位经验丰富的广告策划专员，请你提供×条关于×××（产品）的电视广告文案，要带有情境和生活画面，对受众有感染力

采用指令模板让ChatGPT生成电视广告文案的示例如下。

提问

假设你是一位经验丰富的广告策划专员，请你提供5条关于香薰蜡烛的电视广告文案，要带有情境和生活画面，对受众有感染力：

ChatGPT

1. 清新悠然：

在繁忙的都市生活中，点燃一支香薰蜡烛，仿佛踏入了一片宁静的花海。让微风拂过，香氛弥漫，舒缓疲惫的你，享受属于自己的宁静时光。

2. 家的温馨：

当夜幕降临，家的灯光点亮，一支柔和的香薰蜡烛燃起。温暖的光芒和柔和的香氛，串联起家人间的温情时刻，让每一个夜晚都充满爱的味道。

3. 沐浴阳光：

想象一个阳光明媚的早晨，窗外是翠绿的树叶，在这个美好的时刻，一支清新的香薰蜡烛被点亮。阳光透过窗户洒在地板上，空气中飘散着宜人的香气，让您每天都迎接一个新的开始。

4. 约会夜晚：

穿上心爱的服装，灯光温暖，餐桌上摆满美食。在这个浪漫的夜晚，点

亮一支芳香四溢的香薰蜡烛，让这个约会变得更加浪漫，让香氛交织成美好的回忆。

5. 工作室灵感：

走进您的工作室，创意迸发。在桌边点燃一支激发灵感的香薰蜡烛，让清新的香气填满整个空间，为您的创意工作增色不少，让每一个创作都如此美好而畅快。

085　生成网络广告文案的指令模板

扫码看教学视频

网络广告文案是指以互联网为媒介进行广告信息传播的文字内容，它主要以各种媒体平台为传播媒介，能够起到传播范围广、速度快的作用，用户可以让ChatGPT结合平台特性和网络热词来生成广告文案。

用户运用ChatGPT生成网络广告文案时可以采用以下指令模板进行提问。

请根据×××平台文案的特点，生成×条关于×××（产品）的网络广告文案，要求×××

采用指令模板让ChatGPT生成网络广告文案的示例如下。

提问

请根据抖音平台文案的特点，生成10条关于日程本的网络广告文案，要求语言风趣，多用比喻、拟人等修辞手法：

ChatGPT

1. 一本日程本，就像是你生活的船长，指挥着时间的航程，让每一天都有迷人的风景，不再迷失在时间的大海中！

2. 日程本，是你生活的导航仪，告别迷路，从容航行！让每一页都是你征服时间的壮丽冒险，不留遗憾！

3. 这本日程本就像一位默默陪伴的助手，不问得失，只为让你的生活更加有序，让时间在指尖流淌，留下美好的印记。

4. 日程本，是你的时间私人助理，每一页都是一个丰富多彩的舞台，你是主角，时间是舞台灯光，让生活更加精彩！

5. 想象一下，日程本就是你的生活导演，每天都有新的剧本，你是主演，时间是你的舞台。让生活成为一部不可思议的电影！

6. 日程本就像一位默契的舞伴，每一页都是舞步，每一天都是一场独特的舞蹈。让你的生活节奏优美而有序！

7. 这本日程本，就像是时间的画家，每一页都是一幅生动的画面，让你的生活充满艺术的味道，时光荏苒，画面永存！

8. 日程本，就像是一本魔法书，每一页都有不同的魔法咒语，让你的日子变得神奇而有趣，时间不再是简单的流逝，而是一场奇妙的冒险！

9. 这本日程本，就像是你的时间管家，每一页都是一道时间的美食，让你品尝到生活的甜蜜和酸楚，让时光成为一种享受！

10. 日程本，是你生活的诗人，每一页都是一首深情的诗篇，用文字勾勒出丰富多彩的人生画卷，让你的生命之歌永不停息！

086　生成户外广告文案的指令模板

扫码看教学视频

户外广告文案是指用于室外宣传产品、推广品牌或呼吁行动的文字内容，它通常以固定广告牌的形式呈现。用户运用ChatGPT可以获得户外广告文案的参考。

用户运用ChatGPT生成户外广告文案时可以采用以下指令模板进行提问。

请根据户外固定广告牌上的文案特点，提供×条关于×××产品的文案，要求融入创意

采用指令模板让ChatGPT生成户外广告文案的示例如下。

提问

请根据户外固定广告牌上的文案特点，提供10条关于运动耳机产品的文案，要求融入创意：

ChatGPT

1. 音律之巅：如风掠过山巅，我们的运动耳机也在音律的巅峰律动。挑战极限，感受音乐的极致，让运动成为一场律动的狂欢！

2. 跑步，不只是一场比赛：我们的运动耳机，是你跑步路上的最佳搭档。每一步都有旋律，每一刻都是音符，让你的跑步不只是一场比赛，更是一场音乐之旅。

3. 无线奔放：摆脱束缚，挥别纠缠。我们的运动耳机采用无线技术，让你在奔跑中尽情释放自己，感受自由的音律。

4. 汗水交响：运动不畏挑战，音乐不惧汗水。我们的运动耳机是你汗水的伙伴，让音符与汗水交织，创造属于你的动感交响乐。

5. 耳畔轻风：轻巧设计，如同微风拂过耳畔。我们的运动耳机不仅舒适贴耳，更是轻盈无负担，让你沐浴在音乐中感受运动的轻盈。

6. 节奏掌控，运动如行云流水：我们的运动耳机让你成为运动的指挥家，音乐的节奏在你手中，让运动如同行云流水，自如而畅快。

7. 激情重低音：不只是音乐，更是激情的释放。我们的运动耳机重低音效果极佳，让你的运动不仅是体力的挑战，更是心灵的震撼。

8. 智能同行：连接智能，运动更畅快。我们的运动耳机支持智能连接，让你在运动中享受更多智能化的便利，尽情释放激情。

9. 耳朵的运动盛宴：我们的运动耳机是耳朵的运动盛宴，用音乐为你打造最具冲击力的运动体验，让每一次运动都成为一场音乐之旅。

10. 不止于听，而是感受：我们的运动耳机不只是用来听音乐，更是用来感受音乐。闭上眼睛，倾听心跳，让音符在你的体内流淌，成为运动中不可或缺的一部分。

087　生成活动策划文案的指令模板

扫码看教学视频

活动策划文案是一种用于活动宣传的手段，能够提升活动的吸引力，推动活动顺利开展。在ChatGPT的帮助下，用户可以写出更加有创造力、针对性的活动策划文案。

用户运用ChatGPT生成活动策划文案时可以采用以下指令模板进行提问。

你是一位活动策划总监，请根据以下信息撰写一份活动宣传文案，要求：符合×××平台的文案特性，富有创意

活动信息：×××

采用指令模板让ChatGPT生成活动策划文案的示例如下。

提问

你是一位活动策划总监，请根据以下信息撰写一份活动宣传文案，要求：符合小红书平台的文案特性，富有创意：

活动信息：我们将举办一个为期3天的咖啡集市，安排了现场体验咖啡制作、各国精品咖啡品鉴、咖啡历史讲座、创意咖啡拉花比赛和咖啡商品小屋等活动，目标受众是咖啡爱好者，活动期间所有产品8.5折销售，活动时间为2024年9月5

日至9月7日，地点为会展中心。

ChatGPT

小红书独家咖啡盛典，唤醒你的味蕾！

亲爱的咖啡探险家们，

夏末的清晨，我们邀请你一同踏上一场咖啡之旅，探索咖啡的无限魅力！小红书独家呈现——《咖啡星光集市》！

活动时间：2024年9月5日至9月7日

活动地点：会展中心

活动亮点：

—现场体验咖啡制作

在这里，咖啡不再是简单的饮料，而是一场奇妙的化学实验！与热情的咖啡师一起，挑战你的味蕾底线，亲手制作属于自己的专属咖啡！

—各国精品咖啡品鉴

一杯咖啡，一趟世界之旅！我们精选全球顶级咖啡豆，带你领略不同国度的风情，用舌尖感受每一种独特滋味。

—咖啡历史讲座

沉浸在咖啡的故事中，了解咖啡的发源地、演变历程，感受历史的沉淀，让咖啡不仅止于口腔，更成为心灵的一种回味。

—创意咖啡拉花比赛

艺术与咖啡的完美融合！现场咖啡拉花大赛，每一杯都是一幅独一无二的画作。谁能在咖啡的海洋中展现出最令人惊艳的花样，成为明日之星？

—咖啡商品小屋

无论你是咖啡新手还是老饕，这里都有属于你的咖啡宝藏！活动期间，所有产品8.5折优惠，让你的咖啡之旅更具实惠。

让我们在《咖啡星光集市》中，共醉一杯，留下咖啡香气的记忆。不见不散，咖啡等你来撩！

088　生成品牌宣传文案的指令模板

扫码看教学视频

品牌宣传文案包含品牌文化、品牌优势、产品特征等内容，是品牌营销的有力途径，有助于提升品牌的影响力和知名度。一篇出色的品牌宣传文案可以深入人心，吸引目标受众的好感和欢声，借助

ChatGPT的力量，用户可以快速撰写出优质的品牌宣传文案。

用户运用ChatGPT生成品牌宣传文案时可以采用以下指令模板进行提问。

×××是一个×××（品牌介绍）的品牌，请根据品牌定位和目标受众，为该品牌撰写一篇有创意的宣传文案

采用指令模板让ChatGPT生成品牌宣传文案的示例如下。

提问

Z是一个专注于珍珠首饰设计的品牌，请根据品牌定位和目标受众，为该品牌撰写一篇有创意的宣传文案：

ChatGPT

标题：闪耀之美，Z品味珍珠新境界

在时间的雕刻中，珍珠从深邃的海底孕育而生，成就了它千变万化的绚烂光辉。在这片深邃的宇宙中，有一个品牌，一如那颗耀眼的珍珠，用独特的设计语言演绎着属于自己的华美传说——那就是Z。

—Z，不仅仅是珠宝，更是一场奢华的仪式。

每一颗Z的珍珠都是一场令人陶醉的舞蹈，是时间和自然的结晶。我们将珍珠的灵性与设计的智慧完美融合，为您呈现出一件件令人心醉神迷的艺术品。

—Z，感受生活，感悟珍珠的深邃之美。

我们深信，珍珠不仅仅是一种首饰，更是一种生活的态度。在这个喧嚣的世界里，Z为您带来了一片属于您自己的宁静海洋，让您在每一刻都感受到深邃之美。因为我们知道，只有真正懂得感悟生活的人，才能体验到珍珠的深层魅力。

—Z，点亮您生活的每一个瞬间。

无论是璀璨的社交场合还是宁静的个人时光，Z的珍珠首饰都能为您的生活增添一份独特的光彩。让每一个瞬间都成为永恒，让每一次绽放都是独一无二的辉煌。

—Z，珍珠之美，时光之舞。

在这个瞬息万变的世界中，Z品牌用珍珠之美为您编织出一场属于自己的时光之舞。让我们一同穿越时光的洪流，感受珍珠的灵动与生命的美好。因为，Z，不仅仅是一种珠宝，更是一场关于美的永恒故事。

089　生成品牌故事的指令模板

扫码看教学视频

品牌故事是一种与受众进行情感连接的品牌营销手段。一个引人入胜的品牌故事能够增加受众的信任，提高受众对品牌的忠实度。编写品牌故事需要结合品牌的特性和受众的需求，并非是一件容易的事，但在ChatGPT的帮助下，用户可以快速梳理出品牌信息，连接受众需求，并用合适的文字进行表达。

用户运用ChatGPT生成品牌故事时可以采用以下指令模板进行提问。

请根据下面提供的品牌信息，并结合目标受众编写一个品牌故事，要有完整的故事线，能够吸引目标受众的兴趣

品牌信息：×××

采用指令模板让ChatGPT生成品牌故事的示例如下。

提问

请根据下面提供的品牌信息，并结合目标受众编写一个品牌故事，要有完整的故事线和感染力，能够吸引目标受众的兴趣：

品牌信息：Y品牌的业务是小众银饰设计，意图用银饰来传达独一无二的理念，鼓励每个人都勇敢地追求个性。

ChatGPT

故事开始于一个遥远的小镇，那里沐浴在银色的阳光中，每个角落都弥漫着别致的艺术氛围。在这个安静而神秘的地方，Y品牌诞生了，如同一颗耀眼的银星，闪耀着独一无二的光芒。

故事的主人公是一位年轻而充满激情的设计师，她深深迷恋银饰的质感和历史，坚信每一块银饰都有着属于自己的故事。于是，她决定创建Y品牌，致力于打破传统的束缚，用小众银饰设计来传达一种独一无二的理念。

Y品牌的每一件设计都是灵感的结晶，是设计师对生活、对勇敢追求个性的独到解读。从最初的概念到手工打造，每一步都蕴含着无尽的热忱和匠心。这些银饰不仅仅是一件配饰，更是一种表达个性、追求独一无二生活态度的象征。

品牌的理念源于对生命的热爱，鼓励每个人都勇敢地追求自己的独特之处。在Y品牌的设计中，每一款银饰都仿佛是一首个性的交响乐，用独特的旋律诉说着属于每个人的故事。这不仅仅是一种装饰，更是一种对自我表达

的呐喊。

故事中的Y品牌成为小镇的骄傲，也渐渐传遍了更远的地方。人们从各地走进Y品牌的店铺，被那些独特而精致的银饰深深吸引。每一件作品都像是一场冒险的开始，让人不由自主地沉浸在自己独特的世界里。

Y品牌的故事激发了人们对个性的追求，让他们看到生活中无限可能的美好。品牌的银饰不仅仅是一种饰品，更是一种对生活的独特态度的体现。在这个独一无二的银色世界里，每个人都可以找到属于自己的光芒。

于是，Y品牌成为一个传递勇气、激发激情的象征。无论你是追逐梦想的年轻人，还是过上了平凡生活的中年人，Y品牌都鼓励你敢于做自己，勇敢地展现独特的个性。这个小众银饰设计品牌的故事，就如同一首动人的乐曲，吸引着那些渴望在银色世界里找到自己光芒的人们，让Y品牌成为了一个独一无二、令人陶醉的生活陪伴。

第 10 章
12 类办公文案指令模板，轻松搞定工作

本章要点：

通过深度学习和大规模的语言训练，无论是文本处理、函数运算还是公文写作，ChatGPT 都能够生成符合专业标准的文案，为用户提供高效、准确的办公文案处理体验，从而帮助用户提高办公效率。

090　进行文本内容分析的指令模板

扫码看教学视频

ChatGPT具备自然语言处理和理解的能力，能够帮助用户发现文本中的关键信息，并提供有关内容的分析和见解。使用ChatGPT对内容进行分析可以帮助用户深入挖掘文本的含义和主题，并对其中的趋势和模式进行识别。

用户运用ChatGPT进行文本内容分析时可以采用以下指令模板进行提问。

对下文中的主题和主要论点进行分析：

×××（文本内容）

采用指令模板让ChatGPT进行文本内容分析的操作方法如下。

步骤 01 打开一个 Word 文档，选择需要分析的文本，在文本上单击鼠标右键，在弹出的快捷菜单中选择“复制”命令，如图 10-1 所示，将其复制一份。

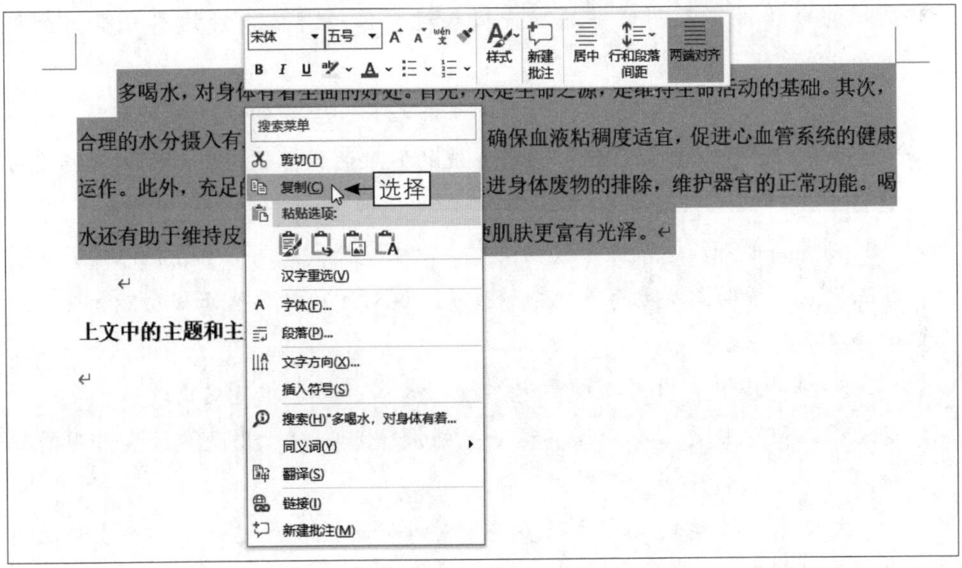

图 10-1　选择“复制”命令

步骤 02 在 ChatGPT 中输入指令，按【Shift+Enter】组合键换行，并按【Ctrl+V】组合键粘贴复制的文本，按【Enter】键发送，ChatGPT 即可对文本内容进行分析处理，相关指令和回复内容如下。

提问

对下文中的主题和主要论点进行分析：

多喝水，对身体有着全面的好处。首先，水是生命之源，是维持生命活动的基础。其次，合理的水分摄入有助于维持身体的水分平衡，确保血液黏稠度适宜，促进心血管系统的健康运作。此外，充足的水分能提高新陈代谢，促进身体废物的排除，维护器官的正常功能。喝水还有助于维持皮肤弹性，减缓衰老过程，使肌肤更富有光泽。

ChatGPT

这段文字的主题是“多喝水对身体的全面好处”，而主要论点包括以下几个方面：

1. 水是生命之源，是维持生命活动的基础：这一论点强调水在生命过程中的关键作用，指出水是维持生命活动的基础，暗示了其在健康中的不可或缺性。

2. 合理的水分摄入有助于维持身体的水分平衡：这一论点强调水分摄入的合理性，表明适量的水分摄入对于维持身体内外的水分平衡至关重要。

3. 促进心血管系统的健康运作：文中指出，合理的水分摄入有助于确保血液黏稠度适宜，进而促进心血管系统的健康运作，这是与心脏健康相关的重要观点。

4. 提高新陈代谢，促进废物排出：论述中提到充足的水分摄入能够提高新陈代谢，帮助身体更有效地排除废物，这对于维持器官正常功能和身体整体健康至关重要。

5. 维持皮肤弹性，减缓衰老过程：喝水有助于维持皮肤弹性，减缓衰老过程，使肌肤更富有光泽。这一点强调了水分对于皮肤健康和外观的积极影响。

总体来说，这段文字主张多喝水对身体有益，通过介绍水在生命活动中的基础作用、维持水分平衡、促进心血管系统健康、提高新陈代谢、维护器官功能和保持皮肤健康等方面的好处，强调了多喝水对全面健康的积极影响。

步骤03 全选 ChatGPT 回复的内容，在内容上单击鼠标右键，在弹出的快捷菜单中选择“复制”命令，将其复制一份，在 Word 中的合适位置单击鼠标右键，弹出快捷菜单，在“粘贴选项：”下方单击“合并格式”按钮，如图 10-2 所示。

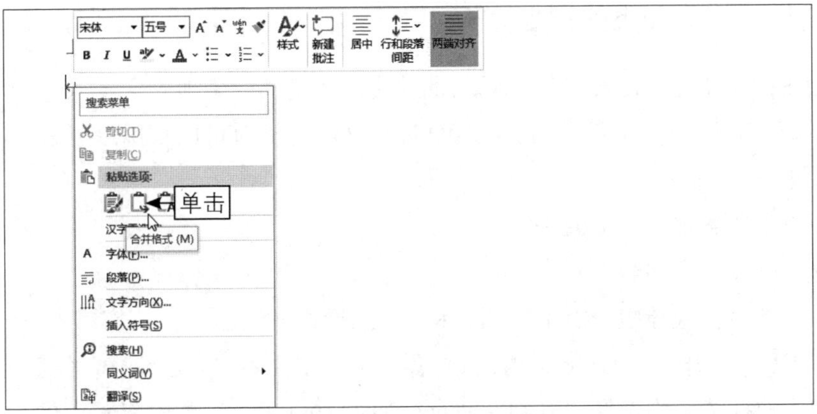

图 10-2　单击“合并格式”按钮

步骤 04 执行操作后，即可将 ChatGPT 回复的内容粘贴至 Word 中的合适位置，如图 10-3 所示。

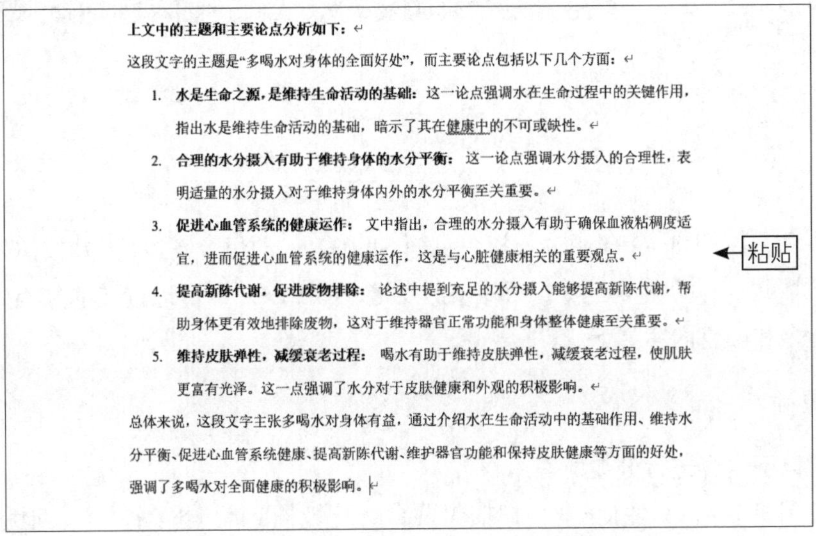

上文中的主题和主要论点分析如下：

这段文字的主题是“多喝水对身体的全面好处”，而主要论点包括以下几个方面：

1. **水是生命之源，是维持生命活动的基础：** 这一论点强调水在生命过程中的关键作用，指出水是维持生命活动的基础，暗示了其在健康中的不可或缺性。
2. **合理的水分摄入有助于维持身体的水分平衡：** 这一论点强调水分摄入的合理性，表明适量的水分摄入对于维持身体内外的水分平衡至关重要。
3. **促进心血管系统的健康运作：** 文中指出，合理的水分摄入有助于确保血液粘稠度适宜，进而促进心血管系统的健康运作，这是与心脏健康相关的重要观点。
4. **提高新陈代谢，促进废物排除：** 论述中提到充足的水分摄入能够提高新陈代谢，帮助身体更有效地排除废物，这对于维持器官正常功能和身体整体健康至关重要。
5. **维持皮肤弹性，减缓衰老过程：** 喝水有助于维持皮肤弹性，减缓衰老过程，使肌肤更富有光泽。这一点强调了水分对于皮肤健康和外观的积极影响。

总体来说，这段文字主张多喝水对身体有益，通过介绍水在生命活动中的基础作用、维持水分平衡、促进心血管系统健康、提高新陈代谢、维护器官功能和保持皮肤健康等方面的好处，强调了多喝水对全面健康的积极影响。

图 10-3　在 Word 中粘贴 ChatGPT 回复的内容

★ 专 家 提 醒 ★

在“粘贴选项：”下方单击“保留源格式”按钮，粘贴的文本会保留在 ChatGPT 中的格式，单击“合并格式”按钮，粘贴的文本会兼具 ChatGPT 和 Word 中的部分格式，单击“只保留文本”按钮，粘贴的文本不会保留任何格式，用户可以根据自己的需求进行选择。

需要注意的是，如果用户在 ChatGPT 中是通过单击复制按钮对回复内容进行的复制，那么在 Word 中进行粘贴时，“粘贴选项：”下方只会出现“只保留文本”按钮，并且粘贴的文本中可能会出现 * 号。

091 进行文本分类的指令模板

扫码看教学视频

使用ChatGPT进行文本分类可以帮助用户快速而准确地对文本内容进行归类和整理，用户运用ChatGPT进行文本分类时可以采用以下指令模板进行提问。

对以下内容进行分类处理：

×××（文本内容）

采用指令模板让ChatGPT进行文本分类的操作方法如下。

步骤 01 打开一个 Word 文档，选择需要分类的文本，在文本上单击鼠标右键，在弹出的快捷菜单中选择“复制”命令，如图 10-4 所示，将其复制一份。

图 10-4 选择“复制”命令

步骤 02 在 ChatGPT 中输入指令，按【Shift+Enter】组合键换行，并按【Ctrl+V】组合键粘贴复制的文本，按【Enter】键发送，ChatGPT 即可进行文本分类处理，相关指令和回复内容如下。

提问

对以下内容进行分类处理：

订书机5台、文件柜6个、扫描仪两台、垃圾桶8个、电子钟5个、地毯6块、空气清新剂9盒、咖啡机3台、陶瓷花瓶6个、饮水机3台、鼠标11个、桌垫7块、拖把4个、水壶3个、扫地机器人1台

ChatGPT

可以将提供的物品进行分类如下：

1. 办公设备：
- 订书机5台
- 扫描仪两台
- 电子钟5个
- 咖啡机3台
- 饮水机3台

- 鼠标11个
- 扫地机器人1台

2. 办公家具：
- 文件柜6个
- 地毯6块
- 桌垫7块

3. 办公用品：
- 垃圾桶8个
- 空气清新剂9盒
- 陶瓷花瓶6个
- 水壶3个
- 拖把4个

步骤 03 复制分类后的文本，在 Word 中删除相应文本，将分类后的文本进行粘贴，效果如图 10-5 所示。

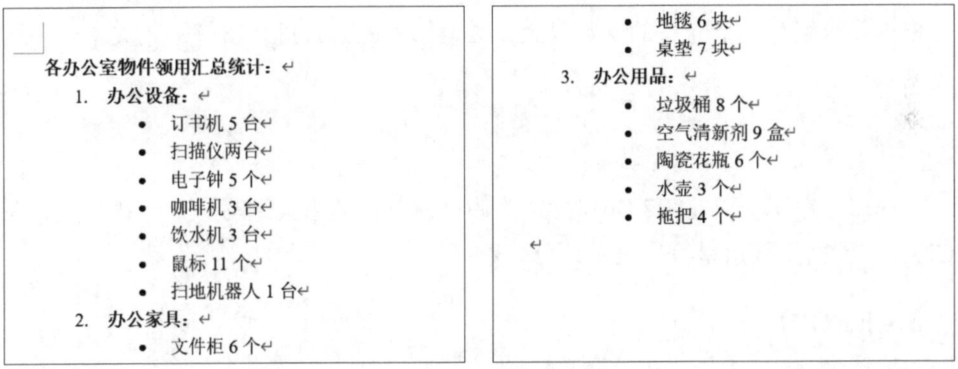

各办公室物件领用汇总统计：

1. **办公设备：**
   - 订书机 5 台
   - 扫描仪两台
   - 电子钟 5 个
   - 咖啡机 3 台
   - 饮水机 3 台
   - 鼠标 11 个
   - 扫地机器人 1 台
2. **办公家具：**
   - 文件柜 6 个
   - 地毯 6 块
   - 桌垫 7 块
3. **办公用品：**
   - 垃圾桶 8 个
   - 空气清新剂 9 盒
   - 陶瓷花瓶 6 个
   - 水壶 3 个
   - 拖把 4 个

图 10-5　在 Word 中粘贴分类后的文本效果

092　编写函数公式的指令模板

当用户需要在Excel工作表中编写函数公式时，可以将自己的需求告知ChatGPT，让它帮忙编写一个完整的函数公式。

扫码看教学视频

用户运用ChatGPT编写函数公式时可以采用以下指令模板进行提问。

在Excel工作表中，×××（工作表的大概情况），请帮我编写一个函数公式，×××（目的）

采用指令模板让ChatGPT编写函数公式的操作方法如下。

步骤 01 打开一个 Excel 工作表，如图 10-6 所示，其中 B2:B6 单元格为店铺评分，需要在 C2:C6 单元格用五角星符号表示评分分数。

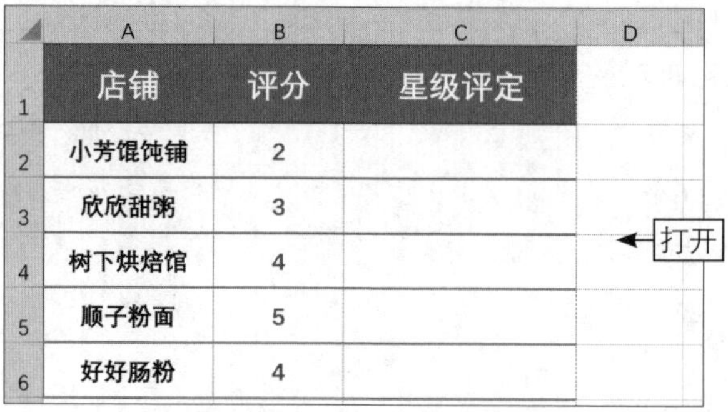

图 10-6　打开一个 Excel 工作表

步骤 02 在 ChatGPT 的输入框中输入指令，按【Enter】键发送，ChatGPT 即可根据要求编写一个完整的函数公式，并对编写的公式进行讲解，相关指令和回复内容如下。

提问

在Excel工作表中，B2:B6单元格为店铺评分，请帮我编写一个函数公式，在C2:C6单元格用五角星符号表示评分分数：

ChatGPT

在Excel中，您可以使用IF函数和REPT函数来实现这个目标。假设评分范围是1到5，您可以在C2单元格中输入以下公式：

=REPT(“★”,B2)

然后将此公式拖动或复制到C3:C6单元格中。这将根据B2:B6单元格中的评分，在C2:C6单元格中显示相应数量的五角星符号。

请注意，上述公式中使用的是“★”字符，您可以根据需要选择其他符号。如果您想要使用其他符号，只需将公式中的“★”替换为所需的符号即可。

步骤 03 选择编写的函数公式，单击鼠标右键，在弹出的快捷菜单中选择“复制”命令，将其复制一份，返回 Excel 工作表，选择 C2 单元格，在编辑栏中粘贴复制的公式，按【Enter】键确认，即可用五角星表示星级评定，效果如图 10-7 所示。

步骤 04 选择 C2:C6 单元格区域，在编辑栏中单击鼠标左键，按【Ctrl+Enter】组合键，即可填充公式，批量用五角星表示星级评定，效果如图 10-8 所示。

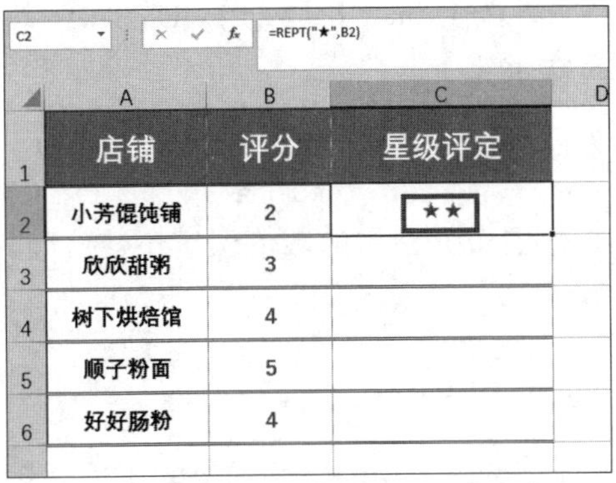

图 10-7　用五角星表示星级评定的效果

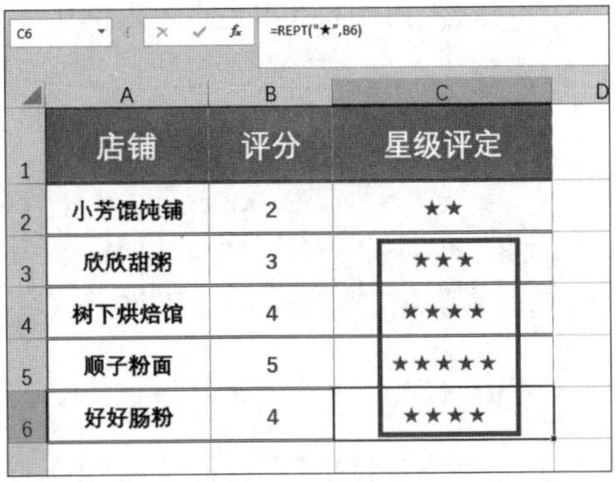

图 10-8　批量用五角星表示星级评定的效果

093　检查并完善函数公式的指令模板

扫码看教学视频

在Excel工作表中，当用户发现编写的函数公式无法进行计算或者计算错误时，可以使用ChatGPT帮忙检查公式的正确性并完善公式。

用户运用ChatGPT检查并完善函数公式时可以采用以下指令模板进行提问。

在Excel工作表中，需要×××（目的），请帮我检查公式的正确性并完善此公式：×××（公式）

采用指令模板让ChatGPT检查并完善函数公式的操作方法如下。

步骤 01 打开一个 Excel 工作表，在 B2 单元格中输入公式：=ROUND(A2)，如图 10-9 所示。

步骤 02 按【Enter】键确认，弹出信息提示框，如图 10-10 所示，单击“确定”按钮，将其关闭，并删除输入的公式。

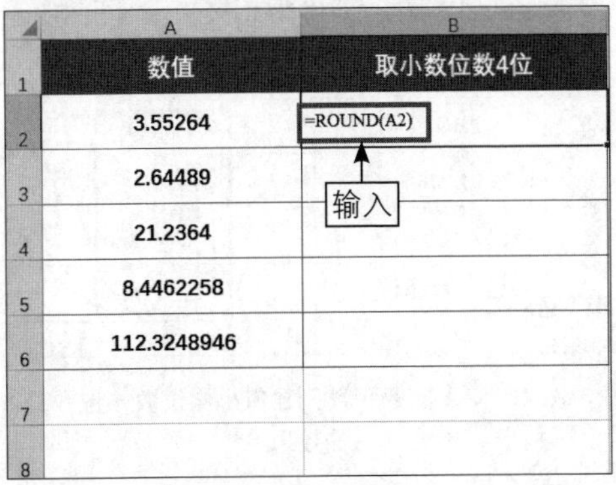

图 10-9　输入公式

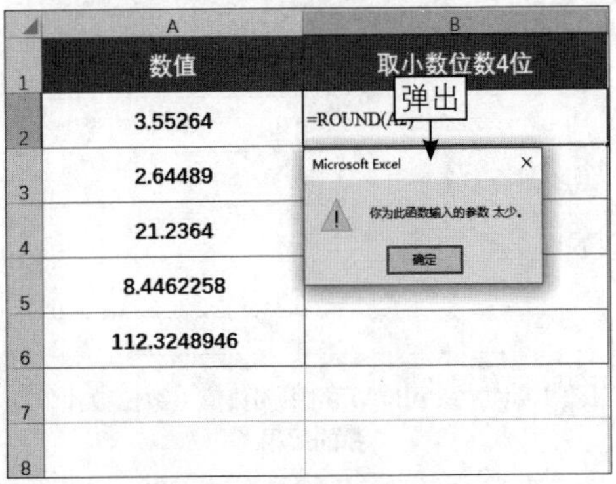

图 10-10　弹出信息提示框

步骤 03 在 ChatGPT 的输入框中输入指令，按【Enter】键发送，ChatGPT 即可检查公式并进行完善，相关指令和回复内容如下。

提问

在Excel工作表中，需要在B2单元格中对A2单元格中的数值保留小数位数4位数，请帮我检查公式的正确性并完善此公式：=ROUND(A2)

ChatGPT

你可以使用Excel中的ROUND函数来实现这个目标。你的公式中已经包含了ROUND函数，但是你可以将其修改为以下形式，以确保保留小数点后4位数：

=ROUND(A2,4)

这个公式将对A2单元格中的数值进行四舍五入，并将结果保留到小数点后4位数。你可以将这个公式输入到B2单元格中，然后按Enter键来应用它。

步骤 04 复制编写的函数公式，返回 Excel 工作表，选择 B2 单元格，在编辑栏中粘贴复制的公式，按【Enter】键确认，即可取 A2 单元格中的数值小数位数 4 位数，效果如图 10-11 所示。

步骤 05 将鼠标移至 B2 单元格的右下角，按住鼠标左键并向下拖曳至 B6 单元格，即可填充公式，批量取 A 列数值小数位数 4 位数，效果如图 10-12 所示。

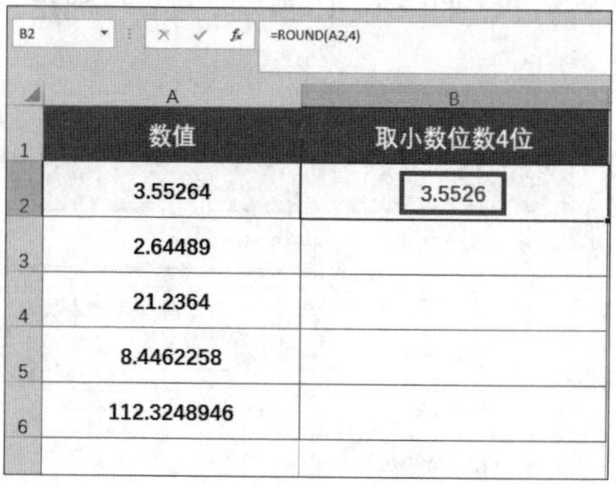

图 10-11　取 A2 单元格中的数值小数位数 4 位数的效果

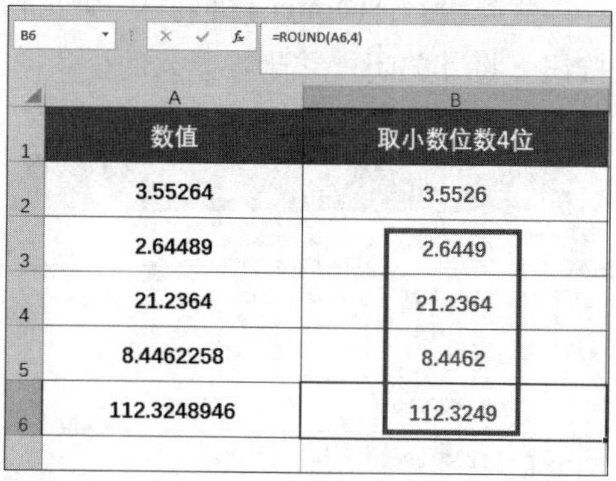

图 10-12　批量取 A 列数值小数位数 4 位数的效果

094　生成PPT内容的指令模板

扫码看教学视频

ChatGPT具备丰富的信息储备和强大的创造力，用户可以通过ChatGPT生成PPT（PowerPoint，演示文稿）主题、封面页、大标题和副标题、目录大纲，以及指定的内容页数等，形成完整的PPT，协助完成PPT的制作。

用户运用ChatGPT生成PPT内容时可以采用以下指令模板进行提问。

我需要制作一个X节的PPT，主题为×××，请生成×××（封面标题、副标题、目录大纲）

采用指令模板让ChatGPT生成PPT内容的示例如下。

提问

我需要制作一个5节的PPT，主题为身体保湿喷雾产品的市场分析，请生成目录大纲：

ChatGPT

当你制作关于身体保湿喷雾产品市场分析的5节PPT时，可以考虑以下目录大纲：

第一节：引言
- 介绍PPT的目的和重要性
- 概述身体保湿喷雾产品的市场趋势
- 引入分析的关键要素，如消费者需求、竞争格局等

第二节：市场规模和趋势
- 分析全球和国内身体保湿喷雾产品的市场规模
- 介绍市场的增长趋势和预测
- 引用相关统计数据和趋势图表支持分析

第三节：消费者行为和需求
- 调查消费者对身体保湿喷雾产品的偏好和需求
- 分析不同消费群体的行为模式
- 引入市场调研数据和用户反馈

第四节：竞争分析
- 介绍主要竞争对手和其产品线
- 分析竞争对手的市场份额和策略
- 评估产品的差异化和竞争优势

第五节：未来发展趋势和建议
- 展望身体保湿喷雾产品市场的未来发展趋势
- 提供建议和战略，以适应市场变化
- 总结关键发现，强调业务应该关注的关键因素

通过这个目录大纲，你可以系统性地展示身体保湿喷雾产品市场的关键方面，使观众能够全面了解市场状况和未来趋势。在每一节中，使用图表、统计数据和实例来支持你的分析。

095 生成招聘启事的指令模板

对于有招聘需求的用户来说，招聘启事是广纳人才的有效途径。通过招聘启事上的信息，用户可以找到针对性的人才，人们也可以有针对性地找到满意的工作。在ChatGPT的帮助下，用户可以轻松获得特定岗位的招聘启事。

扫码看教学视频

用户运用ChatGPT生成招聘启事时可以采用以下指令模板进行提问。

×××公司主营×××（服务类型）业务，为了×××（招聘原因），急需招聘X名×××（招聘岗位）人员，请结合×××人员的技能，帮×××公司写一份招聘启事

采用指令模板让ChatGPT生成招聘启事的示例如下。

提问

D公司主营多肉植物销售业务，为了更好地培育多肉植物，急需招聘3名植物繁殖人员，请结合植物繁殖人员的技能，帮D公司写一份招聘启事：

ChatGPT

招聘启事

职位：植物繁殖人员

公司简介：

D公司是一家专注于多肉植物销售的公司，我们致力于为客户提供健康、美丽的多肉植物，满足他们对绿色生活的向往。为了更好地培育和繁殖多肉植物，我们急需招聘植物繁殖人员，希望您能加入我们的团队，共同创造美好的植物世界。

职位描述：

作为植物繁殖人员，您将负责以下任务：

1. 繁殖计划制定：制定并执行多肉植物繁殖计划，确保生产过程的高效性和可持续性。

2. 种子播种和育苗：进行多肉植物的种子播种、育苗工作，保证幼苗的生长和发育。

3. 繁殖技术研究：持续关注植物繁殖领域的最新技术和科研成果，不断提高多肉植物繁殖的技术水平。

4. 病虫害防治：负责多肉植物繁殖过程中的病虫害防治工作，确保植物健康成长。

5. 团队协作：与其他团队成员密切合作，共同完成公司的繁殖目标。

任职要求：

1. 具备相关植物学或园艺专业背景，本科及以上学历者优先。

2. 对多肉植物繁殖有较为深入的了解，具备实际操作经验者优先考虑。

3. 具备良好的团队协作能力和沟通能力。

4. 对植物繁殖领域的新技术和研究有强烈的兴趣。

5. 有责任心、细心，能够承担一定的工作压力。

福利待遇：

1. 公司提供良好的工作环境和团队氛围。

2. 提供相关培训和发展机会，帮助员工不断提升技能。

3. 薪酬福利优厚，绩效奖金丰厚。

4. 提供员工购买多肉植物的优惠福利。

申请方式：

请将个人简历、相关证书及一封个人求职信发送至公司人力资源部邮箱：xx@xxxx.com，邮件主题请注明“植物繁殖人员申请 - 姓名”。

我们期待着您的加入，与您一同在多肉植物的世界中创造美好！

在ChatGPT生成招聘启事后，用户还可以将自身公司的情况和对招聘人员的要求提供给ChatGPT，让ChatGPT生成更有针对性、可行性的招聘启事。

096 生成培训手册的指令模板

扫码看教学视频

大多数企业作为一个团体组织，都有自己的企业文化、发展规划、行事准则等，以确保企业能够稳定、持久地发展下去。因此，企业会以培训手册的形式对员工进行培训，传递企业文化和行事规则等，鼓舞员工的工作积极性。运用ChatGPT，企业能够获得比较全面、有针对性的培训手册。

用户运用ChatGPT生成培训手册时可以采用以下指令模板进行提问。

请你充当企业的人力资源部门经理，根据×××（企业的经营类型）公司的岗位职责、项目特征、战略目标等生成一份员工培训手册

采用指令模板让ChatGPT生成培训手册的示例如下。

提问

请你充当企业的人力资源部门经理，根据鲜花批发公司的岗位职责、项目特征、战略目标等生成一份员工培训手册：

ChatGPT

鲜花批发公司员工培训手册

岗位职责概述

1. 职位：销售代表

- 职责：负责与客户沟通，了解其需求，推荐适当的鲜花产品。建立并

维护客户关系，实现销售目标。

- 培训重点：销售技巧、产品知识、客户服务和团队合作。

2. 职位：采购专员

- 职责：负责寻找优质供应商，确保产品质量和供应链的稳定。制订采购计划，控制库存水平。

- 培训重点：供应链管理、谈判技巧、市场分析和采购流程。

项目特征和战略目标

- 特征：市场需求波动大，季节性强，对产品质量有较高要求。

- 目标：提高销售团队的客户满意度，确保采购团队的高效运作，保持市场竞争力。

公司文化和价值观培训

- 文化：崇尚创新、团队协作，注重客户体验。

- 培训内容：公司历史、核心价值观、团队建设和个人责任感。

员工福利和健康管理

- 福利：弹性工作时间、培训津贴、员工优惠等。

- 健康：定期健康体检、员工健康促进活动。

培训方法

- 在线培训：利用虚拟平台进行销售技能培训和产品知识更新。

- 实地培训：针对采购团队进行供应链实践操作。

评估和反馈机制

- 定期评估：制定KPI并定期评估员工表现，提供个性化反馈和职业发展建议。

- 员工反馈：鼓励员工提出改进建议，建立开放的沟通渠道。

总结

这份培训手册旨在确保员工在鲜花批发公司充分了解其岗位职责、公司文化和价值观，通过专业培训提高工作效率，实现公司项目的特征和战略目标。公司致力于为员工提供良好的工作环境、福利和发展机会，以共同追求卓越和成功。

以上示例是在未提供企业信息的情形下获得的培训手册，实际上，每个企业都有各自独特的文化价值、战略目标与岗位要求，因此用户在正式提问时，可以在指令中加入企业信息，从而让ChatGPT生成实际有效的培训手册。

097 生成工作总结的指令模板

扫码看教学视频

在工作场景中，工作总结发挥着评估团队和个人工作情况、提高团队的工作质量和个人的工作能力的作用，同时，还能够指导未来的工作。撰写工作总结往往在技巧上没有难度，但需要耗费大量的时间和精力，也十分考验人的总结能力和分析能力。此时，运用ChatGPT可以帮助用户快速梳理工作，从而提高撰写工作总结的效率。

用户运用ChatGPT生成工作总结时可以采用以下指令模板进行提问。

请根据以下内容帮我写一份“×××（主题）”的工作总结

×××（工作内容）

采用指令模板让ChatGPT生成工作总结的示例如下。

提问

请根据以下内容帮我写一份“3～4月试用期”的工作总结：

1、工作进展：

3月，学习小红书账号的运营技巧，入门小红书账号运营的软件操作，熟练掌握了醒图、Photoshop、剪映、达芬奇等软件的运用，可以独立制作图文内容和视频

4月，独立运营公司的小红书账号，每日更新3篇图文笔记和一篇视频笔记，每篇笔记的点赞数据均超过5000

2、未来工作目标：

继续结合目标受众，提高小红书账号笔记的阅读量、点赞量等数据；深入学习品牌宣传笔记的创作，协助品牌推广；加强团队协助、交流与沟通

ChatGPT

3～4月试用期工作总结：

在试用期间，我在小红书账号运营方面取得了显著的进展。在3月份，我投入时间学习小红书账号的运营技巧，并熟练掌握了相关软件的使用，包括醒图、Photoshop、剪映、达芬奇等。通过系统的学习，我已经能够独立制作图文内容和视频，为后续的工作打下了坚实的基础。

到了4月份，我成功地独立运营公司的小红书账号。每日坚持更新3篇图文笔记和一篇视频笔记，并且我非常高兴地看到，每篇笔记的点赞数据都超过了5000，这充分证明了我的努力和学习成果。这也是对我在这个岗位上的适应能力和执行力的一次肯定。

在未来的工作中，我将继续努力提高小红书账号笔记的阅读量、点赞量等数据，更加深入地学习品牌宣传笔记的创作，以便更好地协助品牌推广。我计划结合目标受众的需求，精心制作更具吸引力和影响力的内容，不断提升小红书账号的影响力和知名度。

同时，我认识到团队协作和沟通的重要性。为了更好地达成团队目标，我将加强与同事的交流，主动寻求合作机会，并愿意分享我的经验和见解。通过团队的共同努力，我相信我们能够取得更好的业绩。

总的来说，这个试用期对我来说是一个充实而有意义的阶段。我将继续保持学习的状态，全身心投入工作中，为公司的发展贡献自己的力量。感谢公司对我的支持和信任，我期待着在未来能够取得更进一步的成就。

098　生成电子邮件的指令模板

扫码看教学视频

电子邮件是工作中常见的沟通工具之一，借助电子邮件，用户可以完成信息传递、向上级报告项目进展、与客户进行交流等工作。为了更快地完成电子邮件的写作，用户可以向ChatGPT说明电子邮件的主题和对象，让ChatGPT根据需求描述进行生成。

用户运用ChatGPT生成电子邮件时可以采用以下指令模板进行提问。

请根据以下信息帮我写一封电子邮件，要求格式准确、条理清晰、要点突出

主题：×××

收件人：×××

内容：×××

发件人：×××

日期：××××年××月××日

采用指令模板让ChatGPT生成电子邮件的示例如下。

提问

请根据以下信息帮我写一封电子邮件，要求格式准确、条理清晰、要点突出：

主题：公司新品介绍和优惠

收件人：K客户

内容：公司近期推出了新款迷你打印机，小巧轻便，方便随身携带，可以适配多种材质的纸张，并且搭配外置墨囊可以打印出彩色效果，在2025年7月21日前订购可以享受老客户的独家优惠，买一台立减40元，买三台送一盒外置墨囊

发件人：X公司销售经理 Tom

日期：2025年6月24日

ChatGPT

主题：公司新品介绍和独家优惠

亲爱的K客户，

希望您身体健康，事业蒸蒸日上！我是X公司销售经理Tom，很高兴通过这封邮件与您分享我们近期推出的一款令人兴奋的新产品——迷你打印机。

新款迷你打印机的特点如下：

1. 小巧轻便：设计紧凑，方便随身携带，让您随时随地满足打印需求。

2. 多材质适配：支持多种材质的纸张，确保您能够选择最适合您需求的打印材料。

3. 彩色效果：搭配外置墨囊，可以轻松打印出引人注目的彩色效果，使您的文档更加生动。

为了感谢您一直以来的支持，我们推出了一项独家优惠活动。如果您在2025年7月21日前订购新款迷你打印机，将享受以下优惠：

- 购买一台，立减40元；
- 购买三台，额外赠送一盒外置墨囊。

这是我们为老客户定制的一份特别福利，希望能够为您提供更愉快的购物体验。

如果您对新产品有任何疑问或需要更多信息，随时回复本邮件或直接联系我。我们期待能够为您提供最优质的产品和服务。

感谢您对X公司的一如既往的支持！

祝好，

Tom

X公司销售经理

日期：2025年6月24日

099　生成通知的指令模板

扫码看教学视频

通知是一种企业、事业单位用于发布信息、传达资讯的文体，发挥着传递信息、传达决策的作用。在ChatGPT的帮助下，用户可以提高撰写通知的效率、准确性和全面性，从而让通知有效地发挥它的作用。

用户运用ChatGPT生成通知时可以采用以下指令模板进行提问。

请根据以下内容写一则通知，要求格式规范、条理清晰、重点突出

×××

采用指令模板让ChatGPT生成通知的示例如下。

提问

请根据以下内容写一则通知，要求格式规范、条理清晰、重点突出：

L公司将于2025年4月15日至4月17日进行时长为3天的员工培训，第一天为公司制度培训，第二天为各部门核心技能培训，第三天为公司制度考核，培训地点在公司5楼，全体职员都需要参与，通知时间为2025年4月11日。

ChatGPT

L公司员工培训通知

尊敬的L公司全体员工：

为提升公司整体素质和各部门核心技能，L公司决定于2025年4月15日至4月17日开展为期3天的员工培训。详细信息如下：

培训日期：2025年4月15日至4月17日

培训内容：

1. 第一天（4月15日）：公司制度培训

- 介绍公司核心价值观和制度

- 着重解释各项规章制度

- 强调员工应遵守的基本准则

2. 第二天（4月16日）：各部门核心技能培训

- 针对各部门进行核心技能培训

- 提高员工专业水平

- 促进团队协作和业务高效运作

3. 第三天（4月17日）：公司制度考核

- 确保员工对公司制度的理解和掌握

- 进行相关考核测试

- 检验培训效果，为公司发展提供有力保障

培训地点：公司总部，位于5楼培训室

参与对象：全体公司职员，包括各部门经理和员工

请各位员工提前安排好工作，确保按时参与培训。培训过程中请积极参与互动，提出问题，促进交流。此次培训旨在提高公司整体综合素质，希望大家共同努力，共同进步。

谢谢各位的支持与配合！

祝工作顺利，培训取得圆满成功！

L公司人力资源部 敬上

日期：2025年4月11日

100　生成会议纪要的指令模板

扫码看教学视频

会议纪要是会议的记录和凭证，一份好的会议纪要需要清晰、准确地记录会议内容，并为用户提供给指导。一般而言，撰写会议纪要需要遵循一定的标准，按照统一的格式进行撰写，借助ChatGPT的力量，可以帮助用户更快、更好地完成会议纪要的撰写。

用户运用ChatGPT生成会议纪要时可以采用以下指令模板进行提问。

假设你是一名会议记录员，请根据以下信息写一篇会议纪要，要求结构清晰、要素齐全。

会议内容：×××

采用指令模板让ChatGPT生成会议纪要的示例如下。

提问

假设你是一名会议记录员，请根据以下信息写一篇会议纪要，要求结构清晰、要素齐全：

会议内容：

会议议题：就提高工作效率提出建议

参会人员：齐总、许总监、程主管、员工A、员工B

会议发言：

1、齐总介绍会议的目的，希望通过讨论得出提高工作效率的方法。

2、许总监指出，可以制订明确的工作计划，督促自己按时按量完成。

3、程主管认为，可以根据任务的难易程度，合理安排工作顺序。

4、员工A和员工B也分享了自己的经验和看法，认为可以安排固定的休息时间，其他时间就专心工作，从而集中注意力来提高工作效率。

5、经过讨论，综合多方建议，一致认为可以从以下几个方面入手提高工作效率：①制定明确的工作计划；②对任务进行难易程度排序；③安排好工作时间和休息时间。

会议落实：

1、许总监负责制定工作计划模板；

2、程主管负责检查和监督大家的工作计划；

3、所有参与会议的人员加强员工之间的协作与交流，共同营造良好的工作氛围。

会议日期：2024年10月23日

ChatGPT

会议纪要

日期：2024年10月23日

议题：提高工作效率的建议讨论

参会人员：

- 齐总
- 许总监
- 程主管

- 员工A
- 员工B

会议内容：

1. 齐总开场：

- 齐总介绍会议目的，强调通过讨论得出提高工作效率的方法。

2. 许总监发言：

- 许总监建议制定明确的工作计划，督促自己按时按量完成任务。

3. 程主管发言：

- 程主管提出根据任务难易程度，合理安排工作顺序的建议。

4. 员工经验分享：

- 员工A和员工B 分享经验，建议安排固定的休息时间，其他时间专心工作，以集中注意力提高工作效率。

5. 综合建议：

- 经过讨论，一致认为提高工作效率可从以下几个方面入手：
- 制定明确的工作计划
- 对任务进行难易程度排序
- 合理安排工作时间和休息时间

会议落实：

1. 许总监职责：

- 许总监负责制定工作计划模板，以规范员工的计划制定。

2. 程主管职责：

- 程主管负责检查和监督大家的工作计划，确保计划的执行与任务完成的协调。

3. 员工协作：

- 所有参与会议的人员被要求加强员工之间的协作与交流，共同营造良好的工作氛围。

结论：

通过本次会议，达成共识并明确了提高工作效率的具体方案，各人员分工明确，共同为提升团队整体效能而努力。

会议纪要记录员：ChatGPT

日期：2024年10月23日

101　生成邀请函的指令模板

邀请函是一种正式的书面文件，通常用于邀请个人或团体参加特定的活动、仪式、庆典、会议或其他重要场合。这种文书旨在传达邀请者的真诚邀请，并提供受邀人所需的关键信息。用户可以提供给ChatGPT相关的信息，让ChatGPT生成一封邀请函。

扫码看教学视频

用户运用ChatGPT生成邀请函时可以采用以下指令模板进行提问。

请根据以下信息，生成一份×××（主题）的请柬，要求：格式规范，措辞真挚诚恳、文雅兼备

×××

采用指令模板让ChatGPT生成邀请函的示例如下。

提问

请根据以下信息，生成一份B公司3周年庆典的请柬，要求：格式规范，措辞真挚诚恳、文雅兼备：

B公司是一家经营红酒进口业务的公司，2024年5月16日是公司成立3周年的日子，于是决定这一天在××酒店4楼举办周年庆典，时间为晚上6点至9点，庆典安排了品酒活动、红酒画作展、小提琴演奏会、红酒慈善拍卖和董事长发言等活动，现在需要给老客户A先生写一封邀请函，希望他可以着正装出席庆典，如果有事无法前来，可以回复邮件进行说明。

ChatGPT

尊敬的客户A先生：

您好！

B公司怀着无尽的激动和感激之情，迎来了公司成立三周年的重要时刻。感谢您一直以来对我们公司的支持与信任，我们诚挚地邀请您参加B公司3周年庆典。

庆典将于2024年5月16日在××酒店4楼隆重举办，活动时间为晚上6点至9点。我们特别为您准备了一场精彩纷呈的庆典，充满艺术与美酒的交融，期待与您共同分享这个难忘的时刻。

庆典亮点：

- 红酒品酒活动：品味来自世界各地的顶级红酒，感受美妙的口感与香气。

- 红酒画作展：欣赏艺术家们为庆典创作的精美红酒主题画作，品味艺术的独特魅力。

- 小提琴演奏会：由知名小提琴家倾情演奏，为庆典增添一份动人的音乐氛围。

- 红酒慈善拍卖：参与慈善事业，用您的力量温暖更多需要帮助的人。

- 董事长发言：董事长将分享B公司的成长历程和未来愿景，展望更加美好的明天。

请您穿着正装，与我们共同见证这个激动人心的时刻。如果您因故无法参加，烦请回复邮件告知，我们将十分理解。

期待您的光临，共同分享这个特殊而美好的日子。

真诚邀请，

B公司 敬上

第 11 章

13 类自媒体文案指令模板，保持稳定更新

本章要点：

随着自媒体行业的迅猛发展，越来越多的用户选择成为一名自媒体创作者，在微信公众号、小红书、知乎和抖音等各大平台上发表自己的看法。运用 ChatGPT，用户可以轻松地完成自媒体文案的创作，从而保证账号的稳定更新。

102　生成公众号文章的指令模板

扫码看教学视频

在自媒体领域，公众号文章是一大阵地，对于传播思想、传达信息和分享干货等具有重要作用。写作一篇公众号文章需要经过选题、大纲、初稿、修改、定稿等环节，用户往往会花费大量的时间和精力，而在ChatGPT的帮助下，用户可以获得更多的选题灵感，从而提高写文章的效率，更好地发挥公众号文章的作用。

用户运用ChatGPT生成公众号文章时可以采用以下指令模板进行提问。

假设你是拥有多年公众号运营经验的自媒体工作者，请以“×××”为主题，写一篇公众号文章，并适当加入一些具体的案例，增强观点的说服力和对受众的感染力

采用指令模板让ChatGPT生成公众号文章的示例如下。

提问

假设你是拥有多年公众号运营经验的自媒体工作者，请以“冬天不是穿得越多就越暖和”为主题，写一篇公众号文章，并适当加入一些具体的案例，增强观点的说服力和对受众的感染力：

ChatGPT

标题：寒冬时节，别忽视这个保暖误区！

大家好，我是×××（你的名字），很高兴在这个寒冷的冬天与大家相遇。今天，我想和大家聊一聊一个我们在寒冬中常常会忽视的保暖误区——“冬天不是穿得越多就越暖和”。

冬天到了，我们很自然地就想穿得暖和一些，但是并不是一味地多穿就能真正抵挡寒冷。首先，让我们来看一个案例。

小明是个抵御寒冷的专家，每天穿得像个“雪人”一样，但奇怪的是，他总是感觉很冷。后来，他发现自己穿得太多，导致出汗多，湿气逐渐侵入身体，反而使得他感觉更冷。这就是一个典型的“冬天不是穿得越多就越暖和”的例子。

科学研究表明，当我们穿得过多时，身体容易出现过热，进而导致汗腺大量分泌汗液。而湿润的衣物会带走体温，让我们感觉更加寒冷。因此，合理的穿着应该是“适度保暖，避免过热”。

另外，我们还需要关注衣物的材质。选择透气性好的材料，如羊毛、羽

线等，能够更好地保持身体温暖，避免湿气滞留。一位朋友曾分享，她换成透气性好的羊毛衣后，明显感觉比之前穿棉质衣物更加温暖。

此外，保持良好的室内通风也是防止过热的有效方法。冬天虽寒冷，但在温暖的室内，适当开窗通风，有助于排除湿气，保持室内空气清新。

总的来说，冬天并非一味多穿就能抵挡寒冷，而是要根据气温和个人感受选择合适的衣物。适度保暖，注意衣物透气性，室内保持通风，才能真正度过一个温馨舒适的冬天。

希望大家在这个寒冷的季节里，能够通过科学的保暖方式，远离寒冷，享受温馨。如果你有关于保暖的经验或者独特看法，欢迎在留言区分享哦！温馨提醒，冬天保暖是一门学问，让我们一起学习，共同度过这个美好的冬天吧！

在上述示例中，赋予一定的身份可以让ChatGPT生成的答案更为专业；在提出需求时，用户应明确公众号文章的主题，并将主题提供给ChatGPT，让ChatGPT生成有针对性的文章；在提出要求的步骤中，用户可以结合实际的需求和受众喜好进行追问，让ChatGPT优化公众号文章。

103　生成小红书笔记的指令模板

扫码看教学视频

小红书以笔记的形式传递信息、传播观点，是一款非常受欢迎的自媒体平台。在特定主题的指令下，ChatGPT也可以生成小红书笔记，从而使用户轻松运营账号和保持更新。

用户运用ChatGPT生成小红书笔记时可以采用以下指令模板进行提问。

假设你是一位拥有百万粉丝的小红书×××（定位）博主，以×××为主题，创作一篇小红书爆款笔记

采用指令模板让ChatGPT生成小红书笔记的示例如下。

提问

假设你是一位拥有百万粉丝的小红书护肤博主，以冬季护肤的5个误区为主题，创作一篇小红书爆款笔记：

ChatGPT

标题：解锁冬季护肤新境界，5个误区别再忽略！

大家好，我是你们的护肤小达人，今天给大家分享的主题是冬季护肤的5个误区，让我们一起跟干燥说再见，拥抱水嫩肌肤！

误区一：清洁越勤越好？

在寒冷的冬季，空气干燥，皮肤容易失去水分。如果过度清洁，可能会破坏皮肤的天然保湿膜，导致肌肤更加干燥。建议选择温和的洁面产品，每天清晨和晚间进行轻柔的清洁，让肌肤保持水润。

小贴士：尽量选择低刺激、保湿成分丰富的洁面产品，让清洁过程成为呵护肌肤的一部分。

误区二：只顾保湿，忽略了防晒？

冬季阳光虽然不如夏季强烈，但紫外线仍然存在。雪地反射的紫外线更容易伤害肌肤，因此防晒工作不能有丝毫懈怠。选择一款滋润的防晒产品，既能保湿滋润，又能有效防止紫外线伤害。

小贴士：每隔2～3小时就要补涂一次防晒，尤其是在户外活动的时候，保持肌肤远离紫外线的侵害。

误区三：面膜敷得越久越好？

虽然面膜是护肤的好帮手，但并不是越久越好。在冬季，面膜的敷用时间最好控制在15～20分钟，过长时间可能导致肌肤吸收不良，甚至适得其反。

小贴士：在敷面膜的同时，可以进行一些简单的按摩，促进血液循环，让面膜的营养更好地渗透到肌肤底层。

误区四：油性肌肤可以不用保湿？

即使是油性肌肤，在冬季也需要保湿。选择清爽型的保湿品，帮助肌肤维持水油平衡，防止肌肤干燥引起的问题。

小贴士：使用水感质地的保湿品，既能提供足够水分，又不会使肌肤感到油腻。

误区五：忽略了饮食对肌肤的影响？

冬季饮食要保持均衡，摄入足够的维生素和矿物质。多吃一些富含抗氧化物质的食物，有助于抵御外界环境对肌肤的伤害。

小贴士：多喝水，保持身体充足的水分，有助于排除体内毒素，也是维持肌肤水润的秘诀。

希望这5个误区的揭秘能够帮助大家在冬季更科学地护肤，拥有健康水润的肌肤。记得点赞、评论，一起分享你的冬季护肤心得哦！

后续用户还可以要求ChatGPT修改小红书笔记，如增加真实的案例、推荐好用的产品等，增强笔记的吸引力。

104　生成知乎内容的指令模板

扫码看教学视频

知乎也是用户进行思想传播和观点交流的重要平台，人们喜欢在知乎上对一些提问发表看法，也会带着问题去阅读文章。对于用户而言，想要创作一些专业的内容并不是一件容易的事，它需要用户具备知识的积累和深刻的思考，但在ChatGPT的帮助下，撰写出专业性的、能够引起人们共鸣的文章便不再是难事。

用户运用ChatGPT生成知乎内容时可以采用以下指令模板进行提问。

假设你是知乎平台上一位知名的×××（优秀回答者/专栏作家/大V），擅长×××领域，请用×××的方式，对以下问题进行解答

问题：×××

采用指令模板让ChatGPT生成知乎内容的示例如下。

提问

假设你是知乎平台上一位知名的专栏作家，擅长穿搭领域，请用科普性文章的方式，对以下问题进行解答：

问题：在冬季穿搭中帽子有什么作用?

ChatGPT

标题：冬季穿搭科普：帽子的神奇之处

在寒冷的冬季，穿搭不仅是一种时尚表达，更是保暖的必备手段。而帽子，作为冬季穿搭中的一项重要配饰，其作用绝不仅限于时尚。下面，让我们一起深入了解在冬季穿搭中，帽子究竟有哪些神奇的作用。

1. 保暖防寒

帽子最直观的作用之一就是保暖防寒。头部是人体散热的重要部位之一，而在冬季寒冷的气候下，头部裸露的情况下容易失去大量体温。戴上帽子能够有效遮挡住头部，减少散热，提高整体的保暖效果。尤其是在极寒天气中，选择帽檐较宽、罩住耳朵的款式，能够更好地抵挡寒风。

2. 保护皮肤

冬季的寒冷干燥容易导致皮肤干裂，而头部皮肤也不例外。戴上帽子可

以有效防止头部皮肤遭受寒风侵袭，减缓水分流失，从而保护头皮和头发，避免因干燥引起的不适感和头屑问题。

3. 预防感冒

科学研究表明，头部裸露在寒冷环境下容易引发感冒。通过戴上帽子，特别是保暖性能较好的毛线帽、羊毛帽等款式，能够有效减少头部受凉的概率，从而降低感冒的风险。

4. 时尚修饰

除了实用性，帽子在冬季穿搭中还扮演着时尚修饰的重要角色。各种设计独特、造型别致的帽子不仅可以凸显个性，还能为整体造型增色不少。选择与外套、围巾等搭配协调的帽子，既可实现保暖效果，又能展现出时尚品位。

5. 防风遮雨

在冬季，天气多变，阴雨天气时很容易遭遇风雨袭击。一顶具有防风、防水功能的帽子，不仅可以有效遮挡风雨，还能保持头部干燥，提高整体的穿搭体验。

综合来看，帽子在冬季穿搭中扮演着多重角色，不仅是时尚的象征，更是保暖、保护皮肤、预防感冒的重要利器。选择适合自己风格的帽子，既能满足实际需求，又能展现出个性化的时尚态度。希望大家在寒冷的季节里能够更加注重穿搭，做到时尚与保暖兼得。

105　生成播客内容的指令模板

扫码看教学视频

公众号文章、小红书笔记和知乎内容都是以视觉性内容为主的自媒体文案，播客内容则是以听觉内容为主的自媒体文案。播客内容类似于电台，通过声音传播文字内容、信息和观点，是快节奏时代发展中衍生的产物。

虽然传递方式、接收感官不同，但文本的实质是相同的，对于播客来说，内容同样重要。ChatGPT可以帮助用户梳理逻辑、理清思路，从而撰写出更加清晰、完整的播客内容。

用户运用ChatGPT生成播客内容时可以采用以下指令模板进行提问。

假设你是一个经验丰富的播客运营者，正在运营一个×××（类型）的播客，请以×××为主题来撰写一期播客内容采用指令模板让ChatGPT生成播客内容的示例如下。

提问

假设你是一个经验丰富的播客运营者，正在运营一个读书分享的播客，请以又快又好地完成读书笔记的5个方法为主题来撰写一期播客内容：

ChatGPT

大家好，我是×××（你的名字），欢迎收听今天的播客节目！在这一年的播客旅程中，我积累了一些又快又好的方法，希望能够与大家分享，帮助你更有效率地完成读书笔记。

第一，快速扫描。在阅读一本新书时，先迅速翻阅目录、章节标题、引言和结论。这有助于你抓住书中的主要思想和结构，为后续的深入阅读打下基础。

第二，关注关键信息。书中总有一些核心观点和关键词汇，集中注意力在这些要点上。通过划重点、使用标签或者记录关键句子，你可以更有针对性地捕捉到书中的精华。

第三，交叉引用。将所读书籍与其他已读书目或者相关资料联系起来。这样做不仅能够加深对知识的理解，还能够形成更为丰富的思考。

第四，采用多种媒介。除了传统的纸质书，尝试使用电子书、有声书或者摘要服务。这样可以更灵活地安排阅读时间，提高效率。

最后，实践输出。通过写读书笔记、制作总结或者分享心得，将所学知识进行输出。这不仅有助于加深记忆，还能够在分享中与他人交流，获取更多观点。

希望这些建议能够帮助你更好地完成读书笔记，提升阅读效率。如果你有其他好的方法，也欢迎在评论区与我分享。感谢收听，我们下期再见！

播客内容一般以个人观点分享为主，因此用户若有自己关于某个话题的见解和观点，可以提供给ChatGPT，让ChatGPT帮助梳理逻辑、开阔思路。

106　生成短视频标题文案的指令模板

扫码看教学视频

“题好一半文”，是指好的标题对于文章的重要性，这个理念同样也适用于短视频。在短视频的制作中，标题也是不可忽视的元素，好的标题可以为短视频吸引到更多的受众。在ChatGPT的帮助下，短视频标题文案可以自动化生成，从而节省用户的时间。

用户运用ChatGPT生成短视频标题文案时可以采用以下指令模板进行提问。

假设你是一名拥有百万粉丝的短视频博主，请你结合×××平台上爆款短视频标题文案的特点和受众的兴趣，提供X个主题为×××的短视频标题文案，并添加tag标签

采用指令模板让ChatGPT生成短视频标题文案的示例如下。

提问

假设你是一名拥有百万粉丝的短视频博主，请你结合抖音平台上爆款短视频标题文案的特点和受众的兴趣，提供10个主题为冬季手套推荐的短视频标题文案，并添加tag标签：

ChatGPT

1. 标题文案：冰雪暖心选择！冬季必备手套推荐，让你瞬间融化

Tag标签：#冬季手套推荐 #保暖时刻 #冷冻抗寒

2. 标题文案：冬季穿搭必杀技！这些手套秒变时尚焦点，让你不再手冷无力

Tag标签：#时尚穿搭 #冬季保暖 #手套潮流

3. 标题文案：寒潮袭来，这几款神奇手套秒变暖心小太阳！

Tag标签：#冷空气抵挡 #暖心小太阳 #冬季抗寒

4. 标题文案：冬季必备！这些手套让你感受到温暖的力量，保护你的每一寸肌肤

Tag标签：#温暖时刻 #冬季护手 #爱心手套

5. 标题文案：暖手利器大公开！冬季不再畏寒，这几款手套让你秒变抗冻高手

Tag标签：#暖手利器 #冬季抗冻 #手套推荐

6. 标题文案：手套小技巧揭秘！学会这些，冬天也能保持时尚感

Tag标签：#手套小技巧 #冬季时尚 #抗冻时刻

7. 标题文案：冬季户外运动必备！这些手套让你在寒风中依然保持活力

Tag标签：#户外运动必备 #冬季活力 #暖心护手

8. 标题文案：冷空气无惧！这几款手套既时尚又实用，让你在冬季更有

自信

Tag标签：#自信时尚 #冷空气抵挡 #手套时尚

9. 标题文案：冰雪时尚达人！这些手套让你在冬天也能保持潮流风采

Tag标签：#时尚达人 #冬季搭配 #手套潮流

10. 标题文案：冬季护手必备！这几款手套既好看又实用，让你温暖过冬

Tag标签：#护手必备 #冬季温暖 #手套时尚

用户也可以先提供给ChatGPT一些爆款短视频标题文案的实例，然后让ChatGPT分析这些标题的特点，再提出实际的需求，让ChatGPT结合标题特点来生成短视频标题文案。

107　生成分镜头脚本文案的指令模板

扫码看教学视频

分镜头脚本文案是用来描述短视频中每一个镜头的内容和细节的文稿，一般包含标题、场景描述、景别、运镜、台词或对白、道具、节奏和节拍等要素，并且通常以表格的形式呈现。用户在让ChatGPT生成分镜头脚本文案时，可以提供格式要求和具体要素，从而获得更完整的文案。

用户运用ChatGPT生成分镜头脚本文案时可以采用以下指令模板进行提问。

假设你是一位资深的短视频编导，请以×××为主题，提供一个短视频脚本，要求：以表格的形式呈现，包含分镜序号、景别（中、近、远、特写等镜头）、画面描述、对话台词、时长等

采用指令模板让ChatGPT生成分镜头脚本文案的示例如下。

提问

假设你是一位资深的短视频编导，请以面包店探店为主题，提供一个短视频脚本，要求：以表格的形式呈现，包含分镜序号、景别（中、近、远、特写等镜头）、画面描述、对话台词、时长等：

ChatGPT

当然可以！以下是一个以面包店探店为主题的短视频脚本：

分镜序号	景别	画面描述	对话/解说台词	时长
1	远景	面包店外观，明亮的招牌	无	0:05
2	中景	进入面包店，门铃清脆响起，店内温馨布置	无	0:07
3	特写	顾客手推门进入，门上的铃铛发出叮咚声	无	0:03
4	近景	面包架上摆放着各式各样的面包，新鲜香气扑面而来	无	0:10
5	特写	美味面包的特写镜头，焦糖色外皮，松软的内部	无	0:05
6	中景	店员微笑着为顾客包装面包，橱窗里的蛋糕十分诱人	店员：欢迎光临，今天有新品哦！	0:08
7	特写	顾客接过包装好的面包，满意地支付	顾客：谢谢！这个味道一定很棒！	0:06
8	近景	店内装饰品和面包品种的特写，展示店内的细节	无	0:09
9	中景	顾客在用餐区品尝面包，表情愉悦	无	0:10
10	远景	离开面包店的顾客，满载而归	无	0:05
11	远景	外景，面包店温馨的灯光在夜晚中闪烁	无	0:05

这个脚本旨在通过不同的镜头展示面包店的魅力，包括外观、面包种类、服务态度等。希望这个脚本对你的短视频创作有所帮助！

108　生成口播文案的指令模板

扫码看教学视频

口播短视频是短视频中最为常见的类型，它具有制作成本低、输出节奏快的特点。而对于口播短视频来说，口播文案是它的核心内容，直接影响短视频的吸引力和传播度。

口播文案相当于演讲人员的演讲稿，是用户输出内容的依据，要想制作出爆款的口播视频，则需要在撰写口播文案时稍下功夫。而巧用ChatGPT，可以使用户更加高效、流畅地创作口播文案，并实现口播文案的高产。

用户运用ChatGPT生成口播文案时可以采用以下指令模板进行提问。

假设你是抖音平台的短视频创作者，擅长制作口播视频。请你根据爆款短视频口播文案的特点，围绕“×××”主题，创作一个短视频口播文案。

采用指令模板让ChatGPT生成口播文案的示例如下。

提问

假设你是抖音平台的短视频创作者，擅长制作口播视频。请你根据爆款短视频口播文案的特点，围绕“为什么说做好日程规划可以提高工作效率”主题，创作一个短视频口播文案：

ChatGPT

[视频开头，轻松愉快的音乐响起]

嘿，大家好！我是你们的小助理，今天要给大家分享一个超实用的小技巧——日程规划，为什么说它可以提高你的工作效率呢？听我给你科普一下！

[画面切到办公桌上，有各种杂乱的文件和纸张]

你看，大家都有这样的经历吧，一天结束的时候，办公桌上的文件像小山一样，整个人都快被埋了。这时候，你会发现，时间都去哪儿了？！

[视频切到一个表情夸张的模特，摆出一副不知所措的样子]

是不是有时候感觉自己像个头发凌乱的神经猫一样，东一榔头西一棒槌？！别急，来了解一下日程规划的神奇之处吧！

[画面切到一个清晰的日程表上]

首先，日程规划就像是给你的一天画上了一张精美的地图，告诉你每时每刻应该做什么。有了它，你就不再是盲目奔波的小丑，而是变身成了时间的舵手！

[视频中播放时钟滴答声，画面逐渐快速转动表示时间过得飞快]

其次，日程规划可以让你事先了解一天的工作重心，不再为琐碎的事情而浪费时间。是不是觉得自己有点儿像超级英雄，一下子就能洞悉全城？

[画面切到一个拿着计划书的超级英雄飞翔在城市上空]

最后，合理的日程规划能够帮助你更好地分配精力，提高工作效率。不信？试试看，你会发现那些原本让你头疼的任务，在有了规划后，就会变得轻松愉快！

[视频画面切回到口播者]

总的来说，好的日程规划就像是你人生的导航仪，帮你找到正确的方向，提高工作效率，让你的每一天都充满动力！

[画面渐变，播放结束，欢快的音乐渐渐淡出]

快来试试吧，告别无谓的忙碌，让生活更有节奏感，一起成为高效工作者！记得点赞、关注，我们下期见！

用户还可以提供给ChatGPT更多有关口播文案的信息，如限制口播视频的时长、增加案例来说明观点、增加段子来营造轻松的氛围等，达到让ChatGPT生成更有吸引力和影响力的视频口播文案的目的。

109 生成视频剧情文案的指令模板

扫码看教学视频

视频剧情文案是指在短视频中表现故事情节、矛盾冲突、人物台词等的文字内容，它可以指导剧情类短视频的拍摄和剪辑，决定剧情类短视频的发展走向。

视频剧情文案的主题通常围绕亲情、爱情、友情这三大主题展开，用讲故事的方式向受众传达一定的价值观。好的视频剧情文案能够开篇吸引受众的观看兴趣，结尾时让人回味无穷。在ChatGPT的帮助下，用户可以快速创作出好的视频剧情文案，从而高效地完成视频的制作。

用户运用ChatGPT生成视频剧情文案时可以采用以下指令模板进行提问。

假设你是一位拥有百万粉丝的短视频博主，擅长制作剧情演绎类短视频。请你以×××为主题创作一个短视频剧情文案，要求故事引人入胜、逻辑连贯，并且能够清晰地表达主题

采用指令模板让ChatGPT生成视频剧情文案的示例如下。

提问

假设你是一位拥有百万粉丝的短视频博主，擅长制作剧情演绎类短视频。请你以学钢琴为主题创作一个短视频剧情文案，要求故事引人入胜、逻辑连贯，并且能够清晰地表达主题：

ChatGPT

标题：《琴韵初醒》

开场：清晨，阳光透过窗帘洒在房间，主人公小明（你的名字）翻来覆去无法入眠。

情节1：小明在一次偶然的机会下听到一曲美妙的钢琴音乐，被深深吸引。音乐似乎唤醒了他内心深处的某种共鸣。

情节2：小明开始追寻这美妙的音乐，发现是邻居小李在练习钢琴。小李是一位天才钢琴家，但因为某种原因选择放弃音乐事业。

情节3：小明向小李请教学琴，小李犹豫但最终答应。两人开始在一间小小的音乐室中共同奋斗，每一次琴键的触碰都是一次心灵的共鸣。

情节4：随着时间的推移，小明的琴艺日渐精湛，而小李的心情也逐渐明朗。两人的合奏不仅在音乐上取得了高度的默契，更在心灵上建立了深厚的友谊。

高潮：一次重要的音乐比赛即将来临，小明和小李决定共同参赛。他们在比赛中展现出令人惊艳的默契和技艺，最终赢得了比赛。

结尾：比赛胜利后，小李重新燃起了对音乐的热爱，决定重新踏上音乐之路。小明也因为这段琴音奇缘找到了生命中的新方向，成为一名热门的钢琴博主。

结语：《琴韵初醒》讲述了一个关于音乐和友谊的感人故事，通过学琴的过程表达了对梦想的执着和对生活的热爱。

110　安排视频时长的指令模板

扫码看教学视频

在快节奏时代的当下，视频作为人们喜闻乐见的娱乐方式之一，它的时间把控相当重要。好的视频不仅仅是画面内容为人所赞赏，时间与画面恰到好处的结合也能够让人眼前一亮。在ChatGPT的帮助下，用户可以获得准确、高效的时长设计方案。

用户运用ChatGPT安排视频时长时可以采用以下指令模板进行提问。

请根据以下信息提供一份有效、详细的视频时间设计方案

视频主题：×××

视频时长：×××

视频重点：×××

采用指令模板让ChatGPT安排视频时长的示例如下。

提问

请根据以下信息提供一份有效、详细的视频时间设计方案：

视频主题：夏季女鞋推荐

视频时长：50秒

视频重点：介绍棉麻凉鞋的优点、做工、透气性和舒适度

ChatGPT

视频时间设计方案：

1. 引言（0~5秒）：

- 使用引人注目的夏季场景背景，如阳光明媚的海滩或花园。

- 引入视频主题："夏季女鞋推荐"。

2. 品牌介绍（5～10秒）：

- 显示品牌标识和品牌名称。

- 用短语简要介绍品牌的理念和关注点。

3. 产品亮点（10～20秒）：

- 展示多款棉麻凉鞋的不同颜色和设计。

- 用文字或语音解说强调产品的关键亮点，如时尚、舒适和环保。

4. 材质与做工（20～30秒）：

- 以特写镜头展示棉麻凉鞋的材质。

- 通过动画或分屏展示制作过程，突出手工制作和精细工艺。

5. 透气性介绍（30～40秒）：

- 切换到实际场景，如模特在户外漫步。

- 图文结合或语音解说介绍棉麻凉鞋的透气性，突出夏季穿着的舒适感。

6. 舒适度强调（40～45秒）：

- 使用用户体验的照片或短视频片段，强调穿着棉麻凉鞋的舒适度。

- 客户证言或评价的文字滚动显示。

7. 结尾和呼唤行动（45～50秒）：

- 展示产品系列的集体画面。

- 提示观众访问品牌网站或附近专卖店以获取更多信息。

- 显示社交媒体图标，鼓励观众分享他们的夏季鞋搭配。

8. 背景音乐：

- 使用轻快、夏日感的背景音乐，增强视频的氛围感。

9. 字幕：

- 添加字幕以确保信息传递，特别是在静音观看时。

- 在整个视频中保持品牌标识的可见性。

10. 视频风格：

- 使用明亮、清晰的画面，突出产品细节。

- 保持视频流畅，避免信息过载。

通过以上设计方案，可以在50秒内有效地传达夏季女鞋的关键信息，吸引观众关注并激发购买兴趣。

111　生成直播脚本文案的指令模板

扫码看教学视频

直播脚本文案是指对直播活动中的各个流程进行合理规划并形成的文稿，这类文案能够帮助用户有秩序地进行直播活动，从而顺利地完成直播任务。一般来说，直播活动分为游戏直播、泛娱乐直播和电商直播3种，用户运用ChatGPT生成直播脚本文案时，可以结合直播活动的类型来编写指令。

用户运用ChatGPT生成直播脚本文案时可以采用以下指令模板进行提问。

请根据×××（类型）直播的流程，策划一场主题为“×××”的直播活动，要有具体的流程安排

采用指令模板让ChatGPT生成直播脚本文案的示例如下。

提问

请根据游戏直播的流程，策划一场主题为“经典扫雷游戏，带你重回童年”的直播活动，要有具体的流程安排：

ChatGPT

当然可以！以下是一场主题为“经典扫雷游戏，带你重回童年”的游戏直播活动的流程安排：

活动名称：经典扫雷之旅

活动主题：带你重温童年经典扫雷游戏

流程安排：

1. 开场介绍（10分钟）

- 主持人简短介绍活动主题和游戏背景。
- 感谢观众的参与，并引入今天的直播内容。

2. 回顾扫雷历史（15分钟）

- 介绍扫雷游戏的起源和发展历史。
- 分享扫雷在不同年代的流行程度和影响。

3. 经典扫雷游戏解说（20分钟）

- 展示经典扫雷游戏的基本规则和玩法。
- 介绍不同难度级别和策略。

4. 嘉宾分享：扫雷高手访谈（15分钟）

- 邀请一位扫雷游戏高手分享他们的经验和技巧。
- 提供观众互动环节，让他们提问嘉宾。

5. 扫雷游戏挑战环节（30分钟）

- 主持人和嘉宾进行扫雷游戏挑战，尝试不同难度级别的关卡。

- 观众可通过弹幕或投票选择下一关的难度。

6. 观众互动时间（15分钟）

- 与观众互动，回答他们的问题，分享他们的扫雷回忆。

- 提供奖品互动，例如，给予最快完成挑战的观众奖励。

7. 游戏技术分享和小技巧（20分钟）

- 分享一些高级扫雷技术和小技巧。

- 解答观众提出的技术性问题。

8. 扫雷游戏赛事（40分钟）

- 安排扫雷游戏小赛事，邀请观众参与。

- 提供奖励给表现出色的观众，如礼品卡或游戏周边。

9. 总结与告别（10分钟）

- 感谢观众的参与和支持。

- 提醒观众关注下一场直播活动。

- 鼓励观众留言分享他们的直播体验。

通过这个流程，观众将有机会学习扫雷游戏的历史，了解基本规则和技巧，与高手互动，参与挑战，并有机会赢取奖品。同时，活动的互动环节将增强观众的参与感，让他们在直播中享受到娱乐和学习的双重乐趣。祝你的直播活动取得成功！

112　生成直播封面文案的指令模板

扫码看教学视频

直播封面文案是指在直播海报或直播主页上显示的文字内容。通常情况下，直播封面文案的特点是文字简短、高度概括和凝练主题、对受众有吸引力，如“购物车的秘密”。用户在运用ChatGPT生成直播封面文案时，可以让ChatGPT融入修辞手法来生成文案，使文案更具创意性和吸引力。

用户运用ChatGPT生成直播封面文案时可以采用以下指令模板进行提问。

直播封面文案的特点是文字简短、高度概括和凝练主题、对受众有吸引力，请根据这些特点，提供X个主题为×××的直播封面文案，要求：1、用词更具新颖、独特性；2、适当加入隐喻、用典等修辞手法

采用指令模板让ChatGPT生成直播封面文案的示例如下。

提问

直播封面文案的特点是文字简短、高度概括和凝练主题、对受众有吸引力，请根据这些特点，提供10个主题为冬季羽绒服推荐的直播封面文案，要求：1、用词更具新颖、独特性；2、适当加入隐喻、用典等修辞手法：

ChatGPT

1.“冬日蝶舞，羽绒服如彩翼，邀你一同飞翔时尚之境！”
2.“冰雪盛宴，羽绒服犹如冬日的温暖使者，共赏冬装精选！”
3.“时光雕琢，羽绒衣裳犹如冬季的魔法，邀你穿越梦幻寒夜！”
4.“雪域风华，冬季羽绒服，穿越北风，遇见时尚的暖阳！”
5.“羽绒之美，胜似冰雪仙境，让我们共赏冬季时尚的盛宴！”
6.“冬日韵律，羽绒服如乐章，引领你跳动时尚的旋律！”
7.“翩翩冬韵，羽绒服似诗篇，让时尚之花在冰雪中怒放！”
8.“时尚瑰宝，冬季羽绒服犹如黄金，闪耀你的时尚之路！”
9.“冬装巅峰，羽绒服犹如雪山巅峰，邀你征服时尚之巅！”
10.“冰雪剧场，羽绒服是最闪亮的明星，让我们一同欣赏时尚的演绎！”

113　生成直播预热文案的指令模板

扫码看教学视频

直播预热文案是指在直播活动开始之前对直播进行宣传、推广的文字内容。这类文案有两大呈现方法，一是在将要直播的平台上进行内容发布；二是在将要直播的平台之外的平台上进行内容发布，不同的呈现方式决定着直播预热文案的语言风格。

一般来说，抖音平台无论是否作为将要直播的平台，都会成为直播预热文案的主要呈现阵地。因此，直播预热文案的语言风格多带有抖音平台的文案特点，用户在运用ChatGPT生成直播预热文案时可以说明这一点。

用户运用ChatGPT生成直播预热文案时可以采用以下指令模板进行提问。

请根据抖音文案的特性，来撰写主题为×××的直播活动宣传文案，让更多的人前往直播间观看。

采用指令模板让ChatGPT生成直播预热文案的示例如下。

提问

请根据抖音文案的特性，来撰写主题为手链配件推荐的直播活动宣传文案，让更多的人前往直播间观看：

ChatGPT

标题：时尚手链配件大放送！

文案：

大家好，今天是个特殊的日子！为了庆祝我们的一周岁生日，我为大家带来了一场绝不容错过的手链配件直播盛宴！

—惊喜不断，超值好礼等你拿！

在这个特别的日子，我为大家准备了一系列时尚手链配件，从清新简约到个性独特，总有一款适合你！每位观众都有机会赢取直播专属超值好礼，惊喜连连，等你来拿！

—潮流新品，不容错过的时尚风潮！

想要成为潮流达人吗？我将为你揭晓最新、最炫的手链潮流趋势！别错过这次与时尚同行的机会，让你的手腕成为时尚焦点！

——周岁狂欢，感恩回馈大放送！

为了感谢大家一年来的支持，我准备了一系列限时优惠和独家折扣，让你们不仅能领略到最前沿的潮流，还能轻松入手！感谢有你们陪伴，让我们一起度过这个难忘的时刻！

直播时间：【日期】

直播间：【抖音ID】

不见不散！快来和我一起庆祝这个美好的日子，一起分享手链配件的时尚世界，一起度过一个充满惊喜的夜晚！记得邀请更多的小伙伴一起加入，让我们一起狂欢，一起欢度这个不可错过的直播盛宴！

114 生成直播标题文案的指令模板

扫码看教学视频

直播标题文案是指发布直播活动的时间、主题等信息的文字内容，能够起到宣传直播活动、吸引受众注意力的作用。在直播活动的标题文案中，一般会直接写明直播开始的时间、直播的主题和受众的利益点，吸引受众关注直播。用户运用ChatGPT，便可以借助AI的力量快速获得直播标题文案。

用户运用ChatGPT生成直播标题文案时可以采用以下指令模板进行提问。

请根据爆款直播标题文案的特征，给一场主题为×××的直播活动提供×个

标题文案，要对目标受众有吸引力，不要使用违禁词

采用指令模板让ChatGPT生成直播标题文案的示例如下。

提问

请根据爆款直播标题文案的特征，给一场主题为染发膏推荐的直播活动提供15个标题文案，要对目标受众有吸引力，不要使用违禁词：

ChatGPT

当创建爆款直播标题文案时，重要的是让文案引人注目、吸引目标受众，并同时避免使用违禁词。以下是一些主题为染发膏推荐的直播活动的标题文案示例：

1.“魅力改头换面！最新染发膏推荐，助你时尚焕新！”

2.“炫酷变发色！直播推荐最适合你的染发膏品牌！”

3.“发色大改变，新一季的最爱染发膏分享！”

4.“发色奥秘揭晓！与你一同发现最时尚的染发膏品牌！”

5.“梦幻发色即刻实现！染发膏推荐直播进行中！”

6.“时尚发色来袭！最热门染发膏产品推荐分享！”

7.“彩虹般绚烂！直播解锁最潮染发膏色彩搭配！”

8.“染发膏专场直播，打造个性发色，轻松时髦出街！”

9.“色彩缤纷，魅力无限！染发膏推荐与你共享美丽秘诀！”

10.“染发新潮流！最新款染发膏直播分享，快来体验！”

11.“发色升级，自信大爆发！染发膏推荐直播不容错过！”

12.“时尚染发秘籍，最喜欢的染发膏品牌推荐！”

13.“个性化定制你的发色梦想！染发膏直播精彩来袭！”

14.“迎接变革，焕然一新！染发膏专场直播倾情推荐！”

15.“潮流发色攻略！直播分享最受欢迎染发膏品牌榜！”

这些标题应尽量突出染发膏的独特卖点，同时通过积极的用词和调性，吸引目标受众的兴趣。

可以看出，ChatGPT给出的直播标题文案简明扼要、亮点突出，并且使用了动词和情感词汇，能够有效地吸引受众的关注，提高直播活动的观看率和影响力。

第 12 章

12 类教育学术文案指令模板，助力个人成长

本章要点：

ChatGPT 为教育领域和学术领域注入了新的活力，它既能作为辅助教学工具，帮助学生更好地理解和应用知识，降低学习难度；又能作为教师和研究人员的助手，提高教学工作和研究任务的完成效率，助力个人全方位成长。

115　解答语法问题的指令模板

扫码看教学视频

在用户学习语言的过程中，语法是一个需要攻克的难题。而ChatGPT可以充当语法助手，为用户解答语法问题，帮助用户建立牢固的语言基础。

用户运用ChatGPT解答语法问题时可以采用以下指令模板进行提问。

你是一名有丰富教学经验的×××（语言）老师，请为我解答以下语法问题，要求：用通俗易懂的语言进行讲解，并进行举例说明

语法问题：×××

采用指令模板让ChatGPT解答语法问题的示例如下。

提问

你是一名有丰富教学经验的中文老师，请为我解答以下语法问题，要求：用通俗易懂的语言进行讲解，并进行举例说明：

语法问题："他不喜欢种菜，而不喜欢养花"中的"而"正确吗?

ChatGPT

在这个句子中，使用"而"是不太合适的。通常来说，"而"是用来连接两个相对矛盾或对比的情况，表示转折关系。但是在这个句子中，"不喜欢种菜"和"不喜欢养花"并没有太大的矛盾或对比关系，它们更像是两个并列的动作。

如果要修正这个句子，可以使用"也不"来表示同类的否定关系，使得结构更加清晰。例如：

"他不喜欢种菜，也不喜欢养花。"

这样，句子表达得更加自然，而且明确地表示了两个相似的否定动作。

★ 专家提醒 ★

需要注意的是，ChatGPT 只是人工智能模型，解答语法问题的能力是大量模型训练和数据收集的结果，并不是真正完全掌握了语言，因此可能会提供错误的回复。

116　解释公式定律的指令模板

扫码看教学视频

在学习数学、物理和化学等学科时，用户常常需要掌握一些公式和定律。对于用户而言，将这些公式和定律背诵下来并不难，但是如

何理解它们的内涵并在实际中应用，是学习过程中的一个难题。而ChatGPT可以对这些公式和定律进行解释，并举例进行说明，帮助用户真正理解和掌握它们。

用户运用ChatGPT解释公式定律时可以采用以下指令模板进行提问。

你是一个×××（学科）老师，我是你的学生，请你为我解答以下公式/定律，要求：让初学者也能听懂，并举例进行说明

公式/定律：×××

采用指令模板让ChatGPT解释公式定律的示例如下。

提问

你是一个化学老师，我是你的学生，请你为我解答以下公式/定律，要求：让初学者也能听懂，并举例进行说明：

公式/定律：质量守恒定律。

ChatGPT

当然可以！质量守恒定律是化学中非常基础而重要的定律之一。这个定律的核心思想是，在任何化学反应中，物质的总质量保持不变。这意味着反应前后，所有反应物的质量总和等于所有生成物的质量总和。

让我们通过一个简单的例子来说明质量守恒定律。考虑将氢气（H_2）与氧气（O_2）反应形成水（H_2O）的过程：

化学方程式：$2H_2+O_2 \rightarrow 2H_2O$

这个方程式表示两份氢气和一份氧气反应生成两份水分子。现在，我们来看一下质量守恒的应用：

反应前的质量：

- 氢气的质量：2×分子质量（H_2）
- 氧气的质量：1×分子质量（O_2）

反应后的质量：

- 水的质量：2×分子质量（H_2O）

这里的关键是，在反应前后，质量守恒定律告诉我们反应物的质量总和等于生成物的质量总和。如果我们量化这些质量，会发现它们相等。

通过实验，科学家发现，无论是多么复杂的反应，总质量都不会发生变化，只是分布在不同的物质中。这就是质量守恒定律的核心思想。

这个定律的重要性在于，它为化学反应提供了基本的规则，为我们理解

和预测反应结果提供了基础。希望这个例子能够帮助你理解质量守恒定律！如果有其他问题，随时问吧。

117　推荐学习资源的指令模板

扫码看教学视频

学习资源是指能够支持、促进或丰富学习过程的各种材料、工具和信息，包括书籍、在线课程、教育平台、学术讲座、应用软件等。在学习课程知识和培养兴趣爱好的过程中，用户需要借助学习资源对知识进行补充和扩展。让ChatGPT推荐学习资源，可以节省用户查找和筛选资源的时间，提升用户的学习效率。

用户运用ChatGPT推荐学习资源时可以采用以下指令模板进行提问。

请根据以下信息为我推荐一些 × × ×（学习资源的主题和形式），并说明原因

学习情况：× × ×

采用指令模板让ChatGPT推荐学习资源的示例如下。

提问

请根据以下信息为我推荐一些外国文学名著，并说明原因：

学习情况：我是一名汉语言文学专业的学生，最近正在学习古希腊和古罗马时期的外国文学史。

ChatGPT

鉴于你正在学习古希腊和古罗马时期的外国文学史，我会为你推荐一些与这些历史时期相关的外国文学名著，这些作品涉及古希腊和古罗马文学传统，同时也是世界文学的经典之作。以下是一些建议：

1.《荷马史诗》（Homer's Epic）

- 包括《伊利亚特》（Iliad）和《奥德赛》（Odyssey），这两部史诗是古希腊文学的巅峰之作，描绘了特洛伊战争及其后的冒险故事。对理解古希腊文学和文化有深远的影响。

2.《俄狄浦斯王》（Oedipus Rex）索福克勒斯（Sophocles）

- 古希腊三大悲剧之一，探讨了命运、道德和人性的复杂问题。索福克勒斯是古希腊戏剧的伟大代表之一，他的作品对后来的文学和戏剧产生了深远影响。

3.《埃涅阿斯纪》（The Aeneid）弗吉尔（Virgil）

- 这是一部古罗马史诗，讲述了埃涅阿斯的传奇冒险，是古罗马文学的重要组成部分。该作品受到荷马史诗的影响，同时也是拉丁文学的杰出代表之一。

4.《论文学家》（The Republic）柏拉图（Plato）

- 柏拉图的这部哲学对话作品不仅涉及哲学思考，还包含了一些文学元素。它探讨了政治、伦理和教育等重要问题，是古希腊哲学的经典之一。

118 设计课堂内容的指令模板

扫码看教学视频

在教学过程中，设计课堂内容是完成教学目的、提升学生学习兴趣和学习体验的方法之一。让ChatGPT设计课堂内容可以实现个性化教学，充分激发学生的创新思维；还可以减轻用户的备课负担，让用户可以有更多时间来精进教学能力。

用户运用ChatGPT设计课堂内容时可以采用以下指令模板进行提问。

你是一名×××（年级、学科）老师，想设计一些×××（形式），帮助学生×××（目的）

采用指令模板让ChatGPT设计课堂内容的示例如下。

提问

你是一名初一的语文老师，想设计一些课堂游戏，帮助学生更好地理解古诗词：

ChatGPT

当设计课堂游戏来帮助初一学生更好地理解古诗词时，可以考虑一些互动性强、有趣且能够激发学生兴趣的活动。以下是一些建议的课堂游戏：

1. 古诗接龙：

- 规则：每个学生接龙念古诗的一句，接下来的学生要继续念古诗，确保每一句都与前一句的韵脚、意境等相对应。

- 目的：通过这个游戏，学生不仅能够复习已学古诗，还能锻炼对古诗的理解和记忆。

2. 古诗填空：

- 规则：选择一首古诗，删除其中的一些关键词，学生需要根据语境和自己对古诗的理解填补空白。

- 目的：这有助于学生深入理解古诗的意境，提高他们对诗歌中词语的理解能力。

3. 情景表演：

- 规则：学生小组合作，选择一首古诗，然后进行情景表演，以展现诗歌中的情感和意境。

- 目的：通过表演，学生能够更深入地理解古诗的情感表达，同时培养团队协作和表达能力。

4. 创作扩展：

- 规则：学生根据已学古诗的韵律和风格，进行自己的创作，可以是扩展原诗的内容或者创作与原诗主题相关的新诗。

- 目的：通过创作，学生能够更好地理解古诗的创作技巧，并培养他们的创造力和表达能力。

5. 诗词游戏竞赛：

- 规则：设置古诗知识问答、填空题等，进行诗词竞赛，激发学生的学习兴趣。

- 目的：通过竞赛，促使学生主动学习，巩固古诗知识。

这些游戏旨在通过互动、合作和创造性的方式，让学生更好地理解古诗词，同时增加学习的趣味性。

需要注意的是，虽然ChatGPT可以提供课堂内容的设计灵感，但用户也要根据实际情况进行选用和调整。

119 制定备考计划的指令模板

扫码看教学视频

应对考试是一个需要充分规划和准备的过程，而每个人的能力水平、学习习惯和时间安排都有所不同，因此一个个性化的备考计划对于取得好的考试结果至关重要。在ChatGPT的帮助下，用户可以更高效地完成备考计划的制定，从而积极地迎接考试的挑战。

用户运用ChatGPT制定备考计划时可以采用以下指令模板进行提问。

我正在备考×××（考试项目），距离考试还有×××（时间），请根据以下信息为我制定一个备考计划

相关信息：×××（学习习惯、学习目标、学习时间、学习进度）

采用指令模板让ChatGPT制订备考计划示例如下。

提问

我正在备考英语四级，距离考试还有两个月，请根据以下信息为我制订一个备考计划：

相关信息：我比较擅长阅读理解，听力是我的薄弱项目；我希望能够获得比较高的分数；我每天的下午可以用来备考；目前我已经基本掌握了英语四级的相关单词。

ChatGPT

好的，以下是一个基于你提供的信息的备考计划。请注意，这只是一个参考，你可以根据自己的实际情况进行调整。

第一阶段（第1周至第2周）：听力强化

- 每天1小时听力练习：选择一些四级听力真题或者听力教材进行听力练习。注重不仅要听懂内容，还要注意抓住关键信息，提高听力理解能力。

- 每天30分钟听力技巧训练：了解一些听力技巧，比如关键词捕捉、推理判断等。练习使用这些技巧解决听力问题。

第二阶段（第3周至第4周）：阅读巩固

- 每天1.5小时阅读理解：选择一些四级阅读理解真题或者阅读理解教材进行训练。注重阅读速度和理解深度。

- 每天30分钟阅读技巧训练：学习一些阅读技巧，比如快速定位、识别关键信息等。通过练习将这些技巧运用到实际题目中。

第三阶段（第5周至第6周）：全面练习

- 每天2小时模拟考试：模拟四级考试环境，进行完整的听力、阅读、写作综合练习。每次练习后仔细分析错题，找出问题所在。

第四阶段（第7周）：弱项突破

- 每天1小时听力弱项突破：集中攻克听力中的薄弱环节，如特定语速、特定口音等。找到解决方法，提高对听力的适应能力。

- 每天1小时模拟考试：继续进行全面模拟考试，巩固各个模块之间的配合能力。

第五阶段（第8周）：复习和调整

- 每天1小时复习单词和语法：温习已学过的单词和语法知识，确保基础知识的牢固程度。

- 每天1小时模拟考试：重点检测自己在弱项上的进展，调整备考计划。

备考注意事项：

1. 模拟考试的重要性：模拟考试是检验备考效果的有效手段，通过模拟考试可以更好地了解自己在不同科目上的水平，找到问题并及时调整备考计划。

2. 持续反馈和调整：每次模拟考试后，仔细分析错题，找出问题所在，及时调整备考计划，注重弱项的训练。

3. 保持积极心态：备考过程中可能会遇到一些挑战，保持积极的心态对于提高学习效果非常重要。定期休息，保持良好的生活作息，有助于提高学习效率。

希望这个备考计划能够对你有所帮助，祝你顺利通过英语四级考试！

采用类似的方法，用户还可以提供相关信息，让ChatGPT根据自己的情况来制订学习计划、兴趣培养计划和健身计划。

120　编写测验题目的指令模板

扫码看教学视频

作为教师，用户可能会需要自己编写一些测验题目或考试题目来考验学生，查看学生对课程知识点的掌握情况。在ChatGPT的帮助下，用户可以快速获得相应的课程测验题目。

用户运用ChatGPT编写测验题目时可以采用以下指令模板进行提问。

你是一位×××（年级、学科）的老师，请为你的学生编写X个测验题目，知识点为×××，要求：全面考查学生对知识点的掌握程度，锻炼学生的思维能力

采用指令模板让ChatGPT编写测验题目的示例如下。

提问

你是一位初二的物理老师，请为你的学生编写5个测验题目，知识点为牛顿第三定律，要求：全面考查学生对知识点的掌握程度，锻炼学生的思维能力。

ChatGPT

当然，下面是五个牛顿第三定律相关的测验题目：

1. 题目一：

描述一个日常生活中的例子，说明牛顿第三定律的应用。阐述其中的两个物体，并指出它们之间的相互作用力。解释为什么这两个物体的加速度不一定相等。

2. 题目二：

一枚火箭在太空中以恒定的速度前进。解释火箭是如何利用牛顿第三定律的原理进行推进的。说明火箭喷射出的气体与火箭本身之间的相互作用。

3. 题目三：

两个物体A和B之间有相互作用，物体A对物体B施加了一个力。根据牛顿第三定律，物体B对物体A产生了什么样的力？画出力的示意图，并解释为什么这两个力不一定导致相同的运动状态。

4. 题目四：

一辆汽车在水平道路上匀速行驶。分析牛顿第三定律在汽车行驶中的应用，包括车轮与地面的相互作用，以及引擎对汽车的推动力。

5. 题目五：

通过实验，你用一个弹簧秤测得一个物体的重力为10牛。根据牛顿第三定律，解释弹簧秤对物体施加的力，以及物体对弹簧秤施加的力。如果物体处于静止状态，弹簧秤的示数是多少？解释你的答案。

这些问题旨在考查学生对牛顿第三定律的理解和运用能力，鼓励他们通过例子和实际情境来应用物理学的原理。希望这些题目能够激发学生的思维，深入理解牛顿第三定律的概念。

121　进行心理疏导的指令模板

扫码看教学视频

在教育领域中，家长和教师除了要关注学生的学习成绩、身体状态和思想品德，还要重视学生的心理状态。心理状态会影响学生的学习效果、情绪管理能力和社会责任感，因此维护学生的良好心理状态对于他们的全面成长至关重要。

不过，学生可能不愿意与家长、教师或朋友倾诉自己心中积压的情绪，此时ChatGPT就可以充当一位心理老师，通过与学生进行对话来对其进行心理疏导。

用户运用ChatGPT进行心理疏导时可以采用以下指令模板进行提问。

你是一名深受同学喜爱和信赖的心理老师，请针对以下问题进行心理疏导，要求：语气亲切，要与对方像朋友一样交流，提供可靠的建议。

问题：×××

采用指令模板让ChatGPT进行心理疏导的示例如下。

提问

你是一名深受同学喜爱和信赖的心理老师，请针对以下问题进行心理疏导，要求：语气亲切，要与对方像朋友一样交流，提供可靠的建议：

问题：上了大学后，很难像高中那样集中注意力去学习，而且没有老师的管理和监督，我对于管理学业感觉无从下手。

ChatGPT

嗨！听到你分享这个困扰，我完全理解大学的学习环境和高中有很大不同，确实需要更多的自我管理。首先，我想告诉你，这是一个很常见的挑战，你并不孤单。

在大学，确实没有了高中老师的监督，但同时也为你提供了更多的自由。首先，不要过于苛责自己，适应新环境需要时间。我建议你尝试一些方法来提高学业管理的效果。

1. 制定明确的目标：设定短期和长期的学习目标，这有助于给你一个清晰的方向。目标可以帮助你更容易集中注意力。

2. 制定计划：每周或每天制定一个学习计划，包括需要完成的任务和学习时间。这有助于避免拖延，并帮助你更好地组织时间。

3. 寻找学习伙伴：和同学建立学习小组，分享学习经验、互相激励，这样可以增加学习的动力和效果。

4. 创造良好的学习环境：在学习时，选择一个安静、整洁的环境，远离可能干扰你注意力的事物。这有助于提高学习效率。

5. 寻求帮助：如果你在学业上遇到困难，不要犹豫向老师、同学或辅导员寻求帮助。大学有各种资源可以支持你的学习。

最重要的是，不要对自己过于苛责。适应大学生活是一个过程，每个人都需要时间。保持积极的心态，相信自己能够逐渐找到适合自己的学习方式。如果有什么需要聊的，随时来找我吧！

★专家提醒★

运用 ChatGPT 进行心理疏导具有一些明显的优势和缺点。一方面，ChatGPT 可以为用户提供全天在线的疏导服务，而且这种匿名交流的方式可以更好地保护用户隐私，让用户更愿意倾诉心声。

另外，相较于传统心理咨询，使用 ChatGPT 进行心理疏导的成本更低。

另一方面，ChatGPT 只是一个计算机程序，缺乏人类心理理解的深度和同理心，也缺乏专业的心理知识，面对严重的心理问题，它无法发挥与真正的人类心理医生相同的疏导作用，而且由于训练数据和算法的限制，ChatGPT 可能会难以理解用户的倾诉，从而给出不准确的建议。

因此，ChatGPT 可以作为一种心理疏导的辅助手段，但无法替代人类心理医生的专业服务，而且越来越多的学校都提供了免费的心理咨询服务，用户在需要时最好还是寻求真正的专业帮助。

122 提供调研报告指导的指令模板

调研报告是产生理论知识、做出科学决策的重要依据，具有准确性、清晰化、实用性和逻辑性等特点。最重要的是，调研报告有极强的可读性，适合不同的读者阅读，这与它的语言风格和表达方式有关。在ChatGPT的帮助下，用户可以写出有更高可读性的调研报告。

扫码看教学视频

用户运用ChatGPT提供调研报告指导时可以采用以下指令模板进行提问。

请从调研方法和案例分析方面，为一篇×××（主题）的调研报告，提供具体的调研方案指导

采用指令模板让ChatGPT提供调研报告指导的示例如下。

提问

请从调研方法和案例分析方面，为一篇关于社交软件对房屋出租的影响的调研报告，提供具体的调研方案指导：

ChatGPT

当进行关于社交软件对房屋出租的影响的调研时，你可以采用以下调研方法和案例分析方案。这个调研方案可以帮助你全面了解社交软件对房屋出租领域的影响，并提供有力的案例支持。

调研方法：

1. 文献综述：

- 查阅相关文献，了解社交软件在房屋出租领域的研究现状。
- 分析过去的研究，确定研究主题和关键变量。

2. 定性研究：

- 深度访谈：
- 针对房东、租户和社交软件平台的代表进行深度访谈。
- 探讨他们对社交软件在租房过程中的作用和影响。

- 焦点小组讨论：

- 组织焦点小组，深入探讨参与者对社交软件的看法、使用经验和期望。

- 获取群体动态和不同观点。

3. 定量研究：

- 问卷调查：

- 设计面向房东和租户的问卷，收集社交软件使用情况、租房体验和意见反馈。

- 使用随机抽样或目标抽样方法确保样本的代表性。

- 数据分析：

- 利用统计分析工具，对问卷数据进行定量分析，探索社交软件对房屋出租的具体影响。

4. 实地调查：

- 考察在社交软件上广泛使用的房源，观察和比较社交软件平台上的租房信息和房屋实际情况。

案例分析方案：

1. 选取代表性社交软件平台：

- 选择在房屋出租领域具有代表性的社交软件平台，如Airbnb、Zillow或本地特色的社交软件。

2. 筛选案例对象：

- 从社交软件上挑选一定数量的成功出租案例和挑战案例。

- 确保案例覆盖不同地区、租金水平和房屋类型。

3. 深入分析成功案例：

- 调查成功出租的案例，分析成功的关键因素、社交软件的作用和用户满意度。

- 包括房东和租户的双方经验。

4. 研究挑战案例：

- 研究未成功出租或遇到问题的案例，了解社交软件在这些情况下的限制和挑战。

- 分析用户反馈和改进建议。

5. 跟踪案例发展：

- 如果可能，定期跟踪选取的案例，观察房屋出租过程中的变化和发展趋势。

6. 制作案例分析报告：

- 汇总成功和挑战案例的调查结果，以案例分析报告的形式呈现，突出社交软件对房屋出租的影响。

通过以上调研方法和案例分析，你可以深入了解社交软件对房屋出租的影响，为调研报告提供充分的数据和案例支持。

123　生成实验报告的指令模板

扫码看教学视频

实验报告是学术领域中常见的文本，主要用于记录、分析和解释各类实验和测验的结果，从而提高学术水平。巧妙地运用ChatGPT，用户可以借助AI的力量高效地完成实验报告的选题策划和大纲，也可以直接获得一份完整的实验报告。

用户运用ChatGPT生成实验报告时可以采用以下指令模板进行提问。

你是一名×××领域的专业人员，请以×××为主题，提供实验报告的×××（选题方向/大纲/完整内容）

采用指令模板让ChatGPT生成实验报告的示例如下。

提问

你是一名广告领域的专业人员，请以社交媒体元素在广告中的应用为主题，提供实验报告的选题方向：

ChatGPT

实验报告选题方向：社交媒体元素在广告中的影响与效果分析

1. 引言：

社交媒体已成为人们日常生活的重要组成部分，广告领域也越来越重视在社交媒体平台上的推广。本实验旨在深入研究社交媒体元素在广告中的应用，探讨其对受众反应和广告效果的影响。

2. 研究目的：

- 分析社交媒体元素在广告中的运用，包括但不限于社交分享按钮、用户评论、关注数等。

- 探究社交媒体元素对广告受众的认知、情感和行为产生的影响。

- 评估社交媒体元素在广告传播中的效果，包括品牌知名度、购买意愿、用户参与度等方面的影响。

3. 研究方法：

- 实验设计：采用实验组和对照组的设计，分别在广告中加入和不加入社交媒体元素，观察两组受众的反应。

- 数据收集：利用在线调查、眼动追踪、社交媒体分析工具等多种手段收集定量和定性数据。

- 受众分析：考虑不同年龄、性别、文化背景的受众，分析社交媒体元素在不同群体中的影响。

4. 研究假设：

- 社交媒体元素的引入能够增加广告的曝光和分享率。

- 受众对带有社交媒体元素的广告更容易产生积极情感和参与度。

- 社交媒体元素对不同产品和服务的广告效果有不同的影响。

5. 预期结果：

- 发现社交媒体元素在广告中的使用能够显著提高广告的传播效果。

- 确定哪种社交媒体元素对于特定产品或服务的广告效果最为显著。

- 提供广告从业者有针对性的社交媒体策略建议，优化广告传播效果。

6. 意义与应用价值：

- 为广告行业提供关于社交媒体元素应用的科学依据，促进广告创意和传播策略的创新。

- 帮助企业更有效地利用社交媒体元素，提高品牌曝光、用户参与度和转化率。

- 对学术研究和社交媒体广告领域的进一步发展提供有益参考。

通过以上选题方向，你可以展开详细的实验设计、数据收集和分析，深入研究社交媒体元素在广告中的实际效果，为广告从业者提供有力的指导和策略建议。

需要注意的是，ChatGPT提供的实验设计仅作为参考，用户还需要结合实际情况进行调整、测验。另外，用户还可以将写完的实验报告内容提供给ChatGPT，让它进行修改和润色。

124 策划课程论文选题的指令模板

扫码看教学视频

在教授一门课程时，出于对课程内容和学生能力的考查，教师可能会布置一篇论文来作为课程的考核，因此对于用户而言，撰写一篇高质量的课程论文可以获得不错的课程成绩。

一般来说，教师不会给出某一个固定的课程论文选题，而是会提供一个比较宽泛的课程论文主题，或者要求用户根据课程内容来自行决定选题。这样不仅可以考查用户对课程内容的熟悉程度，还可以锻炼用户的研究能力、分析能力和创新能力。用户可以向ChatGPT提供课程名称和论文主题，让它来帮忙策划选题。

用户运用ChatGPT策划课程论文选题时可以采用以下指令模板进行提问。

我是一名×××专业的学生，“×××”这门课程需要写一篇课程论文，主题为×××，请提供X个论文选题，要求：符合课程内容和主题，有创新性

采用指令模板让ChatGPT策划课程论文选题的示例如下。

提问

我是一名影视编导专业的学生，“影视鉴赏”这门课程需要写一篇课程论文，主题为分析一部纪录片电影的拍摄手法，请提供10个论文选题，要求：符合课程内容和主题，有创新性：

ChatGPT

当分析一部纪录片电影的拍摄手法时，你可以选择以下十个具有创新性和丰富内容的论文选题：

1.《地球脉动》（Planet Earth）：纪录片拍摄中的自然景观呈现技巧分析

- 探讨《地球脉动》中采用的摄影技术和镜头运用，以展现自然环境的独特之美。

2.《摄影之眼》（The Salt of the Earth）：塞尔日·萨尔加多的视觉艺术解读

- 分析塞尔日·萨尔加多在纪录片《摄影之眼》中的摄影手法，探讨其如何通过影像表达对人性和社会的深刻洞察。

3.《风之谷》（Koyaanisqatsi）：无人对白下的纪录片叙事之美

- 研究《风之谷》中采用的纯粹视觉和音乐元素，探讨无人对白如何在纪录片中传递深层次的信息和情感。

4.《城市之光》（City of Ghosts）：战争纪录片中的拍摄挑战与技术突破

- 分析《城市之光》中面临的拍摄困境，以及制作团队如何应对这些挑战，展示战争背后的真实生活。

5.《弹丸之地》(The Act of Killing)：纪录片拍摄中的虚构与现实交融

- 研究《弹丸之地》中导演约书亚·奥本海默采用的独特拍摄手法，将纪录片与虚构元素融合，以更深层次地反思历史与人性。

6.《海洋》(Oceans)：水下摄影技术的应用与发展

- 探讨《海洋》中采用的水下摄影技术，以及这些技术如何推动纪录片拍摄在水下领域的发展。

7.《福尔摩斯的托付》(For Sama)：自传式纪录片的情感表达与拍摄手法

- 分析《福尔摩斯的托付》中导演瓦阿达·阿尔=卡特布对个人故事的表达，以及情感与拍摄手法之间的关系。

8.《一秒钟》(One Second)：时间和空间的交织——纪录片中的时光流逝

- 研究《一秒钟》中对时间和空间的独特处理，以探索纪录片如何通过拍摄手法传递观众对生命瞬间的思考。

9.《摆渡人》(The Bridge)：社会问题纪录片中的观众引导与情感共鸣

- 探讨《摆渡人》中如何通过拍摄手法引导观众对社会问题产生深刻共鸣，从而引发社会关注与思考。

10.《拍摄人生》(Cameraperson)：摄影师视角下的自传式纪录片拍摄

- 分析《拍摄人生》中，摄影师克里斯廷·弗雷曼的独特拍摄手法，探讨她是如何通过镜头记录自己的生活和工作经历的。

这些选题涵盖了不同类型和风格的纪录片，从而能够帮助你深入挖掘拍摄手法在纪录片制作中的作用。

125　生成毕业论文大纲的指令模板

扫码看教学视频

毕业论文是指用户在结束当前学业阶段时必须完成的研究性论文，它根据不同的标准可以分为多种类型，如大学生毕业论文、文史类毕业论文等。

虽然，“毕业论文”这个词常用于本科阶段，而硕士和博士阶段更多是用“学位论文”来称呼，但一般情况下毕业也就意味着获得学位，因此毕业论文和学位论文可以视为同义词。

在撰写毕业论文时，用户首先要确定一个自己感兴趣、与专业相关、难度适中的选题，然后对整篇论文的内容进行规划，即创作论文大纲。一个合理的论文大纲可以为论文写作提供指导框架，确保论文逻辑连贯、结构完整、内容精炼，提高论文写作的效率和质量。运用ChatGPT，用户可以快速获得一个完整、合理的论文大纲。

用户运用ChatGPT生成毕业论文大纲时可以采用以下指令模板进行提问。

我是一名×××专业的学生，需要写一篇×××（类型）毕业论文，题目为《×××》，请为我提供一份论文大纲，要求：结构清晰，格式正确，围绕题目展开，内容兼具现实意义和创新性

采用指令模板让ChatGPT生成毕业论文大纲的示例如下。

提问

我是一名汉语言文学专业的学生，需要写一篇本科毕业论文，题目为《女侠的力量与领导力：武侠江湖中的女性权力探析》，请为我提供一份论文大纲，要求：结构清晰，格式正确，围绕题目展开，内容兼具现实意义和创新性：

ChatGPT

当涉及一篇关于“女侠的力量与领导力：武侠江湖中的女性权力探析”的本科毕业论文时，为了确保论文的结构清晰、格式正确，同时保持内容的现实意义和创新性，你可以考虑以下大纲：

Ⅰ. 引言
A. 背景介绍
1. 武侠文学的历史与发展
2. 女性形象在武侠江湖中的演变
B. 论文目的与意义
1. 女性权力在现实社会的重要性
2. 武侠江湖作为文学载体的影响力
C. 研究问题与目标
1. 女性角色在武侠江湖中的力量表现
2. 女性领导力的展现与挑战
3. 武侠江湖作品对现实社会的启示

Ⅱ. 文学综述

A. 武侠文学中的女性形象演变

1. 古典武侠小说中的女性角色

2. 现代武侠作品中的女侠形象

B. 女性领导力理论

1. 现代领导力理论

2. 如何应用于武侠江湖中的女性角色

Ⅲ. 女性力量的体现

A. 武艺与智慧的结合

1. 武侠江湖中女侠的武技表现

2. 智谋与计谋在女性角色中的体现

B. 情感与人际关系的管理

1. 感情与义气在女性领导力中的作用

2. 人际关系的处理与维护

Ⅳ. 领导力的展现与挑战

A. 武侠江湖中女性领导力的成功案例

1. 具体作品中的女性领导力成功案例

2. 对比男性领导力的异同

B. 面临的挑战与困境

1. 武侠江湖中女性领导力受到的质疑与反对

2. 女性角色如何应对挑战与困境

Ⅴ. 现实社会的启示

A. 武侠江湖中女性权力对现实社会的启示

1. 性别平等与女性权益的关联

2. 武侠江湖作品对社会观念的影响

Ⅵ. 结论

A. 论文总结

1. 对武侠江湖中女性力量与领导力的深入理解
2. 对现实社会的启示和应用价值

Ⅶ. 参考文献
- 引用过的相关文学作品、理论等的详细引用

Ⅷ. 附录
- 如有需要，可附上相关数据、图表、武侠江湖中的女性形象插图等。

要确保在写作过程中，充分展开论点，结合具体的武侠江湖作品，分析女性角色的力量和领导力展现，同时考虑现实社会中的性别议题，使得论文既有学术深度，又具备社会关照。

126 检查职称论文内容的指令模板

扫码看教学视频

职称论文是指用于申请或评定职称的学术性论文。不同领域的职称制度有所不同，但一般来说，通过撰写和提交职称论文，用户能够展示其在特定领域内的学术研究、实践经验和专业贡献，从而证明自己符合晋升或评定更高职称的标准。

用户在完成职称论文的写作后，可以借助ChatGPT对论文内容的专业性、正确性进行检查和修改，从而提高职称论文的质量。

用户运用ChatGPT检查职称论文内容时可以采用以下指令模板进行提问。

我是一名×××（身份），为了参与×××（职称等级）的评定，正在撰写一篇职称论文，请你根据相关的专业知识和语法结构，检查以下论文内容和语法结构的正确性，指出问题，并提供修改意见

论文内容：×××

采用指令模板让ChatGPT检查职称论文内容示例如下。

提问

我是一名中学语文老师，为了参与二级教师的评定，正在撰写一篇职称论文，请你根据相关的专业知识和语法结构，检查以下论文内容和语法结构的正确性，指出问题，并提供修改意见：

论文内容：

2.2.1　构建主义理论在多媒体教学中的应用

构建主义理论是教育学中一种强调学生主动参与学习、通过积极的经验构建知识的理论框架。在多媒体技术的引导下，构建主义理论找到了新的应用途径在语文教学中，为创造性、互动性的学习环境提供了支持。

ChatGPT

你的论文内容在描述构建主义理论在多媒体教学中的应用时，表达基本清晰，但有一些地方可以进一步改进。以下是对论文内容和语法结构的一些建议：

1. 语法结构建议：

- 将“构建主义理论找到了新的应用途径在语文教学中”修改为“构建主义理论在语文教学中找到了新的应用途径”，以使句子结构更加流畅。

2. 表达准确性建议：

- 在“通过积极的经验构建知识”一句中，可以进一步解释或提供具体例子，以使读者更好地理解构建主义理论是如何在多媒体教学中应用的。

3. 逻辑连贯性建议：

- 在描述构建主义理论的时候，可以适当引入一些相关的研究或案例，以加强论述的逻辑性和可信度。

修正后的论文内容如下：

2.2.1 构建主义理论在多媒体教学中的应用

构建主义理论是教育学中一种强调学生主动参与学习、通过积极的经验构建知识的理论框架。在多媒体技术的引导下，构建主义理论在语文教学中找到了新的应用途径，为创造性、互动性的学习环境提供了支持。

例如，通过在语文课堂上引入多媒体素材，学生可以更直观地感受语言的生动性和多样性。这种多媒体教学方式有助于激发学生的学习兴趣，使他们更加积极主动地参与课堂活动。同时，构建主义理论的应用还可以通过设计互动式的学习任务，促使学生在实际应用中不断地建构和运用语言知识。

通过以上改进，可以使你的论文更加流畅、准确，并增强逻辑连贯性。希望对你的职称论文有所帮助！

【应用案例篇】

第 13 章
AI 创作短篇小说全流程：《幻剑奇谋》

本章要点：

除了可以在营销、办公、自媒体、教育和学术领域中发挥作用，ChatGPT 还可以在文学领域中大显身手。本章以创作短篇小说《幻剑奇谋》为例，介绍运用 ChatGPT 进行文学创作的技巧和方法。

13.1 4个策划小说内容的方面

策划对于一篇成功的小说而言非常重要。好的策划可以确保小说故事的深度、情节的逻辑和角色的立体，从而增加对受众的吸引力。总的来说，小说策划可以从选题、大纲、人物和设定这4个方面展开。

127 小说选题的策划

扫码看教学视频

创作小说的第一步，就是策划一个选题。一个好的选题可以激发用户的创作热情，引起受众的兴趣，让小说从同类作品中脱颖而出。下面将介绍让ChatGPT策划小说选题的操作方法。

步骤01 在ChatGPT的输入框中输入指令，按【Enter】键确认，ChatGPT会列出策划小说选题需要的信息，相关指令和回复内容如下。

提问

我想请你帮我策划一个短篇小说的选题，我需要给你提供哪些信息：

ChatGPT

当然可以！为了帮助我更好地为你策划一个短篇小说，你可以提供以下信息：

1. 题材偏好：你对什么类型的故事感兴趣？比如爱情、科幻、奇幻、惊悚、悬疑等。

2. 故事背景：你有没有特定的背景或场景想要包含在故事中？比如城市、乡村、未来世界等。

3. 主要角色：你想要的主人公是什么样的人物？在性格、职业、目标等方面有何特点？

4. 情节要素：你是否希望有特定的情节元素或转折点包含在故事中？比如意外发现、重大决定、悬念等。

5. 主题或信息传达：你希望通过故事传达什么样的主题或信息？

6. 故事长度：你期望这个短篇小说的长度是多少？比如几千字、几万字等。

提供这些信息可以帮助我更好地理解你想要的故事风格和要素，从而为你提供更符合期望的选题。

步骤 02 在同一个聊天窗口中继续输入指令，按【Enter】键确认，ChatGPT 会提供 10 个小说选题，相关指令和回复内容如下。

提问

请根据以下信息，提供10个短篇小说的选题：

我希望写一个短篇武侠故事，故事发生在虚构的时空背景中；主人公是一位侠女；不要有太多爱情故事的描写，希望更侧重于体现女性在江湖闯荡的不易和彼此之间的互帮互助；小说最好对现实生活有一定的折射和启示；字数在3000～8000字以内。

ChatGPT

以下是基于你提供的信息，为你设计的10个短篇武侠小说选题：

1.《剑指苍穹》

主人公是一位侠女，她在江湖中追寻一把传说中的神剑，但在这个过程中，她发现剑并非是唯一的力量，而同伴之间的互帮互助才是最强大的武器。

2.《花影幽林》

一位孤独的侠女在一片神秘的幽林中与其他武林人士相遇，大家联手面对幽林中的危机，故事中反映出女性在江湖中坚韧不拔、勇敢无畏的一面。

3.《雪儿行侠》

在一个冰雪覆盖的世界，一位侠女踏雪而行，救助那些被困在冰雪中的人。小说中体现出女性在恶劣环境中的顽强和奉献精神。

4.《红颜刀影》

主人公是一位以匕首为武器的侠女，她与另一位性格迥异的女侠结伴行侠，两人在江湖中追寻正义，彼此之间展现出战友般的深厚友谊。

5.《魂影飞翔》

一位能够控制影子的神秘侠女，在江湖中为正义而战。小说中通过她的经历，反映女性在江湖中独立、坚定的形象。

6.《倩女幽魂》

主人公是一位能够与鬼魂交流的侠女，她在江湖中遇到了一群冤魂，通过帮助他们实现心愿，展现出女性在江湖中温柔善良的一面。

7.《云中漫步》

在一个悬崖峭壁的世界里，一位轻功高超的侠女与一名失忆的仙女结为姐妹，两人共同面对艰难险阻，彼此成长。

8.《碧海孤鸿》

一位侠女在大海中冒险，寻找传说中的神秘岛屿。她在航海的过程中结识了各种江湖人士，展现女性在冒险中的坚强和智慧。

9.《星夜飞歌》

在一个星空灿烂的夜晚，一位弹奏琴音的侠女与其他音乐家结伴行侠，通过音乐传递正能量，体现女性在江湖中的美好。

10.《风云之巅》

在武林大会上，一位侠女与其他武林高手展开激烈的角逐，通过她的努力和不懈追求，反映女性在竞争激烈的江湖中的坚持和拼搏。

★ 专 家 提 醒 ★

如果用户对 ChatGPT 提供的选题不满意，可以要求它重新生成，或者再添加一些要求进行生成。

步骤 03 在同一个聊天窗口中继续输入指令，按【Enter】键确认，ChatGPT会进一步细化小说选题，相关指令和回复内容如下。

提问

请根据以下信息，提供10个短篇小说的选题：

我希望写一个短篇武侠故事，故事发生在虚构的时空背景中；主人公是一位侠女；不要太多爱情故事的描写，希望更侧重于体现女性在江湖闯荡的不易和彼此之间的互帮互助；小说最好对现实生活有一定的折射和启示；字数在3000～8000字以内。

ChatGPT

《剑指苍穹》

在一个虚构的武侠世界里，有一位侠女名叫蓝雪，她听闻江湖中有一把传说中的神剑，号称能够剑指苍穹，使持有者无敌于天下。蓝雪深受武林中人的尊敬，她决定踏上征途，追寻这把神剑，以期能够维护正义、平息纷争。

随着她的旅途，蓝雪不断遭遇各种挑战和险境。在面对敌手的时候，她深感武艺固然重要，但单靠一柄剑是无法解决所有问题的。在与各路江湖人士相遇的过程中，蓝雪逐渐认识到同伴之间的互帮互助才是最强大的武器。

故事中，蓝雪可能会结识一位精通医术的医者，一位擅长机巧制造的工匠，以及一位智谋出众的谋士。每个同伴都在关键时刻发挥出独特的才能，帮助蓝雪渡过难关。而蓝雪也在帮助同伴解决个人问题的过程中，逐渐明白剑术之外的力量同样重要。

或许，在寻找神剑的过程中，他们还会面临一些道德和伦理的选择，让蓝雪更加深刻地理解到力量的责任。最终，蓝雪可能会发现，她的同伴和团结起来的力量，才是真正指向苍穹的强大利剑。

通过这个故事，可以反映女性在江湖中的坚韧和智慧，以及互相帮助的团队精神。同时，通过对剑术与同伴协作的关系进行深入探讨，可以传达关于合作、友谊和共同奋斗的现实生活启示。

步骤 04 在同一个聊天窗口中继续输入指令，按【Enter】键确认，ChatGPT 会重新提供一个添加了新意的小说选题，相关指令和回复内容如下。

提问

请为这个选题添加一些新意：

ChatGPT

《剑指苍穹》

在武侠世界中，蓝雪追寻传说中的神剑，但她并不是唯一追逐的人。江湖中，一群多元化的独立女侠也对这把神剑心生渴望。为了寻找这把传说之剑，她们决定组成一支名为“青凰刃”的女侠团队。

每个女侠都拥有独特的技能和背景，有的精通暗器，有的擅长幻术，有的是天生的领导者。蓝雪作为团队领袖，需要调动每个人的优势，共同应对江湖险境。

在寻找神剑的过程中，她们面临来自其他势力的竞争和考验。同时，她们也在团队内部发现了各自的脆弱与过去，通过互帮互助和共同成长，更加坚固了彼此之间的感情。

在这个过程中，她们或许会发现神剑并非只是一把普通的武器，而是一种象征，代表着正义、勇气、智慧等价值观。最终，她们或许会意识到，真正的力量并非来自剑的锋芒，而是来自她们团结一致的信念。

通过这个故事，可以强调多元女性形象在武侠世界中的存在，打破传统的侠客形象。同时，通过塑造女性角色之间的深厚友谊和互相支持，强调团队协作的力量。最终，故事可以表达关于女性在团结中发挥巨大潜力的启示。

128 故事大纲的生成

扫码看教学视频

有了小说的选题，用户就可以让ChatGPT根据选题生成完整、详细的故事大纲，便于后续小说的创作和优化。下面将介绍让ChatGPT生成小说故事大纲的操作方法。

步骤 01 新建一个聊天窗口，在 ChatGPT 的输入框中输入指令，按【Enter】键确认，ChatGPT 会生成对应的故事大纲，相关指令和回复内容如下。

提问

请根据以下信息和选题，生成一部短篇武侠小说的故事大纲：

信息：故事发生在虚构的时空背景中；主人公是一位侠女；不要太多爱情故事的描写，希望更侧重于体现女性在江湖闯荡的不易和彼此之间的互帮互助；小说最好对现实生活有一定的折射和启示；字数在3000～8000字以内

选题：《剑指苍穹》

在武侠世界中，蓝雪追寻传说中的神剑，但她并不是唯一追逐的人。江湖中，一群多元化的独立女侠也对这把神剑心生渴望。为了寻找这把传说之剑，她们决定组成一支名为“青凰刃”的女侠团队。

每个女侠都拥有独特的技能和背景，有的精通暗器，有的擅长幻术，有的是天生的领导者。蓝雪作为团队领袖，需要调动每个人的优势，共同应对江湖险境。

在寻找神剑的过程中，她们面临来自其他势力的竞争和考验。同时，她们也在团队内部发现了各自的脆弱与过去，通过互帮互助和共同成长，更加坚固了彼此之间的感情。

在这个过程中，她们或许会发现神剑并非只是一把普通的武器，而是一种象征，代表着正义、勇气、智慧等价值观。最终，她们或许会意识到，真正的力量并非来自剑的锋芒，而是来自她们团结一致的信念。

通过这个故事，可以强调多元女性形象在武侠世界中的存在，打破传统的侠客形象。同时，通过塑造女性角色之间的深厚友谊和互相支持，强调团队协作的

力量。最终，故事可以表达关于女性在团结中发挥巨大潜力的启示。

ChatGPT

《剑指苍穹》故事大纲：

第一章：青凰刃的集结

在一个充满神秘和危险的武侠世界中，传说中的神剑“苍穹之刃”成为江湖侠士们争相追逐的目标。蓝雪，一位出色的侠女，怀揣着对这把神剑的渴望。她并非孤身一人，江湖上有许多独立的女侠们，也对这把剑心生向往。为了共同寻找苍穹之刃，她们决定组成一支名为“青凰刃”的女侠团队。

第二章：各显神通

青凰刃团队的成员来自不同的门派，拥有独特的武技和才能。有的擅长剑法，有的精通暗器，有的则能操控幻术。作为团队领袖，蓝雪需要善于发挥每个人的优势，组织大家合作，共同面对江湖险境。在相互磨合的过程中，她们不仅学到了各种新的武技，还建立了深厚的友谊。

第三章：江湖征途

随着青凰刃的成员越来越深入江湖，她们开始面临来自其他势力的竞争和考验。一些邪恶势力试图阻止她们找到苍穹之刃，而一些无关风格的江湖人士也加入了这场争夺。蓝雪带领着团队，展现出女侠们的机智和勇气。

第四章：内外矛盾

在团队内部，每个女侠都有自己的过去和脆弱之处。通过团队协作的过程，她们开始彼此理解，慢慢打破了心中的障碍。有的失去亲人，有的背负着不为人知的使命，而在这个过程中，她们彼此成为支持和依靠的力量。

第五章：苍穹之刃的真谛

随着时间的推移，青凰刃团队逐渐接近苍穹之刃的所在地。然而，她们发现这把神剑并非只是一把普通的武器。苍穹之刃代表着正义、勇气、智慧等价值观。通过寻找神剑的过程，女侠们逐渐认识到真正的力量并非来自剑的锋芒，而是来自她们团结一致的信念。

第六章：力量的源泉

最终，青凰刃团队成功获得了苍穹之刃。然而，她们更加珍惜的是在征途中建立起来的深厚友谊和互相支持。这并非只是一场寻找神剑的冒险，更是一次女侠们共同成长的旅程。在这个武侠世界中，她们的存在不仅打破了传统的侠客形象，更展现出多元女性形象在团结中发挥巨大潜力的力量。她们用行动告诉江湖，女侠同样可以在剑指苍穹的道路上翱翔。

步骤 02 在同一个聊天窗口中继续输入指令，按【Enter】键确认，ChatGPT会对故事大纲进行细化，相关指令和回复内容如下。

提问

请细化这个大纲：

ChatGPT

第一章：青凰刃的集结

- 开篇描绘武侠世界的神秘氛围，引出传说中的神剑“苍穹之刃”。

- 主人公蓝雪在江湖中听闻苍穹之刃的传说，对其心生向往，决定寻找这把神剑。

- 蓝雪邀请多位独立的女侠，每人都有独特技能，组成“青凰刃”团队。

第二章：各显神通

- 介绍青凰刃团队的成员，她们来自不同门派，各有所长。

- 蓝雪作为领袖，善于发挥每位成员的特长，组织训练，磨合团队协作。

- 团队成员在相互合作的过程中建立了深厚友谊，同时了解了彼此的过去和心结。

第三章：江湖征途

- 青凰刃团队踏上征途，面对其他势力的竞争和各种考验。

- 描写女侠们的机智、勇气，以及她们之间的默契和团结。

- 一些邪恶势力试图阻挠她们寻找苍穹之刃，引发激烈的武侠场面。

第四章：内外矛盾

- 在征途中，团队内部发现了成员的过去和脆弱之处，有的失去亲人，有的背负着使命。

- 成员们通过互相支持，逐渐打破内心的障碍，更加紧密地团结在一起。

- 揭示女侠们背后的坚韧和对正义的信仰，增强读者对她们的情感认同。

第五章：苍穹之刃的真谛

- 青凰刃团队逐渐接近苍穹之刃的所在地，发现这把剑不仅仅是一把武器。

- 描述神剑象征的正义、勇气、智慧等价值观，使女侠们对征途的意义有更深的理解。

- 强调力量的真谛不在于剑的锋芒，而在于女侠们团结一致的信念。

第六章：力量的源泉

- 最终，青凰刃团队成功获得苍穹之刃，但她们更加珍视团队间建立起来的深厚友谊。

- 剧情高潮，展现女侠们在共同成长的旅程中所取得的成就。

- 故事结尾表达女性在团结中发挥潜力的启示，打破传统侠客形象，展现多元女性形象的力量。

129　人物形象的设计

扫码看教学视频

形象、生动、特色鲜明的人物是小说的灵魂。饱满的人物形象可以增加故事深度、更精准地表达故事主题、引起受众的情感共鸣。下面将介绍让ChatGPT设计人物形象的操作方法。

步骤 01 在生成故事大纲的聊天窗口中输入指令，按【Enter】键确认，ChatGPT 会设计出主要的人物形象，相关指令和回复内容如下。

提问

请根据故事大纲，设计出主要的人物形象：

ChatGPT

1. 蓝雪

- 角色定位：故事的主人公，青凰刃团队的领袖，出色的剑客。

- 外貌特征：身姿修长，清澈的蓝眸，乌黑长发。

- 性格特点：冷静、果断，有着深厚的正义感，对团队成员关怀备至。

- 武技：精通剑法，灵活如燕，深谙武林精髓。

2. 玉华

- 角色定位：青凰刃团队成员之一，擅长暗器，机智敏锐。

- 外貌特征：玉润如华，柔美的容颜下隐藏着坚毅之气。

- 性格特点：聪慧机智，独立而坚定，擅长运筹帷幄。

- 武技：精通各种暗器，善于利用周围环境，瞬间攻击敌人。

3. 风云

- 角色定位：青凰刃团队成员之一，天生的领导者，擅长剑术和战略谋划。

- 外貌特征：身姿挺拔，风华绝代，长发飘逸。

- 性格特点：具有领导力，正直而坚韧，对团队充满责任感。

- 武技：娴熟的剑法，擅长团队战术，能够迅速做出明智的决策。

4. 翠影

- 角色定位：青凰刃团队成员之一，擅长幻术，擅长迷惑敌人。

- 外貌特征：身形婀娜，眼中透着一丝神秘感。

- 性格特点：沉默寡言，深思熟虑，精通幻术，擅长欺敌制胜。

- 武技：精通幻术，能够制造出迷离的场景，混淆敌人视线。

5. 黑鹰

- 角色定位：青凰刃团队成员之一，擅长近身搏击，机敏而敏锐。

- 外貌特征：黑衣黑发，犀利的眼神，肌肉线条明显。

- 性格特点：勇猛果敢，为人忠诚，擅长使用双手刃。

- 武技：近身搏击，力量惊人，速度敏捷，是团队的战力担当。

6. 诸势力代表：

- 邪恶势力首领（暂定名"血影"）：野心勃勃，妄图获取苍穹之刃以谋取霸业。

- 江湖散仙（暂定名"独行剑客"）：不加入任何门派，独自行走江湖，对神剑充满向往。

- 神秘幕后势力（暂定名"幽影宗"）：操纵一切幕后，暗中观察青凰刃团队，目的不明。

步骤 02 在同一个聊天窗口中继续输入指令，按【Enter】键确认，ChatGPT会对人物形象进行修改，相关指令和回复内容如下。

提问

请根据以下要求对人物形象进行修改：

要求：1. 人物形象要有创新；2. 人物的名字要有诗意；3. 青凰刃团队由4名女性组成；4. 关于其他势力代表的设计更详细一些。

ChatGPT

1. 蓝雪

- 角色定位：故事的主人公，青凰刃团队的领袖，以风雪剑法独步江湖。
- 外貌特征：蓝色丝巾围头，冰雪般的眸子，剑姿翩若惊鸿。
- 性格特点：冷静如雪，剑术高绝，对团队成员呵护有加。
- 武技：风雪剑法，凌厉犀利，能够化繁为简，横扫敌军。

2. 月华

- 角色定位：青凰刃团队成员之一，擅长音律幻术，迷人而神秘。
- 外貌特征：淡紫长裙，月白的发丝，流露出一种雅致的气质。
- 性格特点：沉静而细腻，掌握幻音之术，为团队增色不少。
- 武技：音律幻术，能够通过音乐迷惑敌人，制造出幻象。

3. 翠枫

- 角色定位：青凰刃团队成员之一，拥有千变万化的风之术。
- 外貌特征：碧绿短袍，如风般轻盈的步伐，眼中流转着一片清风。
- 性格特点：活泼而灵动，能操控风之力，为团队提供战略支持。
- 武技：风之术，能够操控狂风暴雨，变化莫测。

4. 紫霞

- 角色定位：青凰刃团队成员之一，以雷电掌法著称，性格刚烈。
- 外貌特征：紫色战袍，黑云般的长发，气场强大。
- 性格特点：坚韧而勇猛，掌握雷电掌法，是战场上的强大力量。
- 武技：雷电掌法，能够释放强大的雷电力量，打破敌军阵线。

5. 雪羽 - 邪恶势力首领

- 角色定位：邪恶势力的领袖，以毒物和寒冷之术为主要手段。
- 外貌特征：雪白的羽毛披散，冷酷的面容，手持寒冷之刃。
- 性格特点：阴险狡诈，以毒计和寒冷攻势为主，野心勃勃。
- 武技：冰毒双修，能够通过冰毒侵蚀敌人，令人防不胜防。

6. 剑君 - 幽影宗的宗主

- 角色定位：幽影宗的宗主，操控阴影和暗杀术的高手。
- 外貌特征：黑袍笼罩，眼神深邃，总是隐匿在幽影中。
- 性格特点：神秘而冷酷，善于操控暗杀手段，隐藏深不可测。
- 武技：幽影暗杀术，能够在阴影中随意穿梭，出其不意地袭击敌人。

7. 独舞 - 江湖散仙

- 角色定位：江湖散仙，独自行走江湖，以单剑为伴。

- 外貌特征：身着白衣，长剑随意搭在肩上，眼神清冷而高傲。

- 性格特点：独立而孤傲，对苍穹之刃有着深厚的向往，不受拘束。

- 武技：单剑独行，能够凭借高超的剑术独自闯荡江湖。

130 小说设定的完善

小说设定是构建故事世界的基础，一个完善的设定可以增加小说的完整度、逻辑性和真实感，让人物的行为变得合理化。下面将介绍让ChatGPT完善小说设定的操作方法。

扫码看教学视频

步骤 01 在设计人物形象的聊天窗口中输入指令，按【Enter】键确认，ChatGPT 会对小说的设定进行完善，相关指令和回复内容如下。

提问

请根据故事大纲和人物形象，完善小说的设定：

ChatGPT

设定：

1. 时空背景：

- 故事发生在一个充满武侠风情的虚构时空，武林盛行，江湖动荡不安。

2. 苍穹之刃：

- 苍穹之刃并非普通武器，而是由神秘的宇宙之力凝聚而成，代表正义、勇气、智慧。

- 据说，能够唤起持有者最深层的力量，但只有真正的心怀正义者才能得到其青睐。

3. 青凰刃团队的基地：

- 青凰刃团队的基地位于一座隐藏在深山之中的古老庙宇，庙宇周围有神秘的符文阵，能够隐匿其存在。

4. 江湖门派：

- 蓝雪来自“碧霜剑宗”，以剑术为主，门派注重内外修炼，以剑道为修行之本。

- 月华出自“幽韵音阁”，以音律幻术为主，门派位于深山之中，以神秘而雅致著称。

- 翠枫所属门派为“风影宫”，擅长风之术，门派建在高山之巅，终年风起云涌。

- 紫霞归属“雷霆堂”，注重雷电掌法的修炼，门派坐落在阴云密布的山脉之中。

5. 敌对势力：“影寒宗”

- 雪羽为“影寒宗”的首领，该宗旨在于研究毒物和寒冷之术，其总部隐藏在北方冰原深处。

- 他们欲借苍穹之刃之力，掌控江湖，将其陷入冰封与毒雾之中。

6. 幕后操纵：“幽影宗”

- 幽影宗宗主剑君，擅长操纵阴影和暗杀术。

- 他们隐藏在武林幕后，观察青凰刃团队的一举一动，暗中策划着一场更大的阴谋。

7. 江湖散仙：“孤剑独行”

- 独舞是一位孤独行走江湖的剑客，对苍穹之刃充满向往，追求剑道的至高境界。

- 她在江湖中独自行走，寻找着关于苍穹之刃的线索，成为青凰刃团队的友情支持者。

8. 小说风格：

- 故事融合了武侠、仙侠、奇幻等元素，以女性为主的团队在江湖中奋斗，打破传统武侠中以男性为主的格局。

- 情节跌宕起伏，展现出女性在江湖中的坚韧和力量，凸显了团结一致的友谊与信念的伟大。

步骤 02 在同一个聊天窗口中继续输入指令，按【Enter】键确认，ChatGPT 会根据要求对设定进行修改，相关指令和回复内容如下。

提问

请根据以下要求，对设定进行修改后提供一份完整的设定：

要求：1. 增加一些创新；2. 青凰刃团队的基地设定在江南的一处园林中；3. 幽影宗还擅长制作傀儡，他们想抓住青凰刃团队的成员并将她们制作成傀儡之王。

ChatGPT

设定：

1. 时空背景：

- 故事发生在江南一片古老而宏伟的仙侠世界，武林盛行，江湖动荡。

2. 苍穹之刃：

- 苍穹之刃并非普通武器，而是宇宙之力的象征，代表正义、勇气、智慧。

- 只有那些真正怀有正义之心的侠士，才能够得到苍穹之刃的认可。

3. 青凰刃团队的基地：

- 青凰刃团队的基地设在江南一处古老的园林中，园内翠竹婆娑，风铃悠扬。湖中有一座小岛，建有一座隐秘的庙宇，是她们的培训和休憩之所。

4. 江湖门派：

- 蓝雪来自江南一带的“碧霜剑宗”，门派以剑术为主，修习心法注重内外兼修。

- 月华所属门派为“幽韵音阁”，以音律幻术为主，注重与自然之音的共鸣。

- 翠枫所属门派为“风影宫”，擅长风之术，门派建在古老的山洞之中，风景如画。

- 紫霞隶属于“雷霆堂”，以雷电掌法为主，门派位于险峻的雷峰塔下。

5. 敌对势力：“影寒宗”

- 雪羽为“影寒宗”的首领，总部隐藏在北方冰原深处。

- 该宗主攻击手段主要以冰雪和毒物为主，欲将江湖陷入永久的冰雪之中。

6. 幕后操纵：“幽影宗”

- 幽影宗宗主剑君，擅长操纵阴影和暗杀术，总部设于深山之中的幽谷。

- 该宗还擅长制作傀儡，渴望抓住青凰刃团队的成员，并将她们制作成“傀儡之王”。

7. 傀儡之王计划：

- 幽影宗计划抓住青凰刃团队的成员，将她们制作成强大的傀儡，称为“傀儡之王”。

- 傀儡之王将拥有强大的武力，完全受制于幽影宗，成为其在武林中的利器。

8. 江湖散仙："孤剑独行"

- 独舞是一位孤独行走江湖的剑客，对苍穹之刃充满向往。

- 她在江湖中独自行走，寻找着关于苍穹之刃的线索，成为青凰刃团队的友情支持者。

9. 小说风格：

- 故事融合了武侠、仙侠、奇幻等元素，以女性为主的团队在江湖中奋斗，打破传统武侠中以男性为主的格局，情节跌宕起伏，展现出女性在江湖中的坚韧和力量，凸显了团结一致的友谊与信念的伟大。傀儡之王计划为故事增添了更深层次的紧张与挑战。

13.2　4 个生成和优化小说的步骤

完成了小说的前期策划，接下来用户就可以让ChatGPT创作小说内容了。小说创作完成后，用户还可以让ChatGPT对内容进行修改和优化。另外，标题和简介也是小说的重要组成部分，因此用户还需要对小说的标题和简介进行精心构思。

131　小说内容的生成

扫码看教学视频

由于ChatGPT单次回复的字数有限制，很难在一个回复中让ChatGPT生成小说的全部内容，因此用户可以分章节让ChatGPT进行生成。下面将以第1章为例，介绍让ChatGPT生成小说内容的操作方法。

提问

请根据人物形象、故事设定和以下大纲，完成小说第一章的创作，字数在1000字以内：

第一章：青凰刃的集结

- 开篇描绘武侠世界的神秘氛围，引出传说中的神剑"苍穹之刃"。

- 主人公蓝雪在江湖中听闻苍穹之刃的传说，对其心生向往，决定寻找这把神剑。

- 蓝雪邀请多位独立的女侠，每人都有独特技能，组成"青凰刃"团队。

ChatGPT

江南的古老园林中，清风徐徐，湖水悠悠，掩映在碧绿的竹林和白墙黛瓦之间的小庙散发着神秘的氛围。在这个隐秘的角落，隐藏着一个传说中的武侠组织——“青凰刃”。

一轮明月悬挂在夜空，如水的月光洒落在江南的大地上，勾勒出一片梦幻般的画卷。寂静的庭院中，只有微风拂过竹叶发出的沙沙声。而在这个宁静的夜晚，蓝雪，一位拥有清澈蓝眸和乌黑长发的女侠，正屹立在小庙前，凝视着远方的苍穹。

传说中，那里隐藏着一把神剑——“苍穹之刃”。剑身如水晶，剑锋似星辰，具有无尽的力量。这把剑象征着正义、勇气和智慧，是江湖中令人向往的存在。而蓝雪听闻这个传说后，心中的渴望变得愈加强烈。

站在庙前，蓝雪的蓝裙微微飘动，她的眼中闪烁着执着的光芒。决然抬起手，蓝雪轻轻抚摸着腰间的蓝色长剑，她已决定要寻找苍穹之刃，而这将是一场前所未有的冒险。

“苍穹之刃，究竟在何处？”蓝雪低语着，她知道，这将是一场漫长而危险的征程。然而，在她的内心深处，对于这把神剑的渴望超过了一切。

为了追寻苍穹之刃，蓝雪开始邀请江湖中的各路女侠，组成一支名为“青凰刃”的团队。每一位女侠都拥有独特的技能和背景，她们擅长剑法、音律、风术、雷电掌法，各自是江湖中的佼佼者。

第一位被邀请的是月华，一位擅长音律幻术的女侠。她身穿淡紫长裙，微笑着走入庙宇，随着她的脚步，一阵悠扬的音律如水波荡漾。

接着是翠枫，一位能够操控风之力的女侠。她身着碧绿短袍，手中轻执一把风影之剑，如翠叶般舞动。

最后走进小庙的是紫霞，雷霆堂的弟子，她黑衣紫袍，手中紧握雷霆之锤。一股威震四方的雷电之力似乎随着她的脚步而起。

在庙宇的中央，蓝雪看着她们，心中充满了自信和对未来的期待。这个由独立而强大的女性组成的团队，注定会在江湖中掀起一番轰轰烈烈的波澜。

“青凰刃，我们的使命开始了。”蓝雪眸中闪烁着坚定的光芒，一声清脆的剑鸣划破夜空，宛如青凰展翅，携风而去。

江南的古老园林中，一个新的传说开始徐徐展开。而在这个团队的旗帜下，女侠们将共同寻找苍穹之刃，直面江湖的风雨，绽放属于她们的光芒。

132　小说内容的优化

在对小说内容进行优化时，用户可以让ChatGPT自行对内容进行评价和修改；也可以从内容是否符合设定、语言是否优美等方面提出修改要求，让ChatGPT根据要求进行修改。下面将以第1章为例，介绍让ChatGPT优化小说内容的操作方法。

扫码看教学视频

步骤 01 在生成第 1 章内容的聊天窗口中输入指令，按【Enter】键确认，ChatGPT 会对第 1 章进行评价，相关指令和回复内容如下。

提问

请根据人物形象和故事设定，找出第一章内容的优缺点：

ChatGPT

第一章内容的优点：

1. 神秘氛围描写：开篇通过描绘江南的古老园林、清风徐徐的夜晚，以及隐藏在庙宇中的“青凰刃”组织，成功营造了武侠世界的神秘氛围，引起读者的好奇心。

2. 传说中的神剑：通过引出传说中的神剑“苍穹之刃”，为故事奠定了一个令人向往的目标，增加了故事的吸引力。

3. 主人公的向往与决心：蓝雪对苍穹之刃的向往和决心在第一章中得到了充分的展现，使读者更容易产生对主人公的共鸣和关注。

4. 多元女性团队：通过邀请不同背景、不同技能的女侠组成“青凰刃”团队，为故事引入了多元的元素，打破了传统武侠中以男性为主的格局。

第一章内容的缺点：

1. 背景描写过于单一：尽管有神秘的氛围，但江南的古老园林的描写仍显得有些单一，缺乏更加生动细腻的描绘，可能影响读者对场景的深度感受。

2. 女侠的介绍较为简单：在介绍女侠时，虽然提到了她们的技能和外貌特征，但缺乏更多的细节和情感元素，使人物形象略显平淡。

3. 剧情推进较为迅速：故事剧情推进较为迅速，有可能使读者对故事背景和人物的了解不够深入，希望在后续章节中有更多的拓展和描写。

4. 傀儡之王计划出现较晚：傀儡之王计划是故事的一大亮点，但在第一章中出现较晚，可能使读者对这一情节的关注程度稍显不足。

改进方向：可以在后续章节中更加深入地描绘背景，丰富女侠的形象和个性，适度减缓剧情推进速度，同时提前引入故事的重要元素，以增加读者的期待和悬念。

步骤 02 在同一个聊天窗口中继续输入指令，按【Enter】键确认，ChatGPT会重新生成第1章的内容，相关指令和回复内容如下。

提问

请根据以上建议和下面的要求，重新生成第1章：

要求：语言不够优美，没有古韵；对于背景和女侠的描写还可以更丰富一些。

ChatGPT

江南古老的园林，夜晚如梦如幻。微风拂过，挑动着竹叶，沙沙作响，仿佛有千年的故事随风飘散。

在这片古静之地，一座小庙隐匿在深林之中。月光洒在白墙青瓦上，映照出庙宇的静穆。此庙名曰"寒霜寺"，为江湖传说中的一处神秘场所。

庙前，一位女侠孤立在明月之下，她名叫蓝雪。蓝裙轻拂，蓝色长剑挂于腰侧，她的双眸深邃如夜空，注视着远方的苍穹。传说中的神剑"苍穹之刃"激起了她心中的向往，仿佛那是一抹她生命中不可或缺的蓝。

她轻启红唇，低语着："苍穹之刃，究竟横卧何处？"她知道，这不仅是一把剑，更是一段传说。她的心在激荡，下定决心，要踏上寻剑之路。

而在这个寂静之夜，她邀请了江湖中的佼佼者，那是一支由独立的女侠组成的团队——"青凰刃"。

庙内，烛光摇曳，映照着月华的微笑。月华，幽韵音阁的高手，身穿淡紫长裙，如仙子般轻盈。她手中有一把纤巧的琴，弹奏出空灵悠扬的旋律，音符在夜空中回荡，仿佛有星辰陨落。

随后，翠枫缓步而入，风影宫的精英。她身披碧绿短袍，步履轻盈如翠叶飘舞。一把风影之剑携着清风，似乎在诉说她对风之力的掌控。

最后，雷霆堂的紫霞踏入庙宇，黑袍紫裙，雷霆之锤挟雷鸣之势。她的目光如电，充满了对雷电掌法无尽的掌握。

四位女侠在寒霜寺集结，她们的目光汇聚，如同四颗明珠散发出独特的光芒。蓝雪看着她们，眼中闪烁着坚定之色。

“苍穹之刃，我们将找到你。”蓝雪提刀起誓，她们的誓言在夜空中回响。青凰刃，一支由独立而强大的女性组成的团队，蓄势待发，要在江湖中掀起一场属于她们的旋风。

133　小说标题的构思

扫码看教学视频

标题可以起到吸引受众关注和传达主题思想的作用，一个好的标题可以让小说在同类作品中脱颖而出，让受众更容易记住和识别作品。下面将介绍让ChatGPT构思小说标题的操作方法。

步骤 01 在 ChatGPT 的输入框中输入指令，按【Enter】键确认，ChatGPT 会提供 10 个小说标题，相关指令和回复内容如下。

提问

好的小说标题应该能传达作品的主题思想，并且能吸引目标受众的关注。请根据这些特点，生成10个小说标题：

ChatGPT

1.《星辰之梦：青凰刃的江湖探秘》
2.《蓝雪之剑：苍穹之刃的传承之旅》
3.《风华绝代：江南幽韵，青凰刃的羁绊》
4.《雷霆誓言：紫霞闯荡江湖的奇幻征程》
5.《琴韵之影：月华与青凰刃的音律传奇》
6.《风影传承：翠枫的剑术之道》
7.《寒霜庙谜：神秘江南庙宇的青凰传说》
8.《傀儡之王计：幽影宗的阴谋与青凰刃的对决》
9.《碧霜之舞：青凰刃的武林女侠联盟》
10.《江湖烟雨：孤剑独行与青凰刃的相遇》

步骤 02 在同一个聊天窗口中继续输入指令，按【Enter】键确认，ChatGPT 将重新生成 10 个小说标题，相关指令和回复内容如下。

提问

这些标题的创新性和吸引力不够，也没有突出小说的主题思想，请重新提供10个小说标题：

ChatGPT

1.《剑影潜行：青凰刃江湖之谜》
2.《星光梦舞：苍穹之刃的传世奇遇》
3.《花影风华：青凰刃女侠群英谱》
4.《雷霆誓言：紫霞的征途之雷》
5.《琴心剑魄：月华与青凰刃的交响奇幻》
6.《翠影风姿：翠枫的风之征程》
7.《寒霜秘庙：青凰刃江南幻梦》
8.《傀儡之王计：暗影幽谋与青凰刃的对决》
9.《碧霜传承：青凰刃武林盟誓》
10.《独舞幻梦：江湖之心与青凰刃的相遇》

步骤03 在同一个聊天窗口中继续输入指令，按【Enter】键确认，ChatGPT会根据要求重新生成小说标题，相关指令和回复内容如下。

提问

请根据以下要求，重新生成10个小说标题：
要求：小说标题在3～6个字之间，不要出现角色名称，要具有独特性。

ChatGPT

1.《幻剑奇谋》
2.《风雷之约》
3.《星光誓盟》
4.《夜华之梦》
5.《剑魂华章》
6.《梦雪乾坤》
7.《风云之辉》
8.《寒霜绝影》
9.《雷誓江湖》
10.《影舞幽光》

在让ChatGPT生成小说标题的过程中，用户可以向ChatGPT提供自己对标题的意见，这样才能让ChatGPT根据用户需求对标题进行优化。最后，用户在

ChatGPT生成的标题中选择比较满意的一个即可，例如，这里选择《幻剑奇谋》作为小说的标题。

134　小说简介的撰写

扫码看教学视频

小说简介是宣传和推广一部小说时必不可少的部分。一般来说，小说的标题和简介是受众第一次接触一部小说的内容，因此小说简介的好坏一定程度上决定了受众是否会选择阅读小说。需要注意的是，小说简介是写给受众看的，因此用户在创作时要考虑小说的亮点、目标受众和发布平台。下面将介绍让ChatGPT撰写小说简介的操作方法。

步骤 01 在 ChatGPT 的输入框中输入指令，按【Enter】键确认，ChatGPT 会提供小说的亮点和目标受众，相关指令和回复内容如下。

提问

请根据故事大纲、人物形象和故事设定，总结出小说的亮点和目标受众：

ChatGPT

小说亮点：

1. 多元女性形象：小说突破传统武侠中以男性为主的格局，聚焦于由独立、强大的女性组成的团队，每位女侠都拥有独特的技能和背景，展现了不同侠女的风采。

2. 团队协作与成长：故事强调青凰刃团队的协作和成长过程，通过彼此之间的互帮互助，描绘了深厚的友谊和羁绊，强调了团队力量的重要性。

3. 苍穹之刃的象征：苍穹之刃不仅是一把神剑，更是正义、勇气、智慧等价值观的象征。这个元素赋予了故事更深层次的寓意，超越了传统武侠故事的框架。

4. 傀儡之王计划：幽影宗的傀儡之王计划为故事增添了紧张的情节，对青凰刃团队提出了更大的考验，引发读者对剧情发展的关注。

5. 江南园林与幽谷：小说将基地设定在江南的一处园林中，将幽影宗总部设于深山之中的幽谷，为故事赋予了独特的场景，增强了江湖奇幻的氛围。

目标受众：

1. 喜爱武侠奇幻的读者：适合喜欢武侠元素，并对奇幻设定感兴趣的读者，可以通过故事中的江湖冒险和神秘力量找到共鸣。

2. 注重多元女性形象的读者：针对希望看到强大、独立女性形象的读者，强调女性在江湖中的成长和互相支持的故事线。

3. 追求团队协作和友谊的读者：适合喜欢团队协作和友谊关系的读者，强调青凰刃团队成员之间的深厚友谊和共同成长。

4. 喜欢富有象征意义的故事的读者：对于喜欢故事中含有深层象征意义的读者，故事中的苍穹之刃象征正义与勇气，为他们提供更多思考的空间。

总体而言，这部小说适合那些希望在武侠世界中看到多元女性形象，并注重团队协作、友谊，同时喜欢武侠奇幻元素和富有象征意义的情节的读者。

步骤 02 在同一个聊天窗口中继续输入指令，按【Enter】键确认，ChatGPT会完成小说简介的撰写，相关指令和回复内容如下。

提问

请根据小说的亮点和目标受众，撰写《幻剑奇谋》的小说简介，要求：引人入胜，充分展示小说特色，适合发布在文学网站上，不超过200字，一句话是一段。

ChatGPT

在江南古园的静谧之地，四位独立而强大的女侠组成“青凰刃”团队，追寻传说中的神剑——苍穹之刃。

她们身怀绝技，却面临来自幽影宗的傀儡之王计划的威胁。

在梦幻的江湖中，她们将共同成长，互相支持，用剑指苍穹，书写属于她们的传奇篇章。

《幻剑奇谋》是一部奇幻武侠小说，强调多元女性形象和团队协作，让读者感受正义与勇气的力量，品味友谊与成长的美好。

★ 专家提醒 ★

ChatGPT 可以根据上下文的对话进行回复，因此用户在生成小说的大纲后，尽量不要创建新的聊天窗口，而是在同一个聊天窗口中进行后续对话，这样可以确保 ChatGPT 的回复不会跑题。

第 14 章

AI 创作图书宣传文案全流程：《AI 绘画师》

本章要点：

图书宣传文案可以吸引受众的注意力，激发他们的阅读兴趣，从而传递图书的价值，达到提高图书销售量的目的。因此，撰写宣传文案是图书宣传过程中的重要一环，用户可以借助 ChatGPT 完成文案的创作。

14.1 2个分析图书信息的方面

用户在运用ChatGPT撰写图书宣传文案之前，可以先让ChatGPT对图书的相关信息进行分析，让其在充分了解图书的基础上撰写宣传文案。分析图书的相关信息包括两个方面，一是归纳图书亮点，二是分析目标受众。

本章以让ChatGPT创作《AI绘画师》图书宣传文案为例，介绍相应的操作方法。图14-1所示为《AI绘画师》的图书封面。

图 14-1 《AI 绘画师》的图书封面

135 图书亮点的归纳

扫码看教学视频

图书亮点是宣传文案中最为精华的内容，因此收集图书信息的首要任务是归纳图书亮点。下面将介绍让ChatGPT归纳图书亮点的操作方法。

步骤 01 在 ChatGPT 的输入框中输入指令，按【Enter】键确认，ChatGPT 会提供归纳产品亮点的建议，相关指令和回复内容如下。

提问

我需要对产品的亮点进行归纳，你有什么好的建议吗？

ChatGPT

当对产品的亮点进行归纳时，可以采取以下方法：

1. 了解目标用户需求：确保你深入了解产品的目标用户，并考虑产品是如何满足他们需求的。产品的亮点应该与用户需求直接相关。

2. 突出核心功能：确定产品的核心功能，这些功能通常是用户最关注、最需要的部分。突出这些核心功能，强调它们是产品的独特卖点。

3. 比较优势：将产品与竞争对手进行比较，找出产品相对于其他产品的优势。这有助于凸显产品的独特性和卓越之处。

4. 用户体验：强调产品提供的优秀用户体验。如果产品界面友好、易于使用，或者有其他使用户体验更愉快的特性，这些都可以成为亮点。

5. 技术创新：如果产品在技术上有创新，比如采用了新的技术或解决了行业内的难题，这是一个值得强调的亮点。

6. 客户反馈：如果有积极的客户反馈或者产品已经赢得了一些奖项，这些都是可以作为产品亮点的证明。

7. 定价和性价比：如果产品提供了极高的性价比或者在市场上有竞争力的定价，这也可以成为一个亮点。

8. 可定制性：如果产品具有高度可定制的特性，以满足不同用户的不同需求，这是一个重要的卖点。

9. 未来发展：如果产品有一个强大的发展计划或者未来的更新将带来更多令人兴奋的功能，这也是一个值得强调的亮点。

10. 社会责任：如果产品在环保、社会责任等方面有积极影响，也可以成为一个亮点。

在总结产品亮点时，确保突出产品的独特之处，以及它是如何解决用户问题或提供价值的。这样的归纳可以更好地吸引潜在客户或用户。

步骤 02 在同一个聊天窗口中继续输入指令，按【Enter】键确认，ChatGPT 会对图书的亮点进行归纳，相关指令和回复内容如下。

提问

请根据以上建议，结合以下图书信息归纳图书的亮点，如果缺少了信息，你可以随时向我提问：

图书信息：

《AI绘画师：文案、图片与视频制作从入门到精通》是一本技巧实操书，通过4大篇章向读者介绍了AI文案、AI图片和AI视频的创作平台与生成方法，以及从文案到图片再到视频的全流程操作技巧，帮助读者精通各大AI平台的使用方法，快速成为AI绘画高手！

ChatGPT

根据提供的图书信息，《AI绘画师：文案、图片与视频制作从入门到精通》的亮点可以归纳如下：

1. 全面而实用的内容：该书包含了文案、图片和视频制作的全流程，为读者提供了全面的学习体验。它不仅介绍了AI的文案生成，还包括了图片和视频的创作，使读者能够全面了解并掌握这些技能。

2. 实操导向：强调技能实操，通过4大篇章向读者介绍AI文案、AI图片和AI视频的创作平台与生成方法。这种实操导向有助于读者通过实际操作来学习，提高他们在AI绘画领域的技能水平。

3. 平台介绍与操作技巧：书中详细介绍了各大AI平台的使用方法，帮助读者了解不同平台的特点，并提供了相关的操作技巧。这使得读者能够更快速、更有效地使用这些平台进行创作。

4. 从入门到精通：通过全面的内容和实操导向，该书旨在帮助读者从入门到精通，成为AI绘画领域的高手。这种渐进式的学习路径有助于读者逐步提升技能水平。

5. 适用广泛：由于涵盖了文案、图片和视频的创作，该书适用于广泛的读者群体，包括对这些领域感兴趣的初学者，以及希望提升技能的专业人士。

6. 面向未来：鉴于AI技术的不断发展，该书可能还包含了关于未来趋势和发展方向的信息，使读者能够跟上技术的最新动态。

通过强调实操、全面涵盖多个方面的内容，以及从入门到精通的学习路径，这本图书为读者提供了一本全面指南，旨在帮助他们在AI绘画领域取得成功。

步骤 03 在同一个聊天窗口中继续输入指令，让 ChatGPT 结合新的信息对图书亮点进行重新归纳，按【Enter】键确认，ChatGPT 会重新归纳图书的亮点，相关指令和回复内容如下。

CI **提问**

请根据以下补充的图书信息，重新归纳图书的亮点：

补充信息：《AI绘画师：文案、图片与视频制作从入门到精通》这本书致力于帮助读者从一个新手成长为一名AI绘画高手，借助AI技术的力量，释放自己的创造力和想象力，使绘画作品更加独特、生动、令人赞叹。

同时这本书由多名专业且资深的文案师、绘画师、平面设计师、电商设计师、摄影师、数据分析师等大咖组成的AIGC文画学院编写，传授了120招干货技巧给读者，让读者能够有效提升AI创作水平。

全书采用图文并茂的方式进行写作，除了全彩印刷，本书还赠送了海量资源，包括5200个AI绘画关键词、100份素材效果、案例指令、PPT教学课件和电子教案，能够给读者带来良好的阅读体验。

ChatGPT

根据补充的信息，重新归纳《AI绘画师：文案、图片与视频制作从入门到精通》的亮点：

1. 成长路径强调：书籍致力于将读者从一个新手引导成为一名AI绘画高手。强调通过学习AI技术，读者能够释放创造力和想象力，使绘画作品更加独特、生动、令人赞叹。这种关注成长路径的特色吸引了那些希望在AI绘画领域不断进步的读者。

2. 专业团队编写：书籍由多名专业资深的文案师、绘画师、平面设计师、电商设计师、摄影师、数据分析师等大咖组成的AIGC文画学院编写。这意味着读者将受益于来自多领域专业人士的丰富经验和干货技巧。

3. 120招技巧传授：书籍提供了120招丰富技巧，帮助读者有效提升AI创作水平。这种实用性和系统性的技巧传授使书籍更加具有实际指导意义，符合读者提升技能水平的需求。

4. 图文并茂、全彩印刷：书籍采用图文并茂的方式进行写作，通过全彩印刷呈现，以更加生动、直观的形式向读者展示技巧和创作过程。这有助于提高学习的吸引力和效果。

5. 丰富赠品：除了全彩印刷，书籍还赠送了海量资源，包括5200个AI绘画关键词、100份素材效果、案例指令、PPT教学课件和电子教案。这些赠品不仅丰富了学习内容，还为读者提供了更多实际操作和应用的机会。

6. 优质阅读体验：通过提供全彩印刷、图文并茂的写作方式及大量赠品，书籍致力于为读者创造优质的阅读体验，使学习过程变得更加愉悦和有趣。

总体而言，这本书通过强调成长路径、专业团队编写、丰富技巧传授、图文并茂的写作方式及丰富的赠品，为读者提供了一本全面的、实用性强的学习指南，旨在帮助他们在AI绘画领域取得更高水平的成就。

★ 专 家 提 醒 ★

AIGC 的英文全称为 Artificial Intelligence Generated Content，中文意思为生成式人工智能。

步骤 04 在同一个聊天窗口中继续输入指令，按【Enter】键确认，ChatGPT会对图书的亮点进行汇总，相关指令和回复内容如下。

提问

请汇总这些图书亮点，用字数均等、简洁的字词表述，不用写解释：

ChatGPT

《AI绘画师：文案、图片与视频制作从入门到精通》这本图书的亮点概括如下：

1. 全面实操，覆盖文案、图片和视频制作。
2. 实操导向，4大篇章介绍AI文案、图片和视频创作。
3. 平台介绍与技巧，帮助读者快速成为AI绘画高手。
4. 成长路径强调，释放创造力，绘画作品更加独特生动。
5. 专业团队编写，多领域大咖传授120招技巧。
6. 图文并茂，全彩印刷，提供优质阅读体验。
7. 丰富赠品，5200个关键词、100份素材效果、PPT等资源充实学习。

136 目标受众的分析

扫码看教学视频

目标受众是写作宣传文案的重要因素之一，结合图书的亮点，用户可以让ChatGPT分析图书的目标受众，以便精准对标消费者，实现图书的有效销售。下面将介绍让ChatGPT分析《AI绘画师：文案、图片与视频制作从入门到精通》这本书的目标受众的操作方法。

步骤01 新建一个聊天窗口，在ChatGPT的输入框中输入指令，按【Enter】键确认，ChatGPT会分析出图书的目标受众，相关指令和回复内容如下。

提问

请根据《AI绘画师：文案、图片与视频制作从入门到精通》这本书的亮点分析它的目标受众：

《AI绘画师：文案、图片与视频制作从入门到精通》这本图书的亮点概括如下：

1. 全面实操，覆盖文案、图片和视频制作。
2. 实操导向，4大篇章介绍AI文案、图片和视频创作。
3. 平台介绍与技巧，帮助读者快速成为AI绘画高手。
4. 成长路径强调，释放创造力，绘画作品更加独特生动。
5. 专业团队编写，多领域大咖传授120招技巧。

6. 图文并茂，全彩印刷，提供优质阅读体验。

7. 丰富赠品，5200个关键词、100份素材效果、PPT等资源充实学习。

ChatGPT

根据《AI绘画师：文案、图片与视频制作从入门到精通》这本书的亮点分析，可以得出该书的目标受众主要包括以下几个方面：

1. 文案、图片和视频创作者初学者：

- 该书全面实操，包括文案、图片和视频制作，适合初学者系统性地学习这些领域。

- 实操导向的四大篇章提供了详细的指导，使初学者能够快速入门。

2. 希望成为AI绘画高手的个人或专业人士：

- 平台介绍与技巧的部分有助于读者迅速提升技能，成为AI绘画领域的专业人士。

- 成长路径的强调提供了系统性的学习方法，使读者能够释放创造力，创作出更具独特性和生动性的作品。

3. 对多领域创作感兴趣的人：

- 该书涵盖了文案、图片和视频制作，适合那些希望全面发展自己创作技能的人。

- 专业团队编写，多领域大咖传授技巧，使读者能够从不同领域的专业人士那里学到丰富的经验。

4. 喜欢图文结合的学习方式的读者：

- 图文并茂，全彩印刷的设计提供了良好的视觉体验，有助于更生动地理解和学习内容。

5. 希望获得额外资源和丰富学习体验的读者：

- 丰富的赠品，包括5200个关键词、100份素材效果、PPT等资源，为读者提供了额外的学习支持，使学习体验更加充实。

总体而言，这本书的目标受众主要是创作者、设计师和对多媒体创作有兴趣的初学者，希望通过全面实操和专业团队的指导，快速提升在AI绘画领域的技能。

步骤 02 在同一个聊天窗口中继续输入指令，按【Enter】键确认，ChatGPT会深入分析图书的目标受众，相关指令和回复内容如下。

提问

请再结合图书的用途，深入分析这本书的目标受众：

ChatGPT

综合考虑《AI绘画师：文案、图片与视频制作从入门到精通》这本书的用途，可以更深入地分析其目标受众：

1. 创作者转型者：

- 适用于那些已经在文案、图片或视频制作领域有一定经验的创作者，希望通过学习AI技术，提升创作效果和创新能力的人群。

- 提供全面实操的指导，帮助他们快速理解并整合AI技术到自己的创作流程中。

2. 企业营销团队：

- 针对企业营销人员，提供了全面实操的篇章，可以帮助他们更好地利用AI技术来改进广告文案、设计更吸引人的图片和制作引人入胜的营销视频。

- 赠品中包含的关键词和素材资源，对于企业的广告创意和推广活动具有实际应用的价值。

3. 数字媒体专业人员：

- 针对数字媒体领域的从业者，提供了实操导向和平台技巧，使其能够更深入地了解并应用AI在文案、图片和视频制作中的各个方面。

- 通过专业团队的经验分享，对于数字媒体专业人员来说是一个实用的参考资料。

4. 创意产业初学者：

- 面向对创意产业感兴趣但尚未有相关经验的人，通过成长路径的强调，引导他们系统性地学习，释放创造力，成为拥有独特视野的创作者。

- 赠品中提供的丰富资源，有助于初学者更全面地了解创意产业的多个方面。

5. 自学者和在线学习者：

- 对那些希望通过自学或在线学习提升技能的人来说，该书提供了结构化的内容，便于他们系统性地学习AI绘画的各个方面。

- 赠品中提供的资源可以丰富学习过程，使自学者更有动力和兴趣深入学习。

总体来说，该书的目标受众主要是具有一定创作基础的专业人员和创作者，以及那些希望通过学习AI技术拓展创作领域的初学者。同时，也面向企业和数字媒体从业者，提供实用的指导，以适应数字化时代对创作者的不断更新和提升的需求。

在ChatGPT的帮助下，用户还可以收集图书的市场信息，例如在ChatGPT的输入框中输入指令，按【Enter】键确认，ChatGPT会给出图书的市场信息，相关指令和回复内容如下。

提问

请根据以下图书信息，分析市场竞争环境：

图书信息：

《AI绘画师：文案、图片与视频制作从入门到精通》是一本技巧实操书，通过4大篇章向读者介绍了AI文案、AI图片和AI视频的创作平台与生成方法，以及从文案到图片再到视频的全流程操作技巧，帮助读者精通各大AI平台的使用方法，快速成为AI绘画高手！

ChatGPT

通过提供详细的技巧实操指导，《AI绘画师：文案、图片与视频制作从入门到精通》针对AI文案、图片和视频创作领域的读者，试图在市场上树立自身的地位。以下是对该书市场竞争环境的分析：

1. 竞争对手分析：

- 在AI创作领域，可能存在其他类似的技巧实操书籍或在线教程，涵盖文案、图片和视频制作。竞争对手可能包括其他出版物、在线学习平台，以及专门的技术博客和教育资源。

2. 独特卖点：

- 该书通过全面实操、实操导向和平台介绍，强调成长路径和专业团队编写，力图凸显其在市场上的独特卖点。了解这些方面可以帮助确定其相对于其他竞争对手的优势。

3. 目标受众的特定需求：

- 分析该书的目标受众及其需求，如创作者、企业营销团队、数字媒体专业人员等。了解这些受众的特定需求，有助于确定市场细分，以及是否存在其他竞争对手专注于满足相似需求的产品或服务。

4. 市场趋势与需求：

- 了解AI绘画领域的当前市场趋势，如AI技术的发展、创意产业的需求增加等。这有助于判断该书在当前市场环境中的适应性和未来的发展潜力。

5. 营销策略：

- 观察竞争对手的营销策略，包括线上线下的推广活动、社交媒体宣传及合作伙伴关系等。了解竞争对手的市场渗透和品牌推广策略，有助于制定更具竞争力的营销计划。

6. 用户反馈与口碑：

- 查看读者的反馈和评价，了解市场上对该书的接受程度。正面的用户反馈可能增强该书在市场上的声誉，而负面反馈可能需要作者或出版方采取措施改进内容或解决问题。

7. 技术更新与跟进：

- AI技术不断发展，了解竞争对手是否及时更新内容，跟进最新的AI技术趋势，可以评估它们对市场的敏感度和适应能力。

通过深入了解这些方面，可以更全面地分析《AI绘画师：文案、图片与视频制作从入门到精通》在市场竞争环境中的地位，并制定相应的市场策略以保持竞争力。

14.2 4个生成图书宣传文案的步骤

用户在收集了相关的图书信息后，便可以让ChatGPT生成图书宣传文案了。通过运用前面章节所学的提问方法，可以让ChatGPT生成高效、优质的图书宣传文案。本节将带领大家温习前面所学的方法，引导ChatGPT生成图书宣传文案。

137 宣传文案标题的确定

扫码看教学视频

用户在让ChatGPT撰写图书宣传文案时，可以先明确文案的标题，然后围绕标题展开文案内容。下面将介绍让ChatGPT生成图书宣传文案标题的操作方法。

步骤 01 新建一个聊天窗口，在 ChatGPT 的输入框中输入指令，按【Enter】键确认，ChatGPT 会提供文案标题的类型，相关指令和回复内容如下。

提问

有吸引力的宣传文案标题有哪些类型？

ChatGPT

吸引人的宣传文案标题可以采用多种类型，具体选择取决于你的目标受众和宣传内容。以下是一些常见的类型，你可以根据情况进行调整：

1. 好奇心激发型：

-“揭开神秘面纱：你不知道的……”

-“发现一个惊人的秘密……”

-“想知道答案吗？”

2. 解决问题型：

-“解决你的问题，轻松改变生活”

-“摆脱烦恼，拥抱幸福”

-“从现在开始，告别困扰”

3. 独特特点突出型：

-“与众不同，独树一帜”

-“独家定制，只为你而来”

-“不同凡响，与众不同”

4. 情感共鸣型：

-“触动心灵的故事”

-“因爱而生，因梦而行”

-“一场感动的邂逅”

5. 限时优惠型：

-“疯狂折扣，错过再等一年”

-“限时特价，速来抢购”

-“抢购倒计时，最后的机会”

6. 社会责任型：

-“为爱付出，让世界更美好”

-“购物同时支持慈善事业”

-“共同努力，让世界变得更好”

7. 趋势预测型：

-“抢先体验未来的……”

-“预测未来，成为潮流引领者”

-“掌握趋势，走在时代前沿”

8. 体验式营销型：

-“感受无与伦比的……”

-“亲身体验，过目不忘”

-“不来体验一下，你无法理解”

在创建宣传文案标题时，记得保持简洁明了，突出核心信息，同时让受众感到好奇、兴奋或者有共鸣。最好的标题往往是能够吸引目标受众，引起他们兴趣并促使他们采取行动的标题。

步骤 02 在同一个聊天窗口中继续输入指令，按【Enter】键确认，ChatGPT会筛选出对应平台的标题类型并给出示例，相关指令和回复内容如下。

提问

请结合以上类型，筛选出最适合在抖音平台和公众号平台宣传的文案标题类型：

ChatGPT

在抖音平台和公众号平台，用户的特点和使用场景有所不同，因此需要针对两个平台的特点进行适当调整。以下是一些适合在这两个平台宣传的文案标题类型：

在抖音平台：

1. 好奇心激发型：

-“潮玩新姿势，你不知道的……”

-“小确幸瞬间揭秘，看完你会心动”

-“这个抖音挑战，你能战胜吗？”

2. 独特特点突出型：

-“抖音界的黑马，别样风格让你惊艳”

-“独家私藏，只在抖音独家放送”

-“这里没有重复，只有独特”

3. 情感共鸣型：
-“用音乐感动心灵，别错过这份温暖”
-“背后的故事会让你泪流满面”
-“抖音陪你度过每个感人瞬间”
4. 限时优惠型：
-“快手抢购，只有今天，别再等待”
-“倒计时开始，机会不等人”
-“抖音专享优惠，赶紧抢购”

在公众号平台：
1. 解决问题型：
-“如何解决你的难题，科学指导来了”
-“摆脱工作疲劳，用这个方法”
-“困扰你已久的问题，我们有答案”
2. 社会责任型：
-“关注公益，一起为社会贡献一份力量”
-“公众号关爱行动，让我们携手前行”
-“购物同时支持慈善，让世界更美好”
3. 趋势预测型：
-“未来趋势报告，掌握行业风向”
-“最新潮流预测，你想知道的都在这里”
-“看懂趋势，成为行业领军人物”
4. 体验式营销型：
-“公众号独家福利，快来体验不一样的……”
-“亲临现场，全方位感受……”
-“只有在公众号，你才能体验到的独特服务”

在文案标题中，要注重平台特性，抖音更注重视觉冲击和短时吸引，公众号则更注重深度内容和解决问题。确保文案简洁、直接、引人入胜，激发用户的兴趣和互动。

★ 专 家 提 醒 ★

此处举例的抖音平台和公众号平台，是选取了两个分别以视频和文章为代表的平台，并且都是较为热门、受到广泛关注的平台，能够为图书宣传提供有效的帮助。用户也可以根据自己的喜好选择其他有效的宣传方式。

步骤03 在同一个聊天窗口中继续输入指令，按【Enter】键确认，ChatGPT会提供特定主题的文案标题参考，相关指令和回复内容如下。

提问

请结合以上不同平台的文案标题类型，提供主题为《AI绘画师：文案、图片与视频制作从入门到精通》图书宣传的文案标题：

ChatGPT

在抖音平台：

1. 好奇心激发型：

-“AI绘画师大揭秘！你不知道的文案、图片、视频制作技巧……”

-“用AI玩转创意，打造独一无二的作品，快来学！”

-“抖音新玩法！跟着《AI绘画师》学文案、图片、视频制作！”

2. 独特特点突出型：

-“《AI绘画师》独家指导，让你的创作独具匠心”

-“不再千篇一律，用AI绘画师打破创作界限！”

-“抖音首发！AI绘画师教你创作与众不同的文案、图片、视频！”

3. 情感共鸣型：

-“AI绘画师，带你感受创作的魔法时刻”

-“创作不只是技术，更是表达内心的情感与故事”

-“用心创作，用AI绘画师传递你的独特情感”

在公众号平台：

1. 解决问题型：

-“《AI绘画师》全方位指南，解锁文案、图片、视频制作的技巧”

-“遇到创作瓶颈？AI绘画师帮你轻松突破！”

-“从零开始，学会AI绘画师的文案、图片、视频制作秘籍”

2. 社会责任型：

-“AI绘画师教你创作，我们将捐赠一部分收益支持艺术教育”

-“参与AI绘画师学习，为艺术添砖加瓦”

-“你的学习不仅是个人提升，也是对艺术社群的贡献”

3. 趋势预测型：

-“AI时代，文案、图片、视频创作的新趋势是什么？”

-“AI绘画师告诉你未来创作的趋势和方向”
-“抢先体验AI技术，成为文案、图片、视频创作的领先者”
4. 体验式营销型：
-“公众号独家福利！限时免费获取《AI绘画师》”
-“亲临公众号，与AI绘画师一起体验创作的魅力”
-“只有在公众号，你才能获得AI绘画师的独家创作工具”

在这些标题中，结合了各种类型，旨在激发读者的好奇心、展示独特性、引起情感共鸣，同时突出解决问题、社会责任、趋势预测和体验式营销等方面。这样能够更好地适应不同平台用户的需求和特点。

步骤 04 在同一个聊天窗口中继续输入指令，按【Enter】键确认，ChatGPT会对文案标题进行优化，相关指令和回复内容如下。

提问

请优化以上标题，创新表达形式，使标题在平台中更加脱颖而出：

ChatGPT

在抖音平台：
1. 好奇心激发型：
-“揭秘AI绘画师：超越常规的文案、图片、视频制作秘籍！”
-“用AI绘画师打破创意天花板，创作新玩法震撼上线！”
-“别样创作体验！《AI绘画师》教你掌握文案、图片、视频制作的精髓！”
2. 独特特点突出型：
-“《AI绘画师》独创技法，让你的创作闪耀独特光芒！”
-“不同寻常的创作之路，AI绘画师引领你探索无限可能！”
-“创作的艺术，AI绘画师为你开启一场别出心裁的冒险！”
3. 情感共鸣型：
-“用AI绘画师，释放创作的情感力量，让每一幅作品都有故事！”
-“情感的领域，AI绘画师与你共鸣，共创深沉的艺术之旅！”
-“用心创作，AI绘画师助你打破创作的情感屏障！”

在公众号平台：
1. 解决问题型：

-“从零到精通：《AI绘画师》带你轻松解锁文案、图片、视频制作的奥秘！”

-“创作困惑？AI绘画师为你解答，让你轻松驾驭创作的每个环节！”

-“学会AI绘画师的技巧，告别创作迷茫，开启流畅创作之旅！”

2. 社会责任型：

-“创作的力量，我们共同演绎：《AI绘画师》支持艺术教育项目！”

-“学习与回馈，与AI绘画师一起为艺术社区添砖加瓦！”

-“参与AI绘画师学习，不仅是个人提升，更是对艺术社群的热忱贡献！”

3. 趋势预测型：

-“文案、图片、视频创作的未来趋势由AI绘画师为你揭晓！”

-“AI时代，创作的风向标：《AI绘画师》预测创作的新趋势！”

-“领先潮流，从《AI绘画师》开始，掌握文案、图片、视频制作的前沿动态！”

4. 体验式营销型：

-“公众号独家特权！限时免费获取《AI绘画师》，开启创作之旅！”

-“亲临公众号，与AI绘画师一同畅游创作的海洋！”

-“只在公众号，独享AI绘画师的创作秘籍，即刻体验不同寻常的创作乐趣！”

可以看出，在提出了优化标题要求后，ChatGPT生成的文案标题在选词上和视觉上给人更大的吸引力。用户可以从中选择并确定好宣传文案的标题，这里选择“揭秘AI绘画师：超越常规的文案、图片、视频制作秘籍！”和“文案、图片、视频创作的未来趋势由AI绘画师为你揭晓！”这两个文案标题备用。

138 图书宣传文案的撰写

扫码看教学视频

用户将以上汇总的图书亮点、确定好的目标受众和文案标题提供给ChatGPT，可以为ChatGPT建立撰写图书宣传文案的依据。下面将介绍让ChatGPT撰写图书宣传文案的操作步骤。

步骤 01 新建一个聊天窗口，在 ChatGPT 的输入框中输入指令，按【Enter】键确认，ChatGPT 会结合图书信息撰写抖音口播文案，相关指令和回复内容如下。

提问

请根据以下图书信息撰写一篇抖音口播文案：

文案标题：揭秘AI绘画师：超越常规的文案、图片、视频制作秘籍！

图书信息：

《AI绘画师：文案、图片与视频制作从入门到精通》是一本技巧实操书，通过4大篇章向读者介绍了AI文案、AI图片和AI视频的创作平台与生成方法，以及从文案到图片再到视频的全流程操作技巧，帮助读者精通各大AI平台的使用方法，快速成为AI绘画高手！

图书亮点：

1. 全面实操，覆盖文案、图片和视频制作。
2. 实操导向，4大篇章介绍AI文案、图片和视频创作。
3. 平台介绍与技巧，帮助读者快速成为AI绘画高手。
4. 成长路径强调，释放创造力，绘画作品更加独特生动。
5. 专业团队编写，多领域大咖传授120招技巧。
6. 图文并茂，全彩印刷，提供优质阅读体验。
7. 丰富赠品，5200个关键词、100份素材效果、PPT等资源充实学习。

图书目标受众：

1. 创作者转型者
2. 企业营销团队
3. 数字媒体专业人员
4. 创意产业初学者
5. 自学者和在线学习者

ChatGPT

揭秘AI绘画师：超越常规的文案、图片、视频制作秘籍！

嗨，各位创意魔法师们，有个好消息要告诉你们！今天我要介绍的这本书，是专为想要掌握AI绘画技能的小仙女们、小哥哥们而设计的——《AI绘画师：文案、图片与视频制作从入门到精通》！

你是否对AI绘画充满了好奇，但却摸不着头绪？别着急，这本书将为你揭开AI创作的神秘面纱，助你成为AI绘画大师！

亮点1：全面实操，文案、图片和视频通通搞定！

无论你是文案写手、图片编辑狂魔，还是视频制作新手，本书都有详细的实操指南，让你轻松掌握各大AI平台的绝招！

亮点2：实操导向，4大篇章全面覆盖AI文案、图片和视频创作！

不仅告诉你什么是AI绘画，更手把手地教你怎么玩转AI文案、AI图片和AI视频，让你一次学会，终身受益！

亮点3：平台介绍与技巧，快速成为AI绘画高手！

别再为选择哪个AI平台而头疼了！书中详细介绍了各个平台，还有让你快速掌握技巧的秘籍，成为AI绘画领域的巅峰大神！

亮点4：成长路径强调，释放创造力，绘画作品更加独特生动！

不仅教技巧，更带你探索创造力的无限可能。让你的绘画作品独具一格，成为AI绘画领域的璀璨明星！

亮点5：专业团队编写，多领域大咖传授120招技巧！

不信你试试！书中有数位AI领域的专业人士，传授你120招绘画技巧，让你轻松驾驭AI创作！

亮点6：图文并茂，全彩印刷，提供优质阅读体验！

枯燥的学习材料？不存在的！本书图文并茂，全彩印刷，让你在学习中感受到视觉的盛宴，轻松愉悦！

亮点7：丰富赠品，5200个关键词、100份素材效果、PPT等资源充实学习！

不仅有知识，还有实用资源送不停！5200个关键词、100份素材效果、PPT等等，让你的学习生活更加丰富多彩！

无论你是想要挑战新领域的创作者、企业营销高手、数字媒体专业人士，还是刚刚踏入创意产业的初学者，这本书都将是你成为AI绘画高手的不二之选！快来扫描下方二维码，一起踏上创作的奇妙之旅吧！ #AI绘画 #创作者必备 #揭秘AI秘籍

步骤 02 新建一个聊天窗口，在 ChatGPT 的输入框中输入指令，按【Enter】键确认，ChatGPT 会结合图书信息撰写公众号文章，相关指令和回复内容如下。

提问

请根据以下图书信息撰写一篇公众号文章：

文案标题：文案、图片、视频创作的未来趋势由AI绘画师为你揭晓！

图书信息：

《AI绘画师：文案、图片与视频制作从入门到精通》是一本技巧实操书，通过4大篇章向读者介绍了AI文案、AI图片和AI视频的创作平台与生成方法，以及从文案到图片再到视频的全流程操作技巧，帮助读者精通各大AI平台的使用方法，快速成为AI绘画高手！

图书亮点：

1. 全面实操，覆盖文案、图片和视频制作。
2. 实操导向，4大篇章介绍AI文案、图片和视频创作。
3. 平台介绍与技巧，帮助读者快速成为AI绘画高手。
4. 成长路径强调，释放创造力，绘画作品更加独特生动。
5. 专业团队编写，多领域大咖传授120招技巧。
6. 图文并茂，全彩印刷，提供优质阅读体验。
7. 丰富赠品，5200个关键词、100份素材效果、PPT等资源充实学习。

图书目标受众：

1. 创作者转型者
2. 企业营销团队
3. 数字媒体专业人员
4. 创意产业初学者
5. 自学者和在线学习者

ChatGPT

文案、图片、视频创作的未来趋势由AI绘画师为你揭晓！

在这个数字时代，AI技术正逐渐渗透到各行各业，创作者们也迎来了一个崭新的时代。为了让你更好地掌握文案、图片和视频创作的未来趋势，我们推荐一本不可错过的图书——《AI绘画师：文案、图片与视频制作从入门到精通》。

全面实操，创作领域无极限

这本书以全面实操为特色，涵盖文案、图片和视频制作三大领域。无论你是刚刚踏入创作领域，还是想要提升专业技能，本书都将为你提供宝贵的经验和技巧。

实操导向，深入解析AI文案、图片和视频创作

书中共分为4大篇章，深入介绍了AI文案、AI图片和AI视频的创作平台

与生成方法。通过实操导向，带你一步步掌握从文案到图片再到视频的全流程操作技巧。

平台介绍与技巧，助你成为AI绘画高手

除了介绍各大AI平台的使用方法，本书还强调实用技巧，助你快速成为AI绘画高手。不再被技术所困扰，你将轻松释放创造力，创作出更加独特生动的作品。

成长路径强调，多领域大咖传授120招技巧

专业团队编写，多领域大咖传授的120招技巧将成为你在创作道路上的得力助手。无论你是创作者转型者、企业营销团队、数字媒体专业人员，还是创意产业初学者，都能在这本书中找到适合自己的成长路径。

图文并茂，全彩印刷，提供优质阅读体验

为了给读者提供更好的阅读体验，本书采用图文并茂的写作风格，全彩印刷，让你在阅读的同时更直观地理解各种技巧和操作方法。

丰富赠品，助力学习之旅

购书更有意外之喜，丰富的赠品包括5200个关键词、100份素材效果、PPT等资源，助力你的学习之旅更上一层楼。

《AI绘画师：文案、图片与视频制作从入门到精通》不仅是一本技术实操书，更是一本引领未来趋势的指南。无论你是创作者转型者、企业营销团队、数字媒体专业人员，还是创意产业初学者，都将在这本书中找到前行的方向。让我们一同迎接创作领域的新时代，让AI绘画师成为你创作路上的得力伙伴！

★ 专家提醒 ★

由于抖音口播文案和公众号文章属于两种不同的宣传文案，并且后续还要根据不同文案和平台的特点来进行优化，因此最好分别为两个文案创建一个聊天窗口，从而方便后续的操作。

139　图书宣传文案的优化

扫码看教学视频

可以看出，ChatGPT初次生成的图书宣传文案，虽然在内容上介绍得十分全面，但在遣词造句、文案结构上还欠缺生动性和灵活性，容易给人生硬的感觉。这样的文案在实际传播中效果会稍为逊色，因此用户有必要对ChatGPT生成的图书宣传文案进行优化。

不同的文案根据平台的特征和受众的喜好，有不同的优化方式，下面将具体

介绍优化图书宣传文案的操作方法。

步骤 01 打开 ChatGPT 生成抖音口播文案的聊天窗口，在输入框中输入指令，按【Enter】键确认，ChatGPT 会对口播文案进行评价，相关指令和回复内容如下。

提问

假如你是一位专业的抖音运营博主，请指出这篇口播文案的优点，并提供一些修改建议：

ChatGPT

优点：

1. 引人入胜的开场：文案一开始就利用“好消息”吸引读者，让人迫不及待地想了解更多。

2. 清晰的书籍亮点：文案中清晰列出了书籍的亮点，方便读者迅速了解书籍内容和特色。

3. 强调实操和实用性：通过强调全面实操和实操导向，突出了书籍的实用性，适合想要动手实践的读者。

4. 吸引眼球的亮点：突出了专业团队编写、多领域大咖传授技巧等卖点，增加了书籍的权威感和吸引力。

5. 目标受众明确：列出了具体的目标受众，帮助读者更好地判断是否适合他们。

修改建议：

1. 加强情感共鸣：在文案中适当融入一些与读者情感相关的元素，使其更容易产生共鸣，增加亲和力。

2. 提供案例或实例：在亮点部分，可以加入一些实际的案例或使用经验，更具体地展示书籍的实用性。

3. 强化呼唤行动：在结尾处增加一些强调的语句，鼓励读者立即行动，如扫描二维码购买或了解更多信息。

4. 增加用户导向：从读者的角度出发，更强调阅读本书对他们个人或事业的实际帮助，使其感到这本书是他们创作道路上的得力助手。

5. 增加互动元素：在文案中适当加入一些互动元素，如提问、鼓励留言，促使读者积极参与。

6. 简化语言：尽量使用通俗易懂的语言，让读者更容易理解文案内容，提高阅读体验。

通过细微的调整，可以使口播文案更加引人入胜，引起读者兴趣，提高转化率。

步骤 02 在同一个聊天窗口中继续输入指令，按【Enter】键确认，ChatGPT会按照要求修改口播文案，相关指令和回复内容如下。

提问

请根据以上建议，对口播文案进行修改：

ChatGPT

揭秘AI绘画师：超越常规的文案、图片、视频制作秘籍！

嗨，抖友们，大家好！

想成为AI绘画领域的大师吗？有个好消息要告诉你！《AI绘画师：文案、图片与视频制作从入门到精通》正是你所需要的指南！不论你是文案写手、图片编辑狂魔，还是视频制作新手，这本书都会是你终身受益的良师。

为什么选择这本书？

全面实操，轻松掌握各大AI平台的绝招！

不论你的专长是文案、图片还是视频，我们都有详细的实操指南，让你信手拈来。

实操导向，4大篇章全面覆盖AI文案、图片和视频创作！

不仅告诉你什么是AI绘画，更手把手地教你怎么玩转AI文案、AI图片和AI视频，一次学会，终身受益！

平台介绍与技巧，快速成为AI绘画高手！

别再为选择哪个AI平台而头疼了！书中详细介绍了各个平台，还有让你快速掌握技巧的秘籍，成为AI绘画领域的巅峰大神！

成长路径强调，释放创造力，绘画作品更加独特生动！

不仅教技巧，更带你探索创造力的无限可能。让你的绘画作品独具一格，成为AI绘画领域的璀璨明星！

专业团队编写，多领域大咖传授120招技巧！

不信你试试！书中有数位AI领域的专业人士，传授你120招绘画技巧，让你轻松驾驭AI创作！

图文并茂，全彩印刷，提供优质阅读体验！

枯燥的学习材料？不存在的！本书图文并茂，全彩印刷，让你在学习中感受到视觉的盛宴，轻松愉悦！

丰富赠品，5200个关键词、100份素材效果、PPT等资源充实学习！

不仅有知识，还有实用资源送不停！5200个关键词、100份素材效果、PPT等等，让你的学习生活更加丰富多彩！

无论你是挑战新领域的创作者、企业营销高手、数字媒体专业人士，还是刚刚踏入创意产业的初学者，这本书都将是你成为AI绘画高手的不二之选！快来扫描下方二维码，一起踏上创作的奇妙之旅吧！ #AI绘画 #创作者必备 #揭秘AI秘籍

步骤 03 在输入框中继续输入指令，按【Enter】键确认，ChatGPT 会给出口播文案的拍摄建议，相关指令和回复内容如下。

提问

请提供这篇口播文案的时间节奏设计方案、音乐和特效建议，视频总时长为15s，要求符合抖音平台的视频风格：

ChatGPT

口播文案时间节奏设计方案：

1. 开篇（0～1s）：引人入胜的音效，快速出现书籍封面图，文案以清晰明了的语速介绍书籍主题。

2. 亮点1（1～4s）：配合轻快的音乐，介绍第一个亮点，文字效果逐个出现，强调实操的轻松学习。

3. 亮点2（4～7s）：过渡至下一亮点，音乐节奏略微加速，文字和图像以切换效果呈现，突出实操导向和全面覆盖。

4. 亮点3（7～10s）：引入平台介绍与技巧，加入一些科技感音效，文字以动态效果呈现，突出快速成为AI绘画高手。

5. 亮点4（10～12s）：强调成长路径，释放创造力，音乐节奏再度加速，图像以切换效果展示独特生动的绘画作品。

6. 亮点5和结尾（12～15s）：加入欢快的音效，介绍专业团队和丰富赠品，最后强调扫描二维码，立即行动。结束时以音效和图像过渡，使整体呈现出完整感。

音乐和特效建议：

1. 音乐选择：快节奏、充满活力的电子音乐或流行音乐，与抖音平台的时尚、活泼氛围相符合。

2. 音效：使用科技感音效，如电子设备运行、按钮点击声等，以增加AI绘画的现代感。同时，加入清晰的书页翻动音效，使观众感受到学习的趣味性。

3. 文字特效：利用动态效果，如逐个出现、渐变、缩放等，使文案更引人注目。

4. 图像特效：使用切换效果，如快速切换、淡入淡出，突出书籍的亮点和实用性。

5. 过渡特效：在亮点之间使用流畅的过渡效果，避免画面切换过于生硬，保持整体的流畅感。

6. 结尾特效：在结尾处加入闪烁的二维码，提高关注度，同时伴随清脆的音效，引导用户扫描二维码。

以上建议旨在在15秒的时间内呈现出引人入胜、信息清晰、有趣生动的抖音风格口播视频。

步骤 04 打开 ChatGPT 生成公众号文章的聊天窗口，在输入框中输入指令，按【Enter】键确认，ChatGPT 会对公众号文章进行评价，相关指令和回复内容如下。

提问

请从专业的新媒体运营者的角度出发，评价一下这篇公众号文章：

ChatGPT

这篇公众号文章《文案、图片、视频创作的未来趋势由AI绘画师为你揭晓！》从专业新媒体运营者的角度来看，具备一定的吸引读者和推广图书的特点，但也有一些可以进一步优化的地方。

优点：

1. 信息全面且清晰：文章中详细介绍了图书的内容、亮点、目标受众等关键信息，为读者提供了全面而清晰的了解。

2. 目标受众明确：通过明确指出目标受众，即创作者转型者、企业营销团队、数字媒体专业人员等，有助于吸引相关领域的读者。

3. 图文并茂，赠品丰富：采用图文结合的方式，加上全彩印刷，提高了阅读的体验感。赠品丰富也是一种吸引读者的手段。

4. 强调实操导向：突出了全面实操和实操导向的特点，符合新媒体运营者追求实用性和操作性的需求。

5. 结构清晰：文章结构合理，通过分点的方式列举了图书的亮点和优势，使读者能够迅速获取关键信息。

可优化之处：

1. 引言设计：引言部分可以进一步设计，以更强烈的语言引起读者的兴趣，激发他们继续往下阅读的欲望。

2. 案例分享：文章中可以加入一些实际案例，展示AI绘画在文案、图片和视频创作中的成功应用，从而更具说服力。

3. 用户评价或推荐：如果有读者对这本书的评价或推荐，可以加以引用，增加文章的可信度。

4. 社交媒体分享引导：在结尾部分可以加入社交媒体分享的引导，鼓励读者分享自己对文章或图书的看法，以扩大文章的传播范围。

5. 强化呼吁行动：文章末尾可以强化一个明确的呼吁行动，比如推荐购书、关注公众号等，以促使读者进一步参与。

总体而言，这篇文章为读者提供了有价值的信息，但通过进一步优化引言设计、加入实际案例和用户评价等元素，可以提高文章的吸引力和说服力，从而更好地服务于专业新媒体运营者的需求。

步骤 05 在同一个聊天窗口中继续输入指令，让 ChatGPT 提供多角度的修改建议，按【Enter】键确认，ChatGPT 会给出这篇公众号文章的修改建议，相关指令和回复内容如下。

提问

请再从激发受众兴趣的角度出发，提供语言表达和结构安排上的建议：

ChatGPT

1. 标题设计：

考虑将标题设计得更引人入胜，让读者一眼就被吸引。比如，可以在“文案、图片、视频创作”和“AI绘画师”之间创造一些悬念，如：“AI绘画师解锁创作新境界，文案、图片、视频轻松精通！”

2. 引言设计：

在引言部分，通过提出一个令人好奇或令人憧憬的场景，引导读者进入主题。例如："想象一下，未来的创作不再受限于技能，AI绘画师将为你打开一扇通往创意无限的大门。"

3. 案例分享：

为了更生动地说明AI绘画师的强大之处，插入一两个真实而成功的案例。这可以是一个普通人如何通过AI绘画师创作出令人惊艳的作品，或者一家企业如何运用AI技术提升其数字营销效果。

4. 用户互动：

在文章中引入用户互动，让读者感觉到他们是文章的一部分。可以通过设置问题、邀请分享经验或在社交媒体上提供评论空间，让读者积极参与到讨论中。

5. 生动描绘：

使用更生动的描写和形象的词汇，让读者能够感受到AI绘画师所带来的独特体验。比如，描述AI文案创作为"文字的魔法"，AI图片生成为"画笔的舞蹈"，AI视频制作为"未来电影的预演"。

6. 结尾呼吁行动：

在文章结尾处，通过强化呼吁行动来促使读者采取下一步行动。例如："现在就加入我们，让AI绘画师成为你创作路上的无敌助手！点击购买，开启创作的全新纪元。"

通过这些调整，可以使文章更富有吸引力，引导读者产生浓厚的兴趣，从而更有可能转化为对图书的关注和购买行为。

步骤 06 在同一个聊天窗口中继续输入指令，让 ChatGPT 结合建议修改公众号文章，按【Enter】键确认，ChatGPT 会重新生成修改后的公众号文章，相关指令和回复内容如下。

提问

请综合以上建议，对公众号文章进行修改：

ChatGPT

文案、图片、视频创作的未来趋势由AI绘画师为你揭晓！

想象一下，当你的创作无限超越技巧的限制，AI绘画师成为你的创作搭档，打破创意的边界。本文将揭示这个令人兴奋的未来，通过《AI绘画师：文案、图片与视频制作从入门到精通》一书，助你轻松精通文案、图片和视频创作的全新境界！

这本书不仅是一本技巧实操书，更是通往创作巅峰的指南。它通过全面实操，涵盖文案、图片和视频制作三大领域。让我们深入了解这本书的亮点：

1. 实操导向：通过4大篇章，我们将手把手地带你进入AI文案、AI图片和AI视频的创作领域。

2. 平台介绍与技巧：不仅介绍各大AI平台，更注重实用技巧，助你快速成为AI绘画高手。

3. 成长路径强调：释放创造力，让你的绘画作品更加独特生动。

4. 专业团队编写：由多领域大咖传授的120招技巧，助你在创作路上游刃有余。

5. 图文并茂，全彩印刷：采用生动的图文并茂写作风格，全彩印刷，提供令人愉悦的阅读体验。

6. 丰富赠品：5200个关键词、100份素材效果、PPT等资源，助力你的学习之旅更上一层楼。

你是否曾想过，在数字时代，AI绘画师将如何助你打破创作的瓶颈？或许，它可以为你的文案增添灵感的火花，为你的图片注入惊艳的色彩，为你的视频赋予前所未有的动感。在这个令人心跳加速的未来，你是否愿意成为AI绘画的掌舵者？

你有什么关于AI绘画师的疑问或者自己的创作经验吗？快来留言分享，和我们一起讨论，让这个平台充满更多有趣的灵感！

如果你渴望在文案、图片和视频创作领域腾飞，那么不要犹豫，立即点击购买，让AI绘画师成为你创作路上的得力助手！让我们一同迎接创作领域的新时代！

140　图文内容的生成

扫码看教学视频

在发布公众号文章之前，用户可以让ChatGPT提供文章的配图建议，还可以让ChatGPT生成对应的图文内容，具体的操作方法如下。

步骤 01 在 ChatGPT 生成公众号文章的聊天窗口中输入指令，按【Enter】键发送，ChatGPT 会给出文章配图建议，相关指令和回复内容如下。

CI **提问**

请提供这篇公众号文章的配图建议：

ChatGPT

当设计配图时，要确保图文结合，让读者在观看图片时更好地理解文章内容，同时产生视觉冲击力，激发兴趣。以下是一些建议的配图内容：

1. 封面图：

设计一张引人注目的封面图，主题围绕着“AI绘画的魔力”和“文案、图片、视频创作的未来趋势”。可以使用富有科技感的图案和色彩，同时加入一些文案、图片、视频等元素，形成一幅富有未来感的插画。

2. 书籍内页案例截图：

在介绍图书亮点和实操技巧时，插入一些书籍内页的实际案例截图，展示不同领域的AI绘画应用，例如，一张通过AI生成的引人入胜的文案、一幅惊艳的AI生成图像，以及一个引人入胜的AI生成视频截帧。这可以使读者更直观地了解到AI技术在实际创作中的应用效果。

3. 专业团队成员介绍图：

当提到专业团队和大咖时，插入一张专业团队成员的合影照片，同时在图片旁边附上简短的介绍文字，凸显他们在各自领域的专业性。这有助于增加文章的可信度和权威性。

4. 图书内页排版图：

设计一张展示图书内页排版的示意图，突出章节结构、亮点和重要信息。使用图文并茂的方式，让读者一目了然地了解到图书的组织结构和内容亮点。

5. 读者群体插图：

在描述目标受众时，插入一些具体的人物插图，例如，一位创作者转型者、一支企业营销团队，或者一名数字媒体专业人员。这些插图可以帮助读者更好地将自己融入目标受众中，增加情感共鸣。

6. 结尾引导图：

设计一张引导图，引导读者点击链接、获取独家福利的场景图。这张图可以包含一个手机、一本《AI绘画师》的图书封面，以及一个充满期待的表情，让读者感受到获取独家福利的紧迫感。

注意事项：

- 保持整体色调一致，突出未来感和科技感。

- 使用清晰高质量的图片，确保文字和图像之间的平衡。

- 避免过于拥挤的布局，确保图片信息能够清晰传达。
- 使用醒目的字体和配色，使重要信息更易被读者注意到。

步骤 02 在同一个聊天窗口中继续输入指令，按【Enter】键发送，ChatGPT 会生成对应的图文内容，相关指令和回复内容如下。

提问

请提供一份修改后的、完整的公众号文章，并提供一张书籍封面图片，发送图片时请用markdown语言生成，不要反斜线，不要代码框，不要文字介绍，×××（×××是指图片链接）：

ChatGPT

文案、图片、视频创作的未来趋势由AI绘画师为你揭晓！

想象一下，当你的创作无限超越技巧的限制，AI绘画师成为你的创作搭档，打破创意的边界。本文将揭示这个令人兴奋的未来，通过《AI绘画师：文案、图片与视频制作从入门到精通》一书，助你轻松精通文案、图片和视频创作的全新境界！

这本书不仅是一本技巧实操书，更是通往创作巅峰的指南。它通过全面实操，涵盖文案、图片和视频制作三大领域。让我们深入了解这本书的亮点：

1. 实操导向：通过4大篇章，我们将手把手地带你进入AI文案、AI图片和AI视频的创作领域。

2. 平台介绍与技巧：不仅介绍各大AI平台，更注重实用技巧，助你快速成为AI绘画高手。

3. 成长路径强调：释放创造力，让你的绘画作品更加独特生动。

4. 专业团队编写：由多领域大咖传授的120招技巧，助你在创作路上游刃有余。

5. 图文并茂，全彩印刷：采用生动的图文并茂写作风格，全彩印刷，提供令人愉悦的阅读体验。

6. 丰富赠品：5200个关键词、100份素材效果、PPT等资源，助力你的学习之旅更上一层楼。

你是否曾想过，在数字时代，AI绘画师将如何助你打破创作的瓶颈？或许，它可以为你的文案增添灵感的火花，为你的图片注入惊艳的色彩，为你的视频赋予前所未有的动感。在这个令人心跳加速的未来，你是否愿意成为AI绘画的掌舵者？

你有什么关于AI绘画师的疑问或者自己的创作经验吗？快来留言分享，和我们一起讨论，让这个平台充满更多有趣的灵感！

如果你渴望在文案、图片和视频创作领域腾飞，那么不要犹豫，立即点击购买，让AI绘画师成为你创作路上的得力助手！让我们一同迎接创作领域的新时代！

★ 专家提醒 ★

ChatGPT 虽然不能直接生成图片，但可以通过识别图片链接生成图文并茂的文案内容。markdown 是一种轻量级的标记语言，它允许用户使用易读易写的纯文本格式编写文档，并通过一些简单的标记语法来实现文本的格式化。

在使用 ChatGPT 生成图文内容之前，用户需要在网页中找到喜欢的图片，在图片上单击鼠标右键，在弹出的快捷菜单中选择“复制图片地址”命令，即可获得图片的链接。